“十二五”普通高等教育本科国家级规划教材·教辅用书
高等院校经济学管理学核心课教材·教辅用书

市场调研实验的 SPSS 操作教程

江晓东　编著

上海财经大学出版社

图书在版编目(CIP)数据

市场调研实验的SPSS操作教程/江晓东编著．—上海：上海财经大学出版社，2014.1

“十二五”普通高等教育本科国家级规划教材·教辅用书

高等院校经济学管理学核心课教材·教辅用书

ISBN 978-7-5642-1774-7/F·1774

Ⅰ.①市… Ⅱ.①江… Ⅲ.①市场调研-统计分析-软件包-高等学校-教学参考资料 Ⅳ.①F713.52-39

中国版本图书馆CIP数据核字(2013)第257485号

□ 责任编辑 顾晨溪
□ 封面设计 钱宇辰
□ 责任校对 王从远

SHICHANG DIAOYAN SHIYAN DE SPSS CAOZUO JIAOCHENG

市场调研实验的SPSS操作教程

江晓东 编著

上海财经大学出版社出版发行

（上海市中山北一路369号 邮编200083）

网 址：http://www.sufep.com

电子邮箱：webmaster@sufep.com

全国新华书店经销

江苏凤凰数码印务有限公司印刷装订

2014年1月第1版 2020年7月第3次印刷

787mm×1092mm 1/16 12.25印张 313千字

印数：5 001—6 000 定价：32.00元

前 言

本教程是专门为《市场调研与预测》(第四版)(陈启杰主编,上海财经大学出版社出版)一书配套而编写的。本书重点介绍常用市场调研与数据分析方法的 SPSS 软件的应用,因此本书也可单独作为从事市场研究学习、工作人士的自学教程。

本书的上机实验典型丰富、对上机结果的解释透彻,是对市场调研理论学习之外极其有益的补充。为了便于理解,每一种方法结合一两个上机实验讲解 SPSS 软件的操作步骤和方法,并且对统计分析的输出结果进行相应的解释和分析。同时也结合营销实际问题,力求使学生对数据分析方法的应用有更深刻的认识和理解,以提高学习者学习的兴趣和主动性。另外,为了方便学习者的查询,将 SPSS 中所用的主要函数释义作为附录,希望能够对学习者有所帮助。

参加本书习题编写的有江晓东(第一、三、四、五、六、九、十、十一章)、李秀艳(第二章)、姜敏(第七章)、王秀伊(第八章)。

本书所有上机所用数据请至课程网站下载:

http://course.shufe.edu.cn/jpkc/scdy/index.asp。

编 者

2013 年 11 月

目　录

第一章

SPSS 中数据的编码与录入

第一节　问题的类型与编码录入方法

回收调查分析问卷并经过核实和整理后，就要用 SPSS 做数据分析，首先就是录入问题编码，要根据问卷问题的不同性质定义变量类型。定义变量需要注意以下两点：(1)区分变量的度量，其中 Scale 是定量，Ordinal 是定序，Nominal 是定类；(2)注意定义不同的数据类型。

问卷题目的类型大致可以分为单选、多选、排序和开放题四种类型，它们的变量的定义和处理的方法各有不同，现详细举例介绍如下：

一、单选题的编码录入方法

例 1—1　当前贵组织机构是否设有面向组织的职业生涯规划系统？

A. 有　　B. 正在开创　　C. 没有　　D. 曾经有过但已中断

编码：只定义一个变量，Value 值“1”、“2”、“3”、“4”分别代表 A、B、C、D 四个选项。

录入：录入选项对应值，如选 C 则录入“3”。

二、多选题的编码录入方法

多选题的答案可以有多个选项，其中又有项数不定多选和项数限定多选。

(一)二分法

例 1—2　贵处的职业生涯规划系统工作涵盖哪些组群？画钩时请把所有提示考虑在内。

A. 月薪员工　　B. 日薪员工　　C. 钟点工

编码：把每一个相应选项定义为一个变量，每一个变量 Value 值均如下定义：“0” 没选，“1” 选。

录入：被调查者选了的选项录入“1”、没选的录入“0”，如被调查者选 A、C，则三个变量分别录入“1”、“0”、“1”。

(二)多重分类法

例 1—3　你认为开展“保持党员先进性”教育活动的最重要的目标是哪三项：

1.(　　)　2.(　　)　3.(　　)

A. 提高党员素质　　B. 加强基层组织　　C. 坚持发扬民主

D. 激发创业热情　　E. 服务人民群众　　F. 促进各项工作

编码：定义三个变量分别代表题目中的“1”、“2”、“3”三个括号，三个变量 Value 值均以对应的选项定义。

录入：录入的数值"1"、"2"、"3"、"4"、"5"、"6"分别代表选项 A、B、C、D、E、F，相应录入每个括号对应的变量下。如被调查者三个括号分别选 A、C、F，则在三个变量下分别录入"1"、"3"、"6"。

三、排序题的编码录入方法

排序题是指对选项的重要性进行排序。

例 1－4　您购买商品时在①品牌、②流行、③质量、④实用、⑤价格中对它们的关注程度的先后顺序是(请填代号重新排列)：

第一位(　)　　第二位(　)　　第三位(　)　　第四位(　)　　第五位(　)

编码：定义五个变量，分别可以代表第一位至第五位，每个变量的 Value 都如下定义："1" 品牌，"2" 流行，"3" 质量，"4" 实用，"5" 价格。

录入：录入的数字"1"、"2"、"3"、"4"、"5"分别代表五个选项，如被调查者把质量排在第一位，则在代表第一位的变量下输入"3"。

四、开放性数值题和量表题的编码录入方法

这类题目要求被调查者自己填入数值，或者打分。

例 1－5　你的年龄(实岁)：________

编码：一个变量，不定义 Value 值。

录入：录入被调查者实际填入的数值。

五、开放性文字题的编码录入方法

如果可能的话，可以按照含义相似的答案进行编码，转换成封闭式选项进行分析。如果答案内容较为丰富、不容易归类，应对这类问题直接做定性分析。

第二节　调研数据编码录入实验：HL 服装有限公司顾客满意度调查

一、数据说明与上机要求

(一)调研目的

随着社会经济、文化、技术的迅猛发展，影响顾客满意度的因素不断发生改变，曾经一些让顾客青睐的满意度因素，随着时代的发展反而变成了品牌成长的羁绊。这也正是一些曾经风靡一时的老品牌逐渐沉沦的主要原因。开展顾客满意度调查，全面洞悉影响顾客满意度因素的变化趋势，以及自身品牌在满足顾客物质、精神需求方面的优势与缺陷，对把握品牌成长状况，不断采取调整措施适应、引领消费潮流极为重要。

本次调研旨在达到以下目的：

(1)通过开展满意度调研，把握影响服装品牌顾客满意度的主要因素，从而对影响行业顾客满意度的因素进行总结。

(2)全面考察 HL 旗下品牌的顾客满意度状况，建立影响服装品牌顾客满意度的因素体系，为 HL 公司及各子(分)公司提供品牌发展建议。

（二）上机要求

(1)掌握从 EXCEL 文件导至 SPSS 文件的方法；

(2)掌握用 SPSS 自带的 SYNTAX 语法命令对变量进行标签和对变量值进行标签的方法；

(3)掌握基于现有变量生成新变量的方法，生成现有变量 F39 的标准化变量 ZF39，以及 F39 的中心化变量 MF39；

(4)掌握生成虚拟变量的方法，生成 F4（职业）的一个表示公务员的虚拟变量 G，$G=1$，F4（职业）为公务员；$G=0$，F4（职业）为非公务员。

以下是浙江 HL 服装有限公司（HL 衬衫）顾客满意度的调查问卷。

浙江 HL 服装有限公司（HL 衬衫）
顾客满意度调查问卷

尊敬的顾客：您好！

浙江 HL 服装有限公司生产的 HL 牌衬衫是闻名于华东市场的名牌产品，上市多年来深受广大顾客的喜爱和欢迎。为了更好地服务顾客，我们对该公司生产的 HL 牌衬衫进行“顾客满意度”的调查，请您根据自己的了解和体验作出如实的评价。

浙江 HL（集团）股份有限公司　　2013.9

1.请您填写下列个人情况：

性别：　□男　□女

年龄：　□30 岁以下　□30～40 岁　□41～50 岁　□51～60 岁　□61 岁以上

文化程度：□初中　□高中　□中专　□大专　□大学及以上

您的职业：□国企员工　□外企员工　□民营企业员工　□公务员　□教师
□医务人员　□个体经营者　□学生　□离退休人员　□其他

个人月收入：□小于 1 500 元　□1 500～3 000 元　□3 001～5 000 元
□5 001～8000 元　□大于 8 000 元

2.您感到 HL 品牌的知名程度是：(单选)

□很有名气　□较有名气　□一般　□没有名气　□没听说过

3.您对 HL 品牌的认可程度是：(单选)

□很有好感　□较有好感　□一般　□不太有好感　□无好感

您感到 HL 品牌和产品的特色是：(单选)

□很有特色　□有较多特色　□有一定特色　□特色不明显　□毫无特色

您认为 HL 品牌和产品的类型或档次属于：(单选)

□时髦高档型　□略有时尚中档型　□实惠型　□价廉物美型　□低档廉价型　□普通型

若将 HL 品牌和产品的风格拟人化，您认为它属于：(单选)

□天真的幼儿　□阳光男孩　□发育不良的少儿
□纯朴的村姑　□青春活泼的姑娘　□拘谨呆板的姑娘　□风姿绰约的贵妇　□古板保守的老太
□风流时尚的青年　□稳重成熟的先生　□老气横秋的小伙　□华而不实的青年
□气质高贵的贵族　□风华早逝的过气明星　□风华正茂的青年　□暮气沉沉的老人

4.您对 HL 衬衫的哪些广告宣传影响较深：(最多选 2 项)

□电视广告　□书报广告　□户外广告　□商店橱窗广告
□服装杂志广告　□新闻报道

5.您近两年购买 HL 衬衫的经历为：(单选)

□1次　□2～3次　□4～5次　□5次以上

6.您喜欢在什么场所购买HL衬衫:(可多选)

□HL专卖店　□大型百货商场　□大卖场HL专柜　□超市HL专柜　□就近的商店

7.除了HL衬衫外,您或您的家人还穿用过哪些其他品牌的内衣:(可多选)

□雅戈尔　□开开　□保罗　□虎豹　□司麦脱　□名勋　□其他____

下列问题的答题方法是:最差的评价分值最低,最好的评价分值最高。

例如,您对××的满意程度是:　1 2 3 4 5 6 7 8 9 10

1分表示"很不满意",10分 表示"很满意"。

8.在穿用HL衬衫前,您认为它的质量是:　1 2 3 4 5 6 7 8 9 10

9.在穿用HL衬衫后,您感到它的实际质量情况是:　1 2 3 4 5 6 7 8 9 10

10.在穿用HL衬衫前,您认为它发生质量问题的可能性是:　1 2 3 4 5 6 7 8 9 10

11.在穿用HL衬衫后,您感到它发生质量问题的实际情况是:　1 2 3 4 5 6 7 8 9 10

12.在穿用HL衬衫前,您认为它的特色能满足您需求的程度是:　1 2 3 4 5 6 7 8 9 10

13.在穿用HL衬衫后,您感到它的特色能满足您需求的实际情况程度是:

1 2 3 4 5 6 7 8 9 10

14.根据HL衬衫的现行价格,您认为它的质量水平是:　1 2 3 4 5 6 7 8 9 10

15.根据HL衬衫的产品质量,您认为它的价格是:　1 2 3 4 5 6 7 8 9 10

16.您对HL衬衫的产品质量和服务水平的总体满意程度为:　1 2 3 4 5 6 7 8 9 10

17.与您穿用前的期望相比,您认为HL衬衫的总体质量是:　1 2 3 4 5 6 7 8 9 10

18.与您心目中理想的衬衫相比,您认为HL的总体质量是:　1 2 3 4 5 6 7 8 9 10

19.与世界级著名品牌相比,HL品牌的综合差距:　1 2 3 4 5 6 7 8 9 10

20.您对HL衬衫的产品质量和服务水平是否有过抱怨:

□没有抱怨　□有抱怨

如果有过抱怨,那么抱怨的程度为:　1 2 3 4 5 6 7 8 9 10

21.您对HL衬衫的产品质量和服务水平是否有过投诉:

□没有投诉　□有过投诉

如果有过投诉,那么您对浙江HL服饰有限公司处理投诉的过程和结果的满意程度为:

1 2 3 4 5 6 7 8 9 10

22.如果有过抱怨或投诉,那么主要原因是:(可多选)

□产品质量　□款式　□颜色　□包装　□价格　□服务质量　□其他____

23.您继续购买或穿HL衬衫的可能性是:　1 2 3 4 5 6 7 8 9 10

24.您向亲戚朋友推荐穿HL衬衫的可能性是:　1 2 3 4 5 6 7 8 9 10

25.如果您想再购买HL衬衫,但当它的价格上涨多少时,您会改变主意,购买其他品牌的衬衫:

1 2 3 4 5 6 7 8 9 10

(每格代表2%)

26.如果您原来不想再购买HL衬衫,但当它的价格下降多少时,您会改变主意,愿意继续购买:

1 2 3 4 5 6 7 8 9 10

(每格代表2%)

27.您对浙江HL服装有限公司新品种开发的满意程度是:　1 2 3 4 5 6 7 8 9 10

28.您对HL衬衫包装的满意程度为:　1 2 3 4 5 6 7 8 9 10

29.您对HL衬衫颜色的满意程度为:　1 2 3 4 5 6 7 8 9 10

30.您认为HL衬衫的优势是什么?(最多选2项)

□产品质量好　□穿着合体　□做工精良　□型号齐全　□用料讲究　□款式新颖

□品牌知名　□价格合理　□广告宣传好　□包装好　□服务质量好

31.据您了解，HL 衬衫存在的主要质量问题是什么？(可多选)

□尺寸不准确　□缝线开裂　□纽扣易掉　□面料有疵点　□洗后易皱

□款式单调　□做工粗糙　□穿着不合体　□其他____

32.促使您选择购买 HL 品牌而不是其他品牌衬衫的第一因素是：(单选)

□品牌　□产品质量　□款式　□价格　□服务质量

□他人推荐　□广告宣传　□其他____

33.您或者您的家人今后购买 HL 衬衫数量的趋势是：(单选)

□上升　□持平　□下降

34.您是否听到过"海螺不吹亦是歌，绿叶无语一片情"这句话：　□ 是　□ 否

35.您对 HL 品牌有什么其他建议(自由回答)：____________________

您的电话(用于可能的回访，谢谢配合)：____________________

访问时间：　地点：　访问员：

变量编码表如表 1－1 所示。

表 1－1　　变量编码表

变量_ID	变量名	变量类型	栏数
f1	性别	nominal	
f2	年龄	nominal	
f3	文化程度	nominal	
f4	职业	nominal	
f5	个人月收入	nominal	
f6	知名度	nominal	
f7	认可程度	nominal	
f8	产品特色	nominal	
f9	档次	nominal	
f10	拟人化属于	nominal	
f11	哪些广告影响较深	多项选择	
f12	经历	nominal	
f13	场所	nominal	
f14	其他品牌	多项选择	
f21	质量期望	ratio	
f22	质量感知	ratio	
f23	可靠性期望	ratio	
f24	可靠性感知	ratio	
f25	特色期望	ratio	

续表

变量_ID	变量名	变量类型	栏数
f26	特色感知	ratio	
f27	质量/价格	ratio	
f28	价格/质量	ratio	
f29	总体满意程度	ratio	
f30	与预想比	ratio	
f31	与理想比	ratio	
f32	与世界著名品牌比	ratio	
f33	是否有抱怨	nominal	
f34	抱怨程度	ratio	
f35	是否有投诉	nominal	
f36	投诉处理	ratio	
f37	抱怨原因	多项选择	
f39	再购可能性	ratio	
f40	推荐可能性	ratio	
f41	涨价承受力	ratio	
f42	降价吸引力	ratio	
f43	新品开发能力	ratio	
f44	包装	ratio	
f45	颜色	ratio	
f46	优势	多项选择	
f47	主要质量问题	多项选择	
f48	第一因素	nominal	
f49	趋势	nominal	
f50	是否听到过某话	nominal	

变量取值编码表如表 1—2 所示。

表 1—2　　**变量取值编码表**

Question_ID	Value_ID	Value_Name	Question_ID	Value_ID	Value_Name	Question_ID	Value_ID	Value_Name
f1	1	男	f11	55	电视广告	f48	105	品牌
f1	2	女	f11	56	书报广告	f48	106	产品质量
f2	3	30 岁以下	f11	57	户外广告	f48	107	款式
f2	4	30~40 岁	f11	58	商店橱窗广告	f48	108	价格
f2	5	41~50 岁	f11	59	服装杂志广告	f48	109	服务质量
f2	6	51~60 岁	f11	60	报纸新闻报道	f48	110	他人推荐
f2	7	61 岁以上	f12	61	1 次	f48	111	广告宣传
f3	8	初中	f12	62	2~3 次	f48	132	其他
f3	9	高中	f12	63	4~5 次	f49	112	上升
f3	10	中专	f12	64	5 次以上	f49	113	持平
f3	11	大专	f13	65	HL 专卖店	f49	114	下降
f3	12	大学及以上	f13	66	大型百货商场	f50	115	是
f5	13	小于 1 500 元	f13	67	大卖场 HL 专柜	f50	116	否
f5	14	1 500~3 000 元	f13	68	超市 HL 专柜	f4	117	国企员工
f5	15	3 000~5 000 元	f13	69	就近的商店	f4	118	外企员工
f5	16	5 000~8 000 元	f14	70	雅戈尔	f4	119	民营企业员工
f5	17	大于 8 000 元	f14	71	开开	f4	120	公务员
f6	18	很有名气	f14	72	保罗	f4	121	教师
f6	19	较有名气	f14	73	虎豹	f4	122	医务人员
f6	20	一般	f14	74	司麦脱	f4	123	个体经营者
f6	21	没有名气	f33	75	没有抱怨	f4	124	学生
f6	22	没听说过	f33	76	有抱怨	f4	125	离退休人员
f7	23	很有好感	f35	77	没有投诉	f4	126	其他
f7	24	较有好感	f35	78	有过投诉	f14	129	名勋
f7	25	一般	f37	79	产品质量	f14	130	蝶矢
f7	26	不太有好感	f37	80	款式	f14	133	其他
f7	27	无好感	f37	81	颜色			
f8	28	很有特色	f37	82	包装			
f8	29	有较多特色	f37	83	价格			
f8	30	有一定特色	f37	84	服务质量			
f8	31	特色不明显	f37	85	其他			
f8	32	毫无特色	f46	86	产品质量好			
f9	33	时髦高档型	f46	87	穿着合体			
f9	34	略有时尚中档型	f46	88	做工精良			
f9	35	实惠型	f46	89	型号齐全			
f9	36	价廉物美型	f46	90	用料讲究			
f9	37	低档廉价型	f46	91	款式新颖			
f9	38	普通型	f46	92	品牌知名			
f10	39	天真的幼儿	f46	93	价格合理			
f10	40	阳光男孩	f46	94	广告宣传好			
f10	41	发育不良的少儿	f46	95	包装好			
f10	42	纯朴的村姑	f46	96	服装质量好			
f10	43	青春活泼的姑娘	f47	97	尺寸不准确			
f10	44	拘谨呆板的姑娘	f47	98	缝线开裂			
f10	45	丰姿绰约的贵妇	f47	99	纽扣易掉			
f10	46	古板保守的老太	f47	100	面料有疵点			
f10	47	风流时尚的青年	f47	101	洗后易皱			
f10	48	稳重成熟的先生	f47	102	款式单调			
f10	49	老气横秋的小伙	f47	103	做工粗糙			
f10	50	华而不实的青年	f47	104	穿着不合体			
f10	51	气质高贵的贵族	f47	127	其他			
f10	52	风华早逝的过气明星						
f10	53	风华正茂的青年						
f10	54	暮气沉沉的老人						

二、调研数据编码录入步骤

(一)将调查数据的 EXCEL 格式文件导入 SPSS 软件中

在 SPSS 中点击 File→Open→Data，在对话框中查找 HL 公司调查数据 EXCEL 格式文件的存放路径，在对话框中的 Files of type 的下拉菜单中选择 Excel 格式，出现 HL 公司调查数据的 Excel，选中，点击 Open→OK(如图 1—1、图 1—2 所示)。

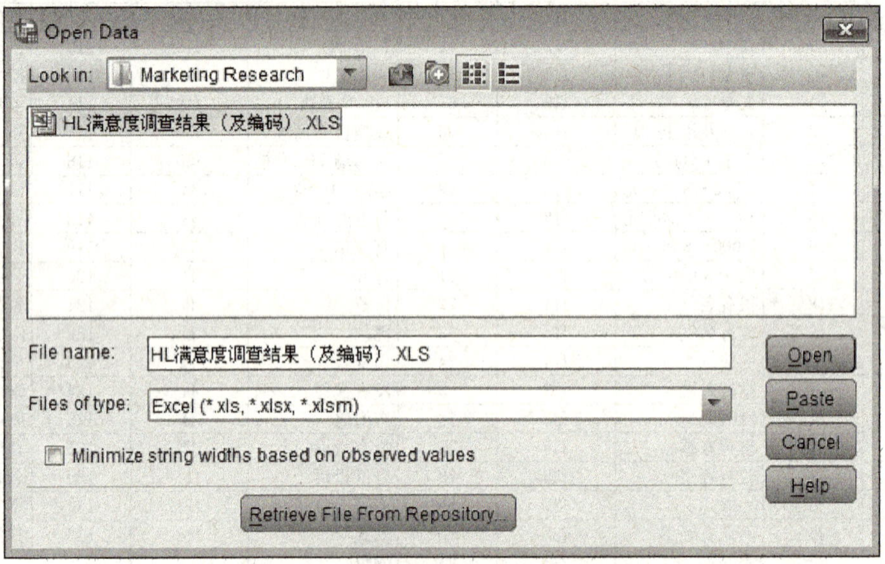

图 1—1　SPSS 打开数据文件对话框

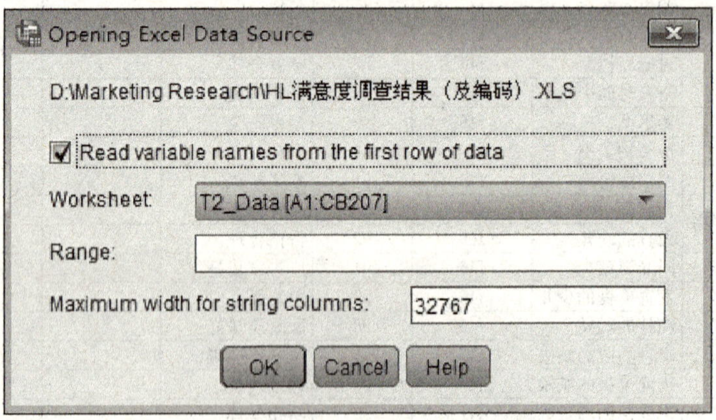

图 1—2　SPSS 打开数据文件对话框

(二)对变量和变量值进行标签

菜单方式:点击 Variable View，出现如图 1—3 所示的变量视图，在每个变量的 Lable 处双击，即可在文本框中输入变量的标签。

在每个变量的 Value 处双击，即出现如图 1—4 所示的定义变量值标签的对话框。录入变量的取值及相应标签，点击 OK 即可。

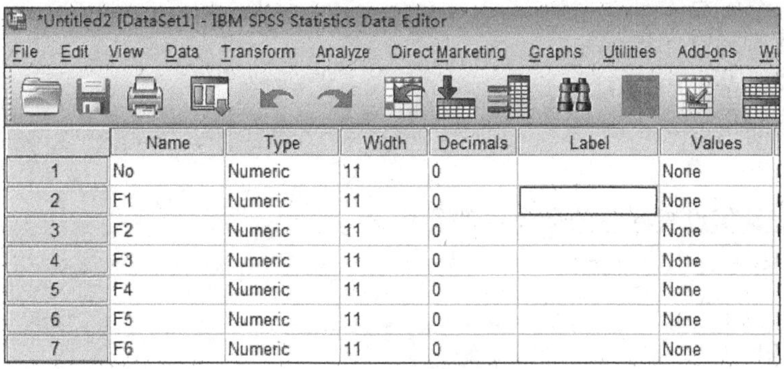

图 1—3 SPSS 的变量视图

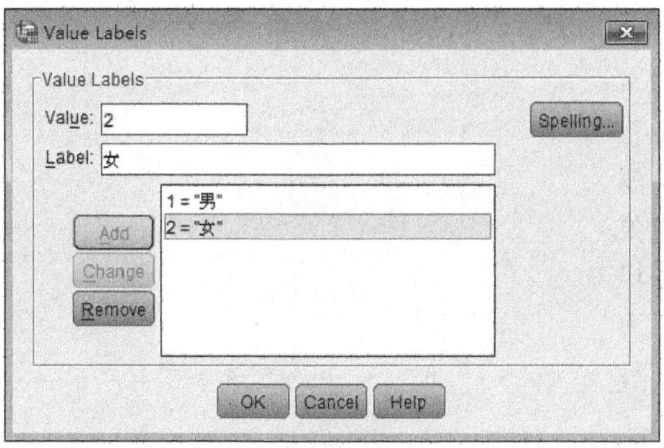

图 1—4 变量值标签对话框

语句方式，点击 File→New→Synrax，打开 SPSS Syntax Editor 对话框中的 Syntax 语法命令格式。输入如下命令后，点击 Run selection 三角状按钮，运行即可。

以下是对变量设置标签的命令：(部分)

Var Labels

f1 性别

f2 年龄

f3 文化程度

f4 职业

f5 个人月收入

f6 知名度

f7 认可程度

f8 产品特色

f9 档次

f10 拟人化属于

F11_55 电视广告

F11_56 书报广告

F11_57 户外广告
F11_58 商店橱窗广告
F11_59 服装杂志广告
F11_60 新闻报道

以下是对变量值设置标签的命令：(部分)

```
Value Labels
f1
    1    男
    2    女

Value Labels
f2
    3    30岁以下
    4    30～40岁
    5    41～50岁
    6    51～60岁
    7    61岁及以上

Value Labels
f3
    8    初中
    9    高中
    10   中专
    11   大专
    12   大学及以上
```

对变量及变量取值标签完后，点击 View-value Labels，就可以在数据视图中看到变量取值的值标签，如图 1－5 所示。

(三)变量的标准化

菜单方式：点击 Analyze→Descriptive Statistics→Descriptives，进入描述统计(Descriptives)对话框。

在描述统计对话框内，从左边变量列表中选择 F39 到右侧的变量框内；点击选项(Options)按钮，选择所需的离散、分布、显示顺序等内容，点击 Continue 回到描述统计对话框；在描述统计对话框中，选中 Save standardized values as variables 按钮，点击 OK 即可(如图 1－6 所示)。

语句方式：点击 File→New→Synrax，打开 SPSS Syntax Editor 对话框中的 Syntax 语法命令格式。

输入如下命令后，点击 Run selection 三角状按钮，运行即可：

```
aggregate / f39m=mean(f39) / f39s=sd(f39)
```

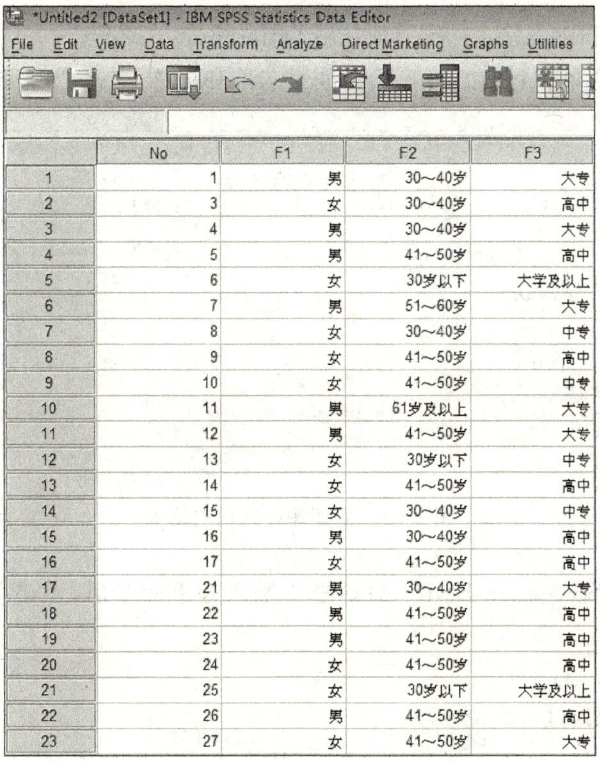

	No	F1	F2	F3
1	1	男	30～40岁	大专
2	3	女	30～40岁	高中
3	4	男	30～40岁	大专
4	5	男	41～50岁	高中
5	6	女	30岁以下	大学及以上
6	7	男	51～60岁	大专
7	8	女	30～40岁	中专
8	9	女	41～50岁	高中
9	10	女	41～50岁	中专
10	11	男	61岁及以上	大专
11	12	男	41～50岁	大专
12	13	女	30岁以下	中专
13	14	女	41～50岁	高中
14	15	女	30～40岁	中专
15	16	男	30～40岁	高中
16	17	女	41～50岁	高中
17	21	男	30～40岁	大专
18	22	男	41～50岁	高中
19	23	男	41～50岁	高中
20	24	女	41～50岁	高中
21	25	女	30岁以下	大学及以上
22	26	男	41～50岁	高中
23	27	女	41～50岁	大专

图1－5　SPSS的数据视图(显示值标签)

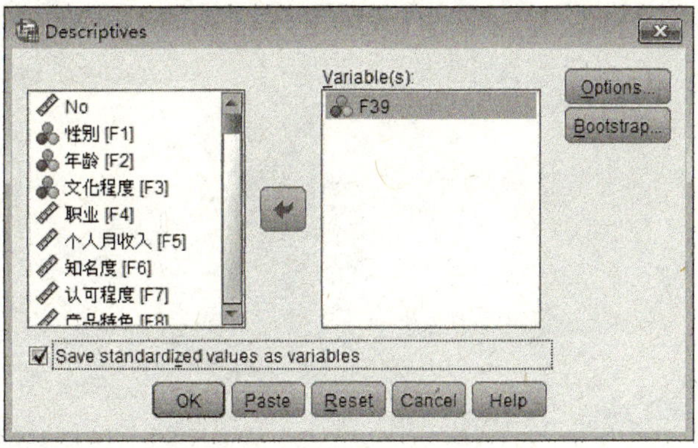

图1－6　描述统计对话框

compute zf39＝(f39－f39m)/f39s

(四)中心化变量

在SPSS Syntax Editor对话框中输入如下命令后，点击Run selection三角状按钮，运行即可：

Compute mF39＝F39－F39m

注意：需要先保存一下文件，才会显示数据。

（五）虚拟变量

菜单方式：点击 Transform→Recode into Different Variables

依次修改：输出变量、旧值和新值、输出变量名称和标签，点击 OK 即可（如图 1—7 所示）。

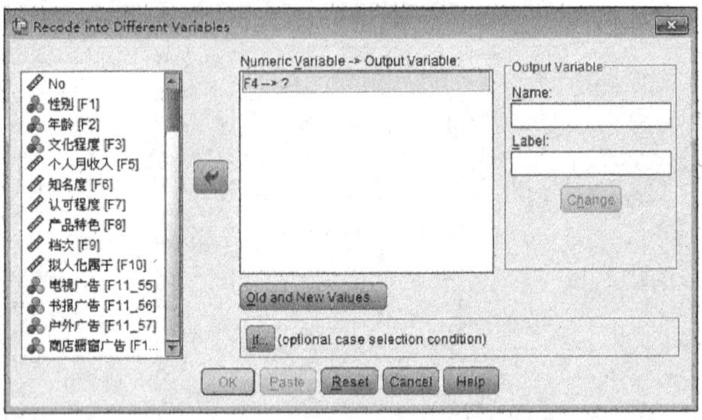

图 1—7　变量重新编码对话框

语句方式：在 SPSS Syntax Editor 对话框中输入如下命令后，点击 Run selection 三角状按钮，运行即可：

```
COMPUTE  G=0
if F4=120 G=1
```

或者：

```
RECODE F4 (120=1) (ELSE=0) into G
```

第二章

数据整理与基础统计分析

在市场调研活动中，经常获得许多数据，而这些数据中包含着大量有用的信息。若要准确、科学地提取这些信息，就要应用各种统计分析方法，其中最基本的方法是数据的基本统计描述。通过数据的基本统计描述，可以得到数据的分布状况、数据的主要统计特征等。当然，要实现对数据的统计分析和描述，首先要从建立数据文件开始。本章主要介绍数据文件的建立和数据的基础统计分析方法。

第一节　SPSS的启动及数据库的建立

一、SPSS简介

SPSS(Statistics Package for Social Science)for Windows是一种运行在Windows系统下的社会科学统计软件软件包。2009年，SPSS被IBM收购，目前已改名为PASW(Predictive Analytics Software) Statistics，由于PASW Statistics就是原SPSS Statistics的升级版，为了与现有用户的习惯保持一致，本实验指导书仍沿用SPSS的名称。

SPSS软件包集数据整理、分析过程、结果输出等功能为一体，采用窗口操作界面，统计分析方法涵盖面广，用户操作使用方便，输出数据表格图文并貌，并且随着它的功能的不断完善、统计分析方法的不断充实，大大提高了统计分析工作的效率。从1968年由美国斯坦福大学开发使用至今，已经拥有全球数以万计的用户，分布在通信、医疗、银行、证券、保险、制造、商业、市场调研、科学教育等众多行业领域，成为世界上应用最广泛的专业统计软件之一。

SPSS的基本功能包括数据管理、统计分析、图表分析、输出管理等，具体内容包括描述统计、列联表分析、总体的均值比较、相关分析、回归模型分析、聚类分析、主成份分析、时间序列分析、非参数检验等多个大类，每类中还有多个专项统计方法。SPSS设有专门的绘图系统，可以根据使用者的需要将给出的数据绘制成各种图形，满足用户的不同需求。

(一)SPSS的运行方式

SPSS提供了3种基本运行方式：完全窗口菜单方式、程序运行方式和混合运行方式。程序运行方式和混合运行方式是使用者从特殊的分析需要出发，编写自已的SPSS命令程序，通过语句直接运行。这里只介绍完全窗口菜单管理方式，这种操作方式简单明了，除数据输入工作需要键盘外，大部分的操作命令、统计分析方法的实现是通过菜单、图标按钮、对话框来完成的，非常适用于市场分析的统计分析人员和一般统计方法的应用者。

SPSS中使用的对话框主要有两类：一类是文件操作对话框，文件操作对话窗口操作与Windows应用软件操作风格一致；另一类是统计分析对话框，统计分析对话框可以分为主窗口和下级窗口，在该类对话框中，选择参与分析的各类变量及统计方法是对话框的主要任务。有关对话框的详细操作将在后面的统计方法的实验中解释。

(二)SPSS 的实验环境要求

1. 系统运行环境

SPSS10.0 以上版本软件包可以工作在两种模式下，即单机模式和作为网络系统的用户界面模式。

SPSS for Windows 软件包可以运行在微软公司的 Windows 98、Windows NT 4.0、Windows ME、Windows 2000 和 Windows XP 操作系统之下。由于统计分析软件的数据量比较大，因此系统运行需要大于 16 兆以上的空间。

2. 辅助软件环境

SPSS 可以直接将 SPSS 数据文件保存为 Excel 工作表，也可以直接打开一个 Excel 工作表，因此，为了方便数据录入(许多人对 Excel 工作表编辑比较熟悉)，应在操作系统下安装一个 Excel 软件。另外，许多数据在处理之前可能保存在某个数据库中，如 FoxBase、Sybase、SQL_Server、Oracle 等，如有需要从数据库中获取数据的分析，应在操作系统下安装相应的数据库管理系统。

(三)SPSS 的主要界面

SPSS 的主要界面有数据编辑窗口和结果输出窗口。数据编辑窗口与微软的 Excel 类似，但 SPSS 的统计功能更多。SPSS 的结果输出窗口是显示统计分析的结果，此窗口的内容可以以结果文件.spo 的形式保存。数据编辑窗口和结果输出窗口的详细描述将在有关 SPSS 的数据文件建立的内容中查到。

(四)SPSS 的帮助系统

SPSS 对一些基本模块中的统计提供了帮助，可以通过单击 Help 菜单中的 Statistics Coach 命令，选择所需要的统计指导。

二、启动 SPSS 软件包

当用户在操作系统下运行 SPSS 软件后，计算机屏幕上出现一个对话框(如图 2－1 所示)。

对话框包括一个六选一单选对话框和一个复选对话框，其内容为：

(1)Run the tutorial：运行操作指南；

(2)Type in data：输入数据选项，建立新的数据集时可选择此项；

(3)Run an existing query：运行一个已经存在的数据文件选项；

(4)Create new query using Database Wizard：用数据库处理工具建立新文件；

(5)Open an existing date source：打开一个已经存在的数据文件；

(6)Open another type of file：打开其他类型的文件；

(7)Don't show this dialog in the future 是一复选对话框，选中该复选项后，下次启动 SPSS 时将不会显示对话框，直接显示数据编辑窗口。

三、数据文件的建立

当对话框选择 Type in data 后，点击 OK，系统将显示出 SPSS 软件包数据编辑主窗口，数据文件的建立就是在数据编辑窗口中完成的。数据编辑窗口可以显示两张表，分别是 Data

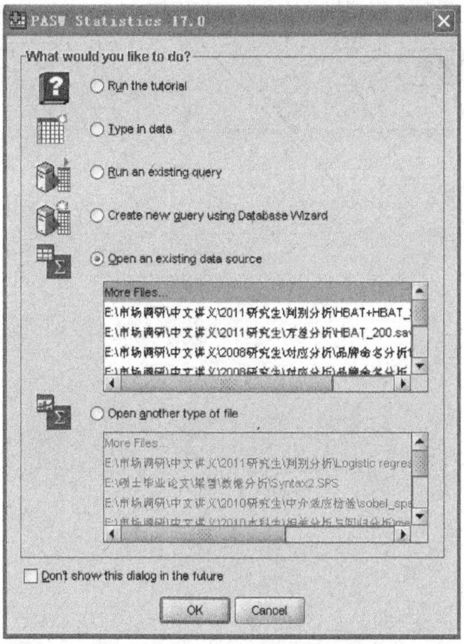

图 2－1 SPSS 启动后操作对话框

View(如图 2－2 所示)和 Variable View(如图 2－3 所示),通过点击下端的 2 个同名窗口标签按钮实现相互切换。

数据编辑区是 SPSS 的主要操作窗口,是一个二维平面表格,用于对数据进行各种编辑;标尺栏由纵向标尺栏和横向标尺栏组成,横向标尺栏显示数据变量,纵向标尺栏显示数据顺序(如时间顺序)。

Data View 表可以直接输入观测数据值或存放数据,表的左端列边框显示观测个体的序号,最上端行边框显示变量名。

Variable View 表用来定义和修改变量的名称、类型及其他属性。

在 Variable View 表中,每一行描述一个变量,依次是:

(1)Name:变量名。变量名必须以字母、汉字及@开头,总长度不超过 8 个字符,共容纳 4 个汉字或 8 个英文字母,英文字母不区分大小写,最后一个字符不能是句号。

(2)Type:变量类型。变量类型有 8 种,最常用的是 Numeric 数值型变量。其他常用的类型有 String 字符型、Date 日期型、Comma 逗号型(隔 3 位数加一个逗号)等。

(3)Width:变量所占的宽度。

(4)Decimals:小数点后位数。

(5)Label:变量标签。关于变量的含义说明。

(6)Values:变量值标签。关于变量各个取值的含义说明。

(7)Missing:缺失值标签。

(8)Columns:变量在 Date View 中所显示的列宽(默认列宽为 8)。

(9)Align:数据对齐格式(默认为右对齐)。

(10)Measure:数据的测量方式。系统给出名义尺度、定序尺度和等距尺度(默认为等距尺度)。

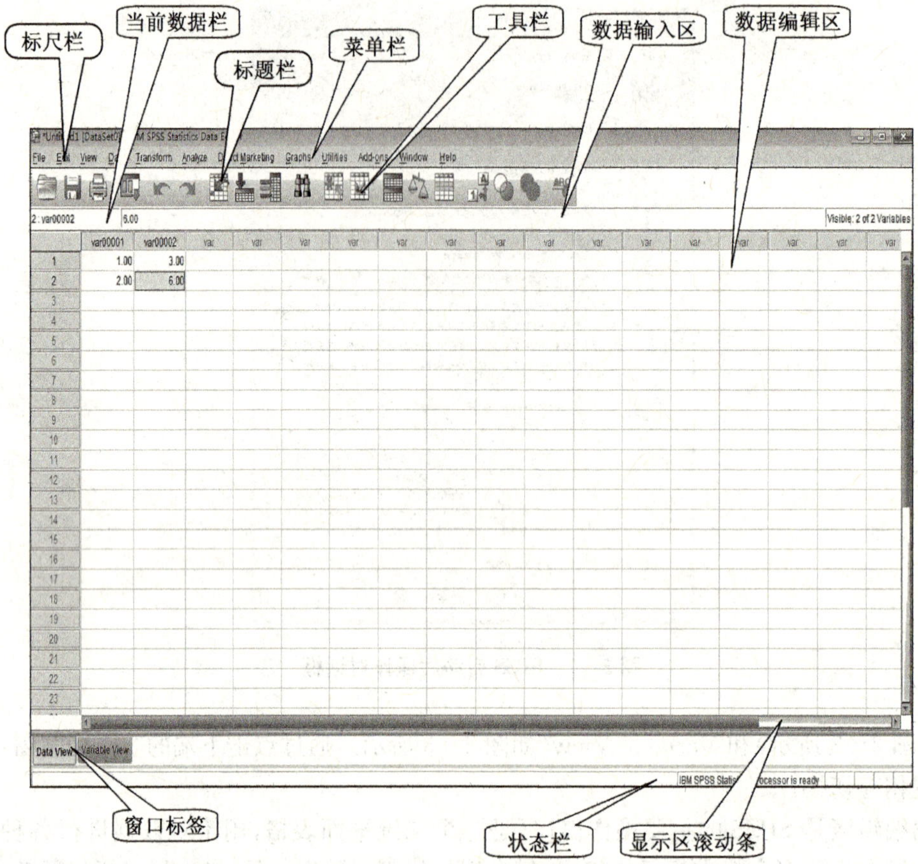

图 2—2　Data View 表

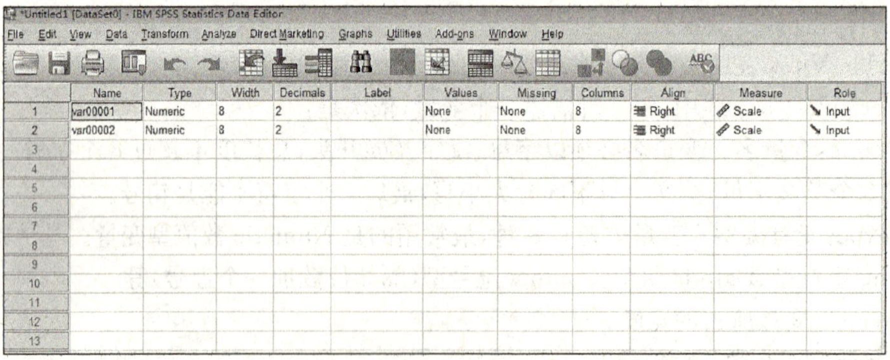

图 2—3　Variable View 表

如果输入变量名后回车，将给出变量的默认属性。如果不定义变量的属性，直接录入数据，系统将默认变量名为 Var00001，Var00002 等。

定义了变量的各种属性后，回到 Data View 表中，就可以直接在表中录入数据。录入数据后可以点击 Save 或 Save as 作为数据文件保存。另外，对于统计分析的结果也可以作为文件保存起来。

为了在统计分析过程中能有效地利用其他软件产生的数据，SPSS 软件编辑窗口除了可以使用 *.sav 扩展名数据文件外，还可以直接打开和保存下述类型的文件：

(1)SPSS DOS 版本产生的数据文件 *.sys；

(2)Excel 报表程序产生的数据文件 *.xls；

(3)DBASE 数据库格式文件 *.dbf；

(4)SAS 统计软件产生的数据文件。

第二节　数据的编辑与整理

当录入数据之后，就可以对原始数据进行整理和分析。关于数据的整理和分析都是在数据窗口完成的。下面将介绍 SPSS 统计分析软件在数据窗口的主要操作方式和菜单的相应功能。

一、数据窗口菜单栏功能操作

打开 hl_cs.sav 文件，数据编辑窗口的主菜单如图 2—4 所示，主菜单中的具体功能包括：

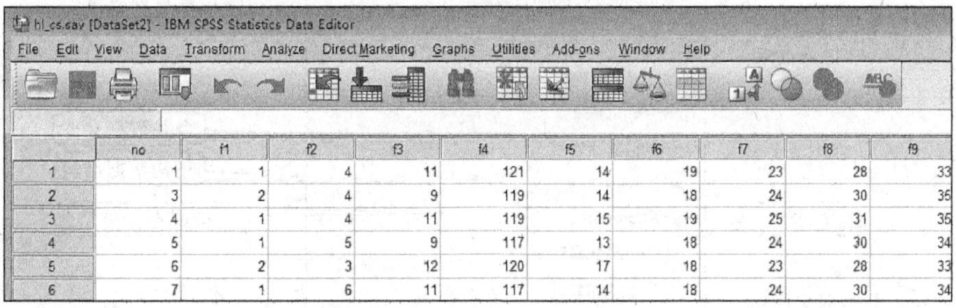

图 2—4　SPSS 主菜单

(1)File：文件操作；

(2)Edit：文件编辑；

(3)View：视图编辑；

(4)Data：数据操作；

(5)Transform：数据转换；

(6)Analyze：统计分析方法；

(7)Graphs：图形编辑；

(8)Utilities：实用程序；

(9)Add-ons：加载其他程序；

(10)Window：窗口控制；

(11)Help：帮助。

在统计分析过程中，常用的功能主要集中在数据操作、数据转换、数据分析、统计图形的建立与编辑等操作。

二、Data 数据功能

数据编辑窗口的 Data 菜单为用户创建和定义数据提供了方便的功能，如图 2－5 所示。这个菜单是 SPSS 统计软件数据整理的特有功能菜单。它的功能包括：对变量、观测量的编辑处理；对变量数据的变换；对观察量数据整理。

这些功能为各种统计分析要求提供了极其灵活的数据整理功能，用户可以根据不同统计分析对数据的要求对数据进行整理。

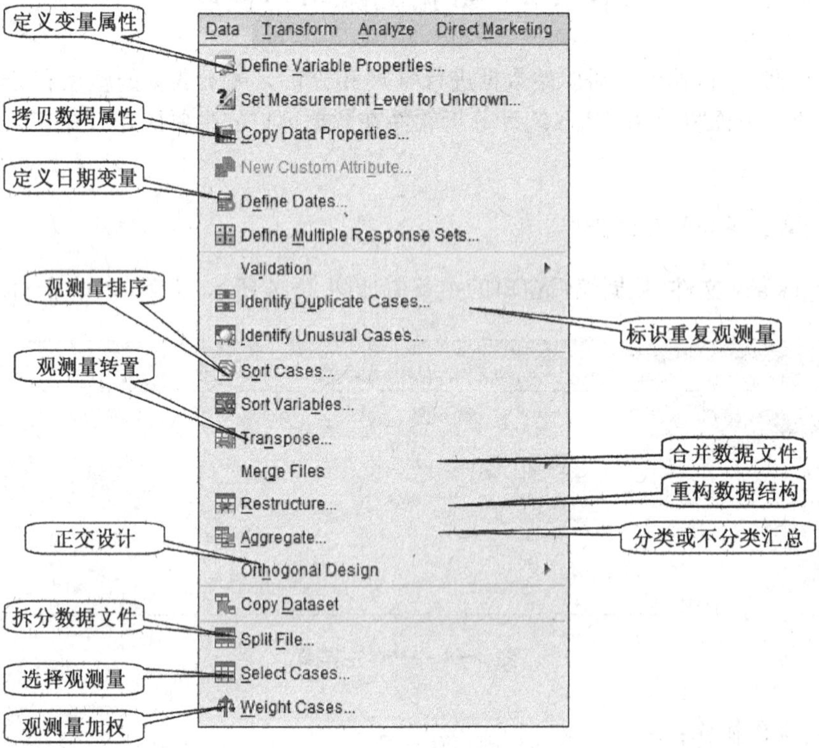

图 2－5 Data 菜单项

Data 菜单的具体功能介绍如下：

(1)Define Variable Properties：用于定义变量属性；

(2)Copy Data Properties：由外部文件和工作文件拷贝数据变量和属性；

(3)Define Dates：定义或编辑日期变量格式；

(4)Identify Duplicate Cases：标识重复观测量；

(5)Sort Cases：对观测量进行排序；

(6)Transposes：对观测量进行转置；

(7)Merge Files：把外部文件数据合并到工作文件中；

(8)Restructure：对现有的观测量进行重新构造，形成新格式的数据文件；

(9)Aggregate：对数据进行分类或不分类汇总，产生新文件或代替工作文件；

(10)Orthogonal Design ：进行正交设计；

(11)Split File：拆分数据文件的观测量，观测量进行条件分组；

(12)Select Cases:选择观测量;

(13)Weight Cases:对观测量进行加权处理。

通过选择上述命令,可以实现对数据的整理编辑。

三、Transform 变换及转换功能

数据编辑窗口的 Transform 菜单为用户创建和定义复杂的数据提供了方便的功能,如图 2-6 所示。它与 Data 菜单共同使用,可对基本的数据进行重新编辑,形成新的变量和观测量。这个菜单主要对变量进行操作,分为四部分功能。这些功能也为各种统计分析要求提供极其灵活的数据处理功能。

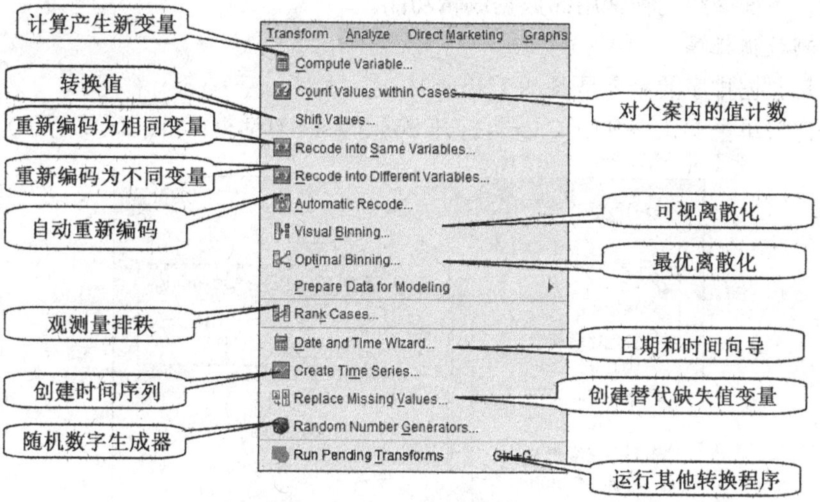

图 2-6　Transform 菜单项

Transform 菜单的具体功能介绍如下:

(1)Compute Variable:计算产生新变量,SPSS 提供了 10 类 100 多个函数,通过该菜单可以用表达式产生一个新变量;

(2)Count Values within Cases:对个案内的值计数;

(3)Shift Values:转换值;

(4)Recode into Same Variables:对变量值重新编码,保存在同一变量中;

(5)Recode into Different Variables:对变量值重新编码,保存为另一个变量中;

(6)Automatic Recode:对变量值自动编码,产生一个连续的变量值编码;

(7)Visual Binning:可视离散化;

(8)Optimal Binning:最优离散化;

(9)Rank Cases:为观测量排秩,求得的秩在数据窗口作为一个新变量保存;

(10)Date and Time Wizard:日期和时间向导;

(11)Create Time Series:创建时间序列;

(12)Replace Missing Values:创建替代缺失值变量;

(13)Random Number Generators:创建随机数种子;

(14)Run Pending Transforms:运行其他转换程序。

在一般情况下，通过 Date 菜单和 Transform 菜单的操作就可以实现对原始数据的整理和变换。

四、数据的编辑

在 Data View 中，用鼠标左键单击数据表左边框的观测个体序号，这一行值就被选中；用鼠标左键单击上边框的变量名，这个列就被选中，和其他 Windows 中的操作类似；也可以用鼠标选中一部分单元格，选中行、列、单元格后，单击鼠标右键，可以对它们进行复制、删除、剪切等操作。

如果需要对已经输入的数据进行修改，就要对已经存在的数据进行编辑，SPSS 有许多数据编辑功能。下面介绍几种常用的数据编辑功能。

（一）观测数据排序

给观测量数据排序的命令是 Sort Cases。

在数据窗口单击 Data→Sort Cases，打开 Sort Cases 对话框（如图 2—7 所示）。

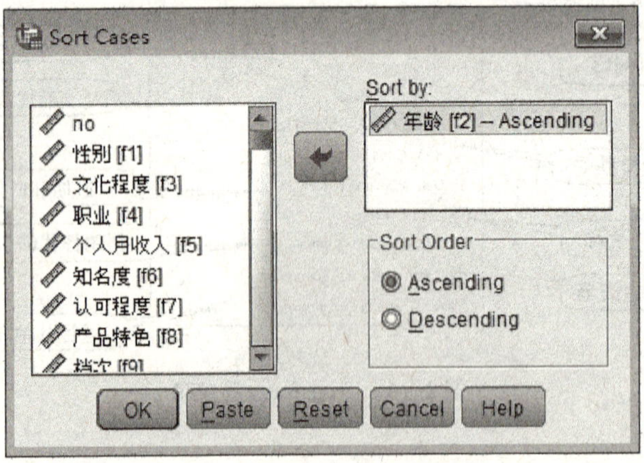

图 2—7 Sort Cases 对话框

从对话框左侧的变量列表中选择排序变量，点击右箭头按钮加入 Sort by 框中，然后在 Sort Order 栏中选择排序顺序：

(1) Ascending：观测个体按照选定的排序变量值由小到大的升序排列；

(2) Descending：观测个体按照选定的排序变量值降序排列。

注意：排序变量可以是一个或多个，当选择多个排序变量时，首先按第一个变量值排序，然后在第一个变量取值相同的那些个体中再按第二个变量值排序，依次类推。

注意在排序的时候，观测个体整行的值一同变到新位置，而不是只有排序变量那一列变动。但数据表中左边框上的序号并不随着变动，因此，为了保留原始数据的信息，最好自己定义一个变量来记录观测个体的序号。

（二）在数据中选取子集

如果需要从数据文件中选取一部分数据，可以在数据编辑窗口单击 Data→Select Cases，打开 Select Cases 对话框（如图 2—8 所示）。

在该对话框的 Select 栏中选择挑选数据子集的方式（单选）：

(1) All cases：选择所有数据。

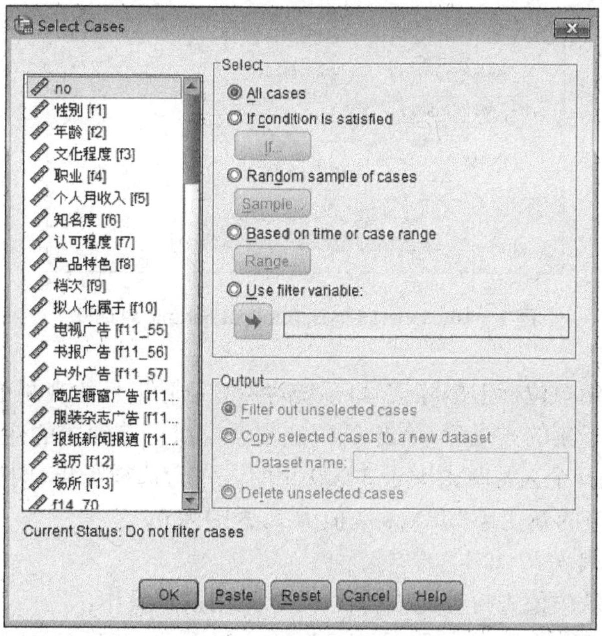

图 2—8　Select Cases 对话框

(2)If condition is satisfied：按指定条件选择数据。单击 If 按钮，打开 Select Cases：If 对话框(如图 2—9 所示)，先选择变量，然后定义条件。

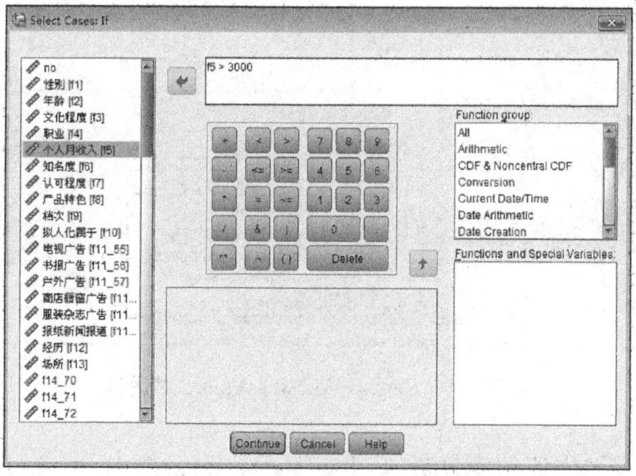

图 2—9　Select Cases：If 对话框

(3)Random sample of cases：对观察值进行随机抽样。单击 Sample 按钮，打开 Select Cases：Random Sample 对话框(如图 2—10 所示)。

在 Sample Size 栏中有两种选择方式：一种是大概抽样(Approximately)，即键入抽样比例后由系统随机抽样；另一种是精确抽样(Exactly)，要求输入从第几个观察值起抽取多少数据。

(4)Based on time or case range：顺序抽样。单击 Range 按钮，打开 Select Cases：Range 对话框，用户自行定义从第几个观察值开始抽到第几个观察值结束。

(5)Use filter variable：用指定变量作过滤。先选择一个变量，系统自动在数据管理器中

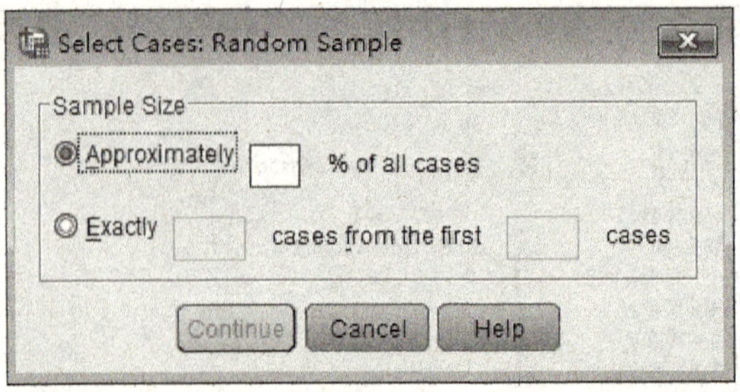

图 2—10 Select Cases：Random Sample 对话框

将该变量值为 0 的观测单位标上删除记号，系统对标有删除记号的观测单位不作分析。

选择了挑选数据子集的方式后，单击 OK，在数据窗口可看到新的变量 filter_s。例如，在数据文件 hl_cs 中，选择个人月收入大于 3 000 元的人作为选择子集，则满足条件的个人月收入大于 3 000 元的相应的新变量 filter_s 取值为 1，否则为 0。

（三）缺失值的替代方式

如果用户希望对缺失值进行补充或替代，可以采用以下操作：

在数据窗口点击 Transform→Replace Missing Values，打开 Replace Missing Values 对话框（如图 2—11 所示）。

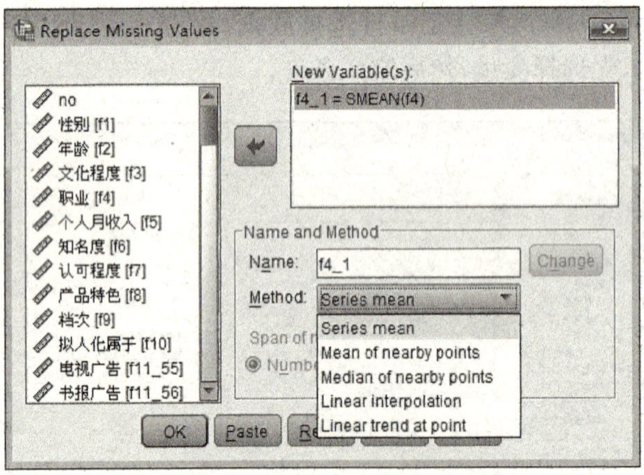

图 2—11 Replace Missing Values 对话框

在变量中选择具有缺失值的变量进入 New Variable(s)框内，系统可以自动产生替代缺失值的新变量，也可自己定义新变量。然后在 Method 的下拉菜单中选择缺失值的替代方式。五种方式依次是：

(1)Series mean：用该变量所有非缺失值的平均值替代缺失值；

(2)Mean of nearby points：用缺失值相邻点的非缺失值的平均数据替代缺失值；

(3)Median of nearby points：用缺失值相邻点的非缺失值的中位数替代缺失值；

(4)Linear interpolation：用缺失值相邻点的非缺失值的中点值替代缺失值；

(5)Linear trend at point：用线性拟合方式替代缺失值。

(四)数据秩(序)的确定

如果用户需要对已有的数据变量排秩(序),如对数据 hl_cs 中不同年龄的个人月收入分别排出名次,可以在数据窗口采用以下操作:

(1)单击 Transform→Rank Cases,打开 Rank Cases 对话框(如图 2－12 所示)。

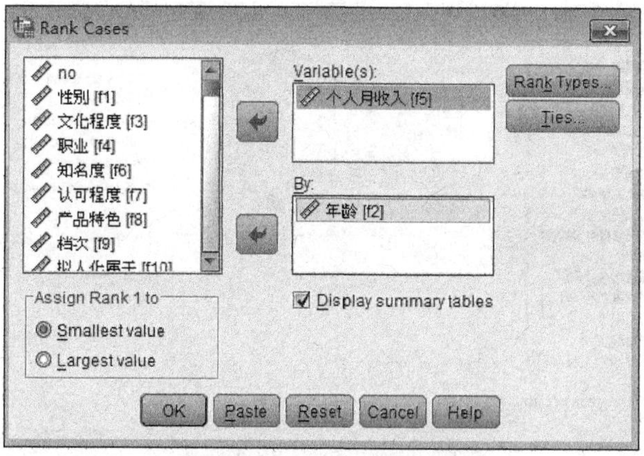

图 2－12　Rank Cases 对话框

(2)从左边变量名列表框中选择变量"个人月收入"(也可选择多个变量)进入 Variable(s)框中,选择变量"年龄"进入 By 框中,则系统排序时将按照进入 By 的变量值"年龄"进行分别排序。

(3)单击 Ties 按钮,选择 Ties(Ties 是指两个或两个以上的数据相等的情况)的处理方式。由于秩与数据个数是一一对应的,当数据相同时,确定它们相应的秩有三种处理方式:对应秩的 Mean 平均值、Low 最小值和 High 最大值。本例选择最大值,选择后返回主对话框,点击 OK,就可以在数据窗口看到排序结果。

Rank Types 按钮提供排秩方式。单击 Rank Types 按钮,打开 types 对话框,从中选择排秩类型,从左到右依次是:Rank 普通排序(系统默认),新变量的值就是秩;Fractional rank as% 累计百分数排序;Savage score 以指数分布为基础的原始分排序;Sum of Case weights 以分组例数之和的权重排序;Fractional rank 以秩变量除以分组例数之和排序;Ntile 先给定一个大于 1 的整数,系统按照此数的范围确定秩。

五、SPSS 对变量的编辑

(一)插入一个新变量

插入一个新变量的命令是 Insert Variable。

在数据窗口单击 Edit→Insert Variable,会在光标所在位置的前一列插入一个新的变量,变量名字和属性可以在 Variable View 窗口中定义。

(二)根据现有的变量生成新变量

对于已存在的数据变量,根据需要进行计算生成新变量的命令是 Compute。

在数据窗口单击 Transform→Compute,打开 Compute Variable 对话框(如图 2－13 所示)。

在对话框左上方 Target Variable 栏中,键入即将生成的新变量的名称,并单击 Type &

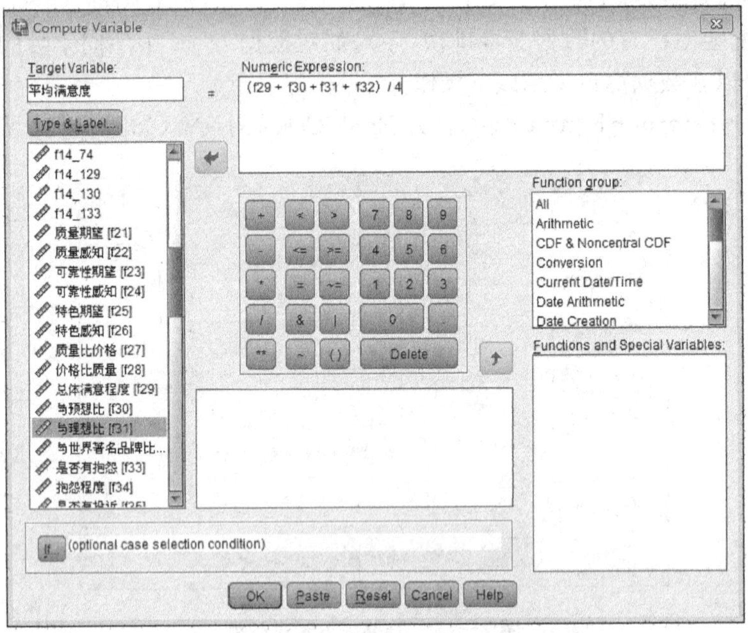

图 2—13 Compute Variable 对话框

Lable 按钮确定变量标签及数据类型。对话框的左下栏中给出了数据文件中所有可用的变量列表，我们可以用右箭头按钮从中选取所需的变量进入右上方的 Numeric Expression 栏中，该栏存放运算表达式，运算表达式中所需要的常用函数可以从 Function group 列表中直接选取。这些常用函数(见附录)和其他语言中的函数名称类似，在框中按字母顺序排列，用鼠标选中某个函数，用 Functions and Special Variables 左边的上箭头按钮加入数值表达式中，对话框中间是一个小键盘，可以用来输入数字、运算符号等。Compute Variable 对话框的下面还有一个 If 按钮，可以选一部分满足某种条件的观测个体来做运算，不满足条件观测，其新变量值缺失。

如图 2—13 所示的是数据 HL_CS 中用总体满意度、与预想比的满意度、与理想比的满意度、与世界著名品牌比的满意度四个变量计算得到的平均满意度。在 Compute Variable 对话框中填好新变量名称和运算表达式后，点击 OK 按钮，就可以在数据文件中看到生成的新变量"平均满意度"。

(三)产生计数变量

如果用户需要对满足某项条件的数据进行计数，可以使用 Count 命令。以 HL 服装公司顾客满意度数据 HL_CS 为例，说明具体操作步骤：

在数据窗口单击 Transform→Count Values within Cases，打开 Count Occurrences of Values within Cases 对话框，如图 2—14 所示。

先在 Target Variable 中指定一个变量(可以是已经存在的变量或新变量)，并定义变量标签，然后指定要统计的变量加到 Numeric Variables 框中，再单击 Define Values 按钮，打开 Count Values within Cases：Values to Count 对话框(如图 2—15 所示)。

在上面的对话框中，确定需要计数的数值，其 Value 值的设置项依次是：

(1)Value：输入某个值为清点对象。

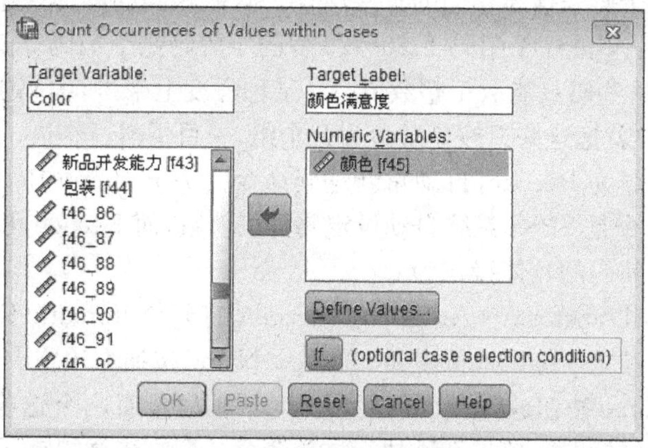

图 2—14　**Count Occurrence of Value within Cases 对话框**

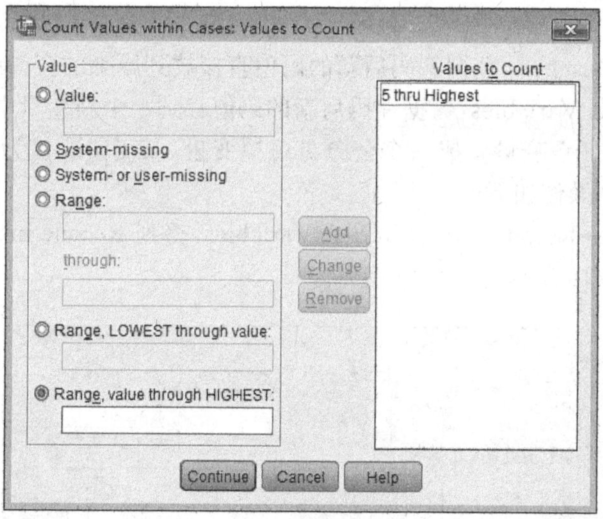

图 2—15　**Count Values within Cases：Values to Count 对话框**

(2)System-missing：以系统的缺失值为清点对象。

(3)System-or user-missing：以系统或用户指定的缺失值为清点对象。

(4)Range：指定数值的计数区域，其中包括：

①(　　)through(　　)：在框内指定下限和上限；

②LOWEST through(　　)value：在框内只指定上限；

③value(　　)through HIGHEST：在框内只指定下限。

图 2—15 中给出的是对 HL 衬衫颜色满意度打分在 5 分及以上的人数。确定了计数数值后，单击 Add，使选择结果进入 Values to Count 框内。单击 Continue 按钮，返回主对话框中。如果需要，可以单击 If 按钮确定计数条件。最后单击 OK 可在数据窗口得到计数变量。新产生的计数变量是一个虚拟变量，如果客户对 HL 衬衫颜色满意度打分在 5 分及以上，取值为 1；否则，取值为 0。

(四)变量分组(编码)与自动分组(编码)

Transform 菜单下还有两条分组(编码)命令。对变量数据的重新分组(编码)，是指给每个变量值重新赋予一个码来描述它们的某些属性。码数相同的即为一组。例如，可以对年龄重新分组，19 岁及以下年龄赋予编码 1，20～29 岁的年龄码赋予编码 2，30～39 岁的年龄码赋予编码 3，依此类推，这些码只能取正整数值。从某种程度上来讲，编码也可以看做分组：一个组对应一个组号，这样就把这些人按年龄分为几个组，一目了然。

变量重新编码命令为 Recode，自动重新编码命令为 Automatic Recode。两者的区别是：Automatic Recode 命令是 SPSS 系统自动设定码为正整数，而 Recode 可以根据用户的需要指定特别的码值。自动编码的具体操作为：

在数据窗口单击 Transform→Automatic Recode，打开 Automatic Recode 对话框，从左侧的变量列表中选出将被重新编码的原变量，在 New Name 按钮右边空白栏中输入新的码值的变量名，单击 New Name 按钮放到上面的栏中。对话框底下有两个选项，以确定编码是从最小的开始，还是从最大的开始，单击 OK 执行这条命令。需要注意的是，码与秩是不同的，请读者在学习时注意它们的区别。

如果用户需要自定义分组的条件，可选择 Recode 命令。Recode 命令有两个选项，分别是：

(1)Into Same Variables：数据编码后新的码值直接放到原来的变量中；

(2)Into Different Variables：数据编码后新的码值存到一个新变量中。

如果我们要根据职业变量生成一个公务员虚拟变量，该变量取值为 1，代表公务员；取值为 0，代表非公务员。操作如下：

单击 Transform→Recode into Different Variables，得到 Recode into Different Variables 命令对话框(如图 2－16 所示)。

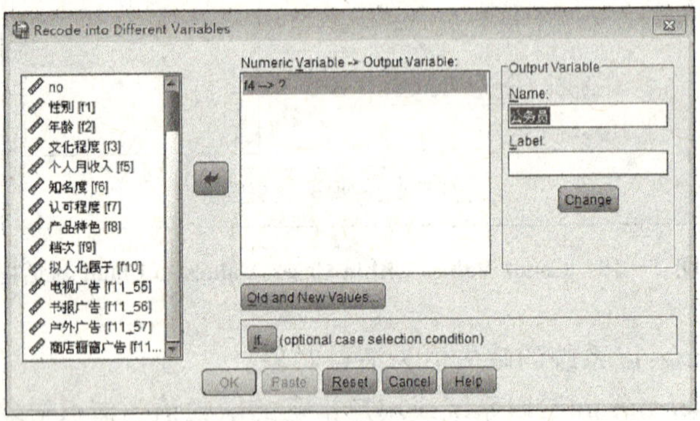

图 2－16　Recode into Different Variables 对话框

选择需要重新分组(编码)的变量进入 Numeric Variable→Output Variable 框中，并在右边的 Output Variable 框中定义新的变量名及变量标签，单击 Old and New Values 按钮，打开对话框，Old and New Values 对话框最左侧有六个选项，用来确定原变量的取值区间(或单个变量值)，它们将被赋予一个相同的新码值，新的码值在右上方的 New Value 栏中填入。填好后，Add 按钮就被激活了，单击此按钮，就把这个旧的变量区间(值)以及新的码值加到 Old and New Values 栏中。重复以上步骤，把所有的区间一个一个都输入后，单击 Continue 按钮回到 Recode into Different Variables 菜单，单击 OK 按钮执行命令，在数据窗口即可得到需要的分组赋值变量。

第三节　基本统计描述

在建立了数据文件之后，需要对数据作进一步的考察，如了解数据的基本特征，数据的均值、标准差、四分位点，以及数据的分布形态等，这个过程称为对数据进行基本统计描述。所以说，数据的基本统计描述的目的是：了解数据的基本特征和基本分布形状，为进一步分析做好充分准备。

本节的主要内容包括：数据的基本统计描述方法；频数分析、探索分析及交叉列联表分析等。

一、描述统计分析过程

描述统计分析是对数据进行基础性描述，可以得出数据的均值（Mean）、和（Sum）、标准差（Std Deviation）、最大值（Maximum）、最小值（Minimum）、方差（Variance）、极差（Range）、均值标准误（S.E.Mean）、峰度（Kurtosis）、偏度（Skewness）等统计量。

以互联网使用数据为例（数据库 table_15_1），介绍描述统计分析的具体操作步骤如下：

（1）打开数据表 table_15_1，按照 Analyze→Descriptives Statistics→Descriptives，打开 Descriptives 对话框（如图 2—17 所示）。

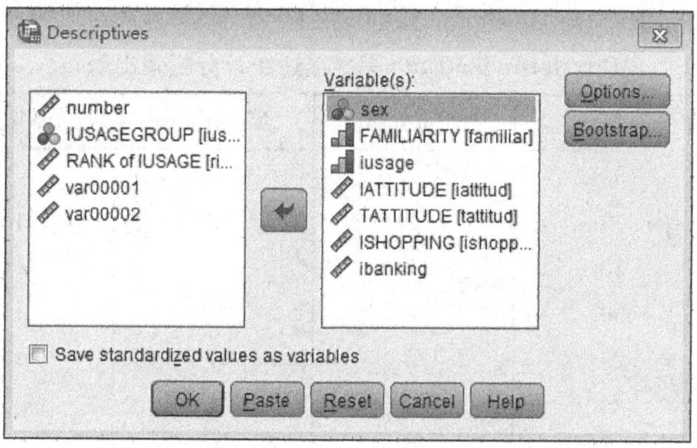

图 2—17　Descriptives 主对话框

（2）从左边源变量中选择一个或者几个变量进入右框中，单击 Options 按钮，打开 Descriptives：Options 对话框（如图 2—18 所示）。

在对话框中最上面一行是 Mean 均值和 Sum 算术和。其余各栏包括：

①Dispersion 离差栏：Std. Deviation 标准差；Minimum 最小值；Variance 方差；Maximum 最大值；Range 极差；S.E.mean 均值标准误。

②Distribution 分布状态栏：Skewness 偏度；Kurtosis 峰度。

③Display Order 栏，选择输出方式：Variable list 按变量表次序；Alphabetic 按字母顺序；Ascending means 按平均值升序；Descending means 按平均值降序。

如在此例中选择按平均值升序项，返回主对话框，单击 OK，在输出窗口得 Descriptive Statistics 基本描述统计分析输出表（如表 2—1 所示）。

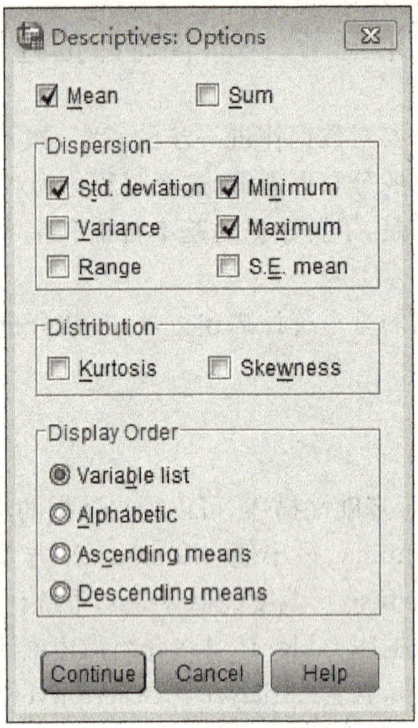

图 2—18 Descriptives:Options 对话框

表 2—1 **Descriptive Statistics 基本描述统计分析输出表**

	N	Minimum	Maximum	Mean	Std.Deviation
ISHOPPING	30	1	2	1.43	.504
sex	30	1	2	1.50	.509
ibanking	30	1	2	1.70	.466
TATTITUDE	30	2	7	4.10	1.398
FAMILIARITY	29	2	7	4.72	1.579
IATTITUDE	30	3	7	5.17	1.234
iusage	30	2	15	6.60	4.296
Valid N (listwise)	29				

二、频数分析

对于一组数据,考察不同数据出现的频数,或者是数据落入指定区域内的频数,可以了解数据的分布状况。具体操作如下:

(1)打开数据文件 table_15_1 后,单击 Analyze→Descriptive Statistics→Frequencies 打开频数分析对话框(如图 2—19 所示)。

(2)在左边的变量框中选中一个或多个变量送入右边的 Variable(s)框中。

(3)选中 Display frequency tables,要求输出分布表。

(4)单击 Statistics 按钮,得到 Frequencies:Statistics 对话框,选择要求输出的统计量(如图 2—20 所示)。

①Percentile Values 百分数选择项栏(复选项):Quartiles 四分位数;Cut points for:(　)

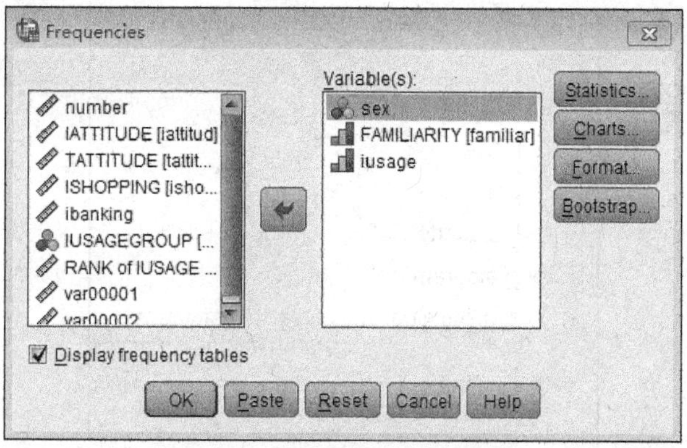

图 2－19　频数分析对话框

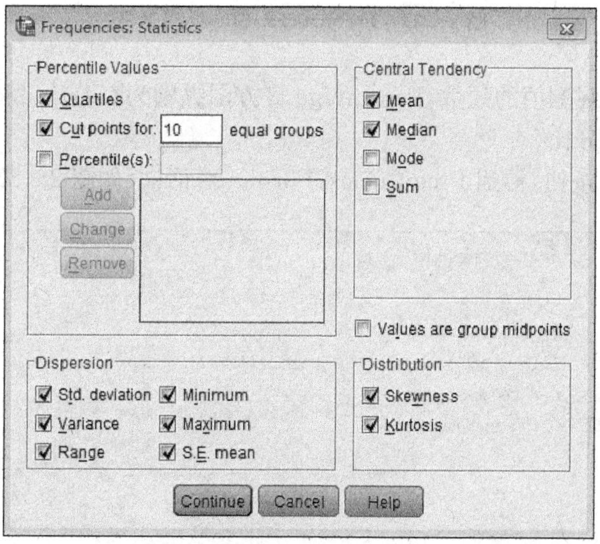

图 2－20　Frequencies:Statistics 对话框

equal groups 等分位点百分位数(取值范围为 2 ~100);Percentile(s)自定义百分数。

②Dispersion 离差栏(见本章第三节)。

③Central Tendency 中心趋势栏:Mean 算术平均值(均值);Median 中位数;Mode 众数;Sum 算术和。

④Distribution 分布状态栏。

在本例中选择四分位点、十等分的百分位点;标准差、方差、最大、最小值;全距、均值、均值的标准误;中位数、偏度、峰度等复选项。

(5)单击 Chart 按钮,得到 Frequencies:Charts 对话框(如图 2－21 所示)。

①Chart Type 图形栏(单选),选择输出的图形类型:None 不输出图形(系统默许);Bar charts 条形图;Pie charts 饼图;Histograms 直方图;Show normal curve on histogram 直方图中显示正态曲线(只有选择直方图时才能选择)。

②Chart Values 栏,选择图形中分类值的表现形式:Frequencies 直方图纵轴为频数,饼图

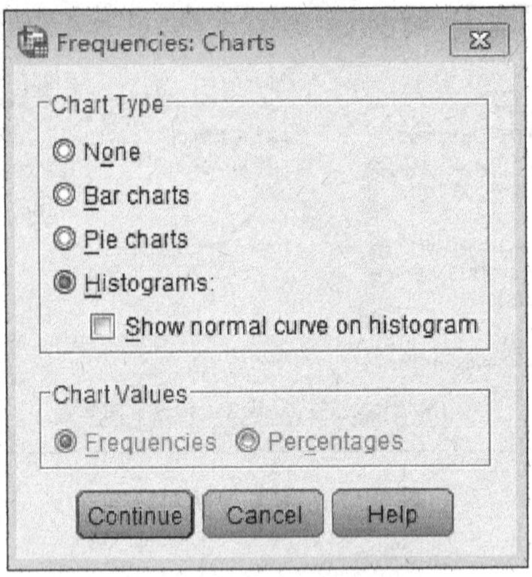

图 2－21　Frequencies：Charts 对话框

中每块表示属于该组观测值的频数；Percentage 直方图纵轴为百分比，饼图中每块表示该组的观测量数占总数的百分比。

（6）单击 Format 按钮，得到 Frequencies：Format 对话框（如图 2－22 所示）。

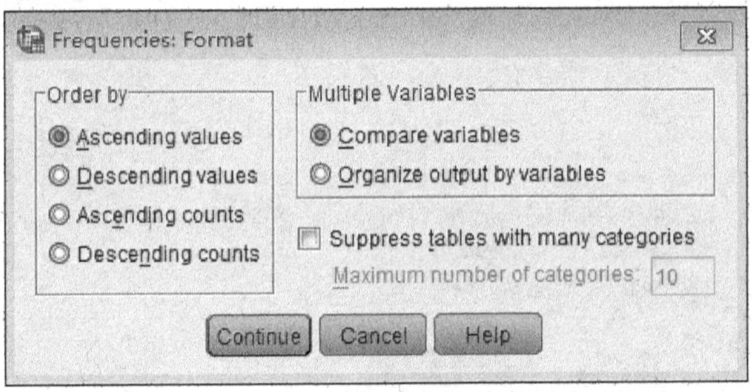

图 2－22　Frequencies：Format 对话框

在 Frequencies：Format 对话框中：

①Order by 排序栏，表示频数分布表的排列顺序（单选）：Ascending values 按变量值升序排列（系统默许）；Descending values 按变量值降序排列；Ascending counts 按变量各种取值发生的频数升序排列；Descending counts 按变量各种取值发生的频数降序排列。

如果设置了直方图，频数表将按照变量值顺序排列。

②Multiple Variables 多变量输出表格设置（单选）：Compare variables 将所有变量的结果输出在一个表中；Organize output by variables 为每一个变量输出一个表。

③Suppress tables with many categories 控制频数表输出的分类数复选项。Maximum number of categories 分类数最大参数值，默许值是 10。

本例中均选择系统默认项。点击 OK，得到输出表和直方图（如表 2－2、表 2－3、图 2－23 所示）。

表 2—2 **对互联网熟悉程度 Statistics 统计分析表**

N	Valid	29
	Missing	1
Mean 均值		4.72
Std. Error of Mean 均值标准误		.293
Std. Deviation 标准差		5.00
Skewness 偏度		1.579
Std. Error of Skewness 偏度标准误		2.493
Kurtosis 峰度		—.094
Std. Error of Kurtosis 峰度标准误		.434
Minimum 最小值		—1.261
Maximum 最大值		.845
Mean 均值		5
Std. Error of Mean 均值标准误		2
Std. Deviation 标准差		7
Percentiles	10	3.00
	20	3.00
	25	3.00
	30	4.00
	40	4.00
	50	5.00
	60	6.00
	70	6.00
	75	6.00
	80	6.00
	90	7.00

表 2—3 **对互联网熟悉程度的频数分布**

		Frequency	Percent	Valid Percent	Cumulative Percent
Valid	2	2	6.7	6.9	6.9
	3	6	20.0	20.7	27.6
	4	6	20.0	20.7	48.3
	5	3	10.0	10.3	58.6
	6	8	26.7	27.6	86.2
	7	4	13.3	13.8	100.0
	Total	29	96.7	100.0	
Missing	9	1	3.3		
Total		30	100.0		

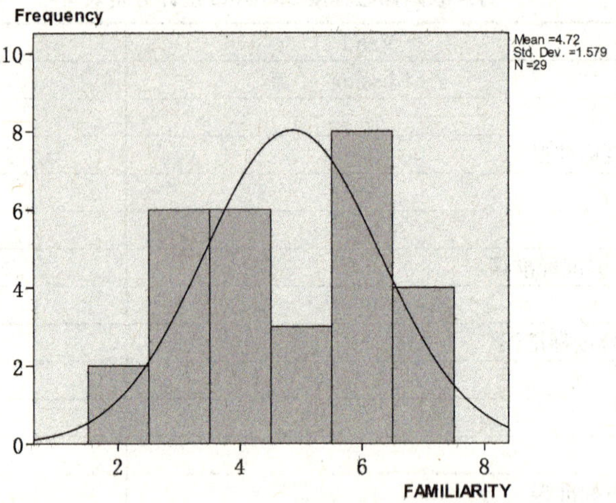

图 2—23　直方图

通过直方图,我们可以判断观察到的分布与假设的分布形状是否一致。

第四节　交叉列联表分析

当观察的现象与两个因素有关时,如某种服装的销量受价格和居民收入的影响、某种产品的生产成本受原材料价格和产量的影响等,交叉列联表分析可以比较好的反映出两个因素之间有无关联性以及两因素与现象之间的相关关系。因此,数据交叉列联表分析主要包括两个基本任务:(1)根据收集的样本数据,产生二维或多维交叉列联表;(2)在交叉列联表的基础上,对两两变量间是否存在关联性进行检验。

下面仍然以数据 table_15_1 为例,考察对互联网的使用与性别是否有关。为了进行列联表分析,调查对象被分为少量使用者和频繁使用者,少量使用者是指每天上网时间少于 5 小时的人,其他人为频繁使用者。

一、交叉列联表的形成

制作交叉列联表的具体操作步骤如下:

(1)打开数据 table_15_1,单击 Analyze→Descriptive Statistics→Crosstabs,显示 Crosstabs 对话框(如图 2—24 所示)。

(2)如果是二维列联表分析,可以将行变量选择进入 Row(s)中,将列变量选择进入 Column(s)框中。如果是三维以上的列联表分析,可以将其他变量作为控制变量选到 Layer 框中。多控制变量可以是同层次的,也可以是逐层叠加的。本例中选择互联网使用率为行变量,性别为列变量。

(3)Display clustered bar charts 选择项,可以指定绘制各变量交叉频数分布柱形图。Suppress tables 表示不输出列联表,只有在分析行列变量间关系时选择此项。本例中不选择这一项。

(4)单击 Cell 按钮,打开 Crosstabs:Cell Display 对话框(如图 2—25 所示)。从对话框中指定列联表单元格中的输出内容。在 Counts 框中选择 Observed 观察值(系统默认)或 Ex-

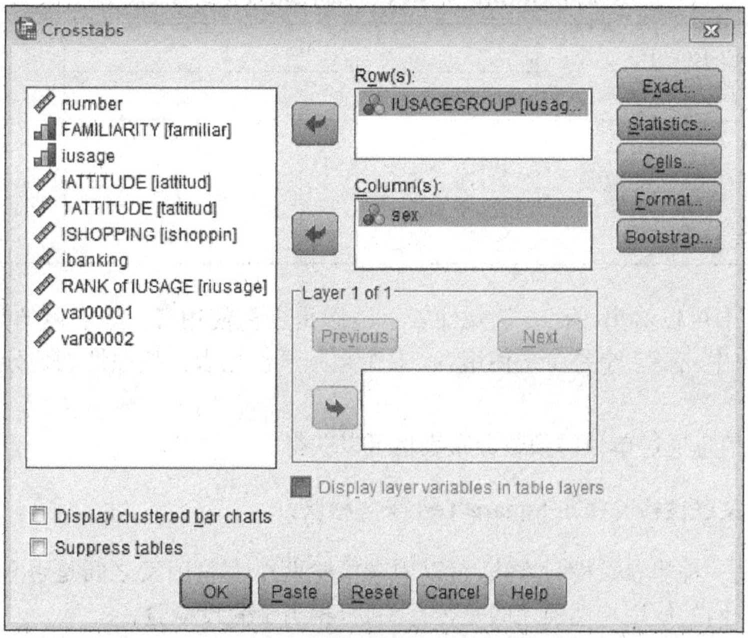

图 2—24　交叉列联表对话框

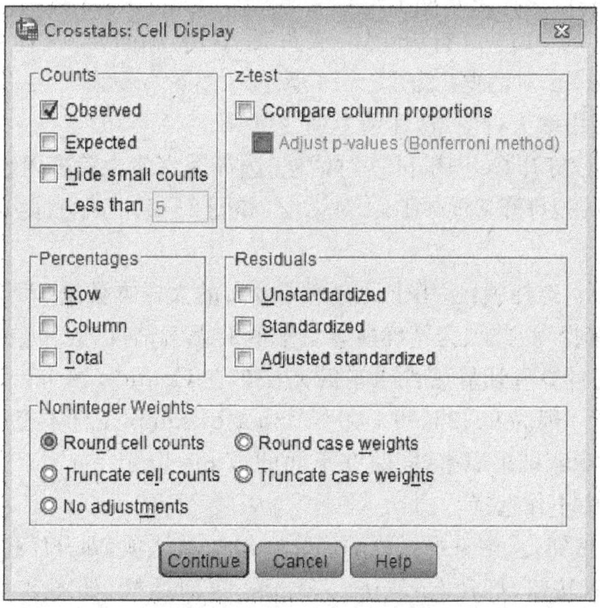

图 2—25　Crosstabs:Cell Display 对话框

pected 期望频数。在 Percentages 框内选择 Row 行百分比、Column 列百分比及 Total 总百分比。在 Residuals 框中选择输出残差，其中 Standardized 为标准化残差，Adjusted standardized 为修正的标准化残差。本例中选择默认项观察值。

(5)单击 Format 按钮，指定列联表的输出排列顺序，一般选择系统默认的升序。然后点击 OK，就可得到交叉列联表(如表 2—4 所示)。

表 2—4　　IUSAGEGROUP * sex Crosstabulation 交叉列联表

IUSAGEGROUP 互联网使用率	sex		Total 合计
	1 男性	2 女性	
1.00 少量	5	10	15
2.00 频繁	10	5	15
Total	15	15	30

从表 2—4 中可以看出，有 10 位女性表示她们是少量使用者。表右侧的行合计显示，30 个合格调查对象中，有 15 个是少量使用者，15 个是频繁使用者。按照性别划分，15 个是女性，15 个是男性。

注意：这些信息通过单独的频数分布表也可以获得。

二、两变量关联性检验（Chi-Square Test 卡方检验）

卡方检验是一种非参数检验方法，可以用来检验两个变量因素之间是否有关联关系。如果要考察对互联网的使用与性别之间是否有关联，相当于假设检验。

H_0：互联网使用率和性别之间是相互独立的；

H_1：互联网使用率和性别之间不是相互独立的。

实施卡方检验的具体操作步骤如下：

（1）打开数据 table_15_1，打开数据文件后单击 Analyze→Descriptive Statistics→Crosstabs，显示 Crosstabs 对话框（如图 2—24 所示）。

（2）选择互联网使用率为行变量，性别为列变量。

（3）单击 Cell 按钮，打开 Cell Display 对话框，选择观察值为输出内容。

（4）单击 Exact 按钮，打开 Exact Test 对话框（如图 2—26 所示），此对话框提供检验方式。三个单选项分别是：

①Asymptotic only 选择项：适用于具有渐近分布的大样本数据（默认项）。

②Monte Carlo 选择项：此项为精确显著水平值的无偏估计，无需数据具有渐近分布的假设，是一种非常有效的计算确切显著性水平的方法。在 Confidence level 参数框中输入数据，确定置信区间的大小，一般为 90、95、99。在 Number of samples 样本框中输入样本量数据。

③Exact 选择项：观察结果概率，同时在下面的 Time limit per test 框内选择进行精确检验的最大时限。本例中不作选择。

（5）单击 Format 按钮，从中选择排列顺序。一般取默认项，即升序排列。

（6）单击 Statistics 按钮，打开 Crosstabs：Statistics 对话框（如图 2—27 所示）。从中选择检验统计量。

①Chi-square 卡方检验复选项：主要检验行与列变量的独立性检验，也可称作 Pearson chi-square检验。本例中只选择此项。

②Correlations 复选项：要求输出 Pearson 和 Spearman 相关系数。

③Nominal 栏，适用于名义变量统计量：Contingency coefficient 列联系数；Phi and Cramer's V Φ系数和 Cramer 系数；Lambda 系数；Uncertainty coefficient 系数。

④Ordinal 栏，适用于有序变量的统计量：Gamma 选择项，两有序变量之间的关联性的对

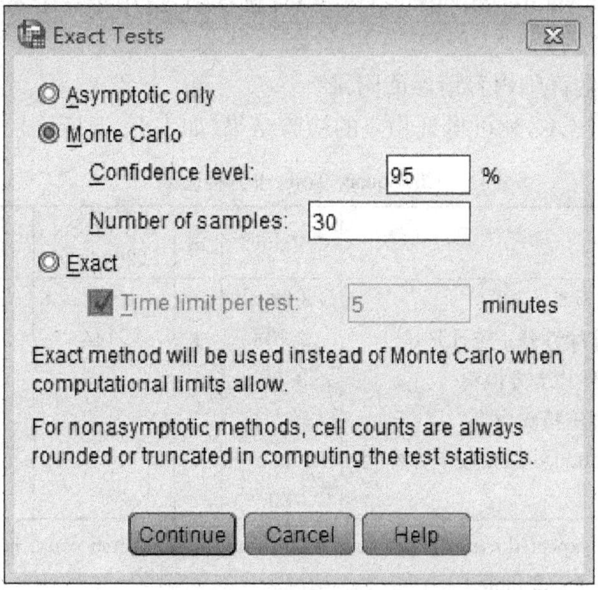

图 2－26　Exact Test 对话框

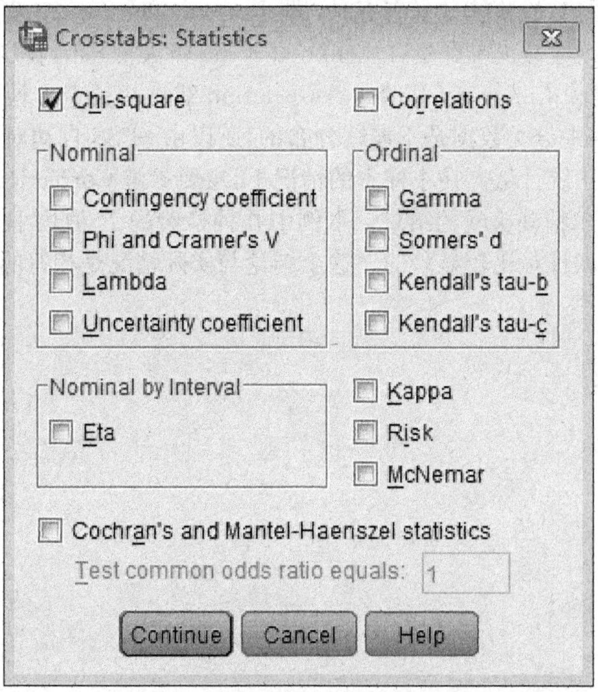

图 2－27　Crosstabs：Statistics 对话框

称检验；Somers' d 两有序变量之间的关联性的检验；Kendall's tau-b 复选项，考虑有结的秩或等级变量关联性的非参数检验；Kendall's tau-c 复选项，忽略有结的秩或等级变量关联性的非参数检验。

⑤Nominal by Interval 栏：适用于一个名义变量与一个等间隔变量的检验。

⑥Cochran's and Mantel-Haenszel statistics 选择项：适用于一个二值因素变量和一个二值响应变量的独立性检验。

有关检验统计量的详细内容请参阅附录。

选择完成后，单击 OK，就可得到相应的检验结果（如表 2—5 所示）。

表 2—5　　Chi-Square Tests 卡方检验表

	Value	df	Asymp.Sig.(2-sided)	Exact Sig.(2-sided)	Exact Sig.(1-sided)
Pearson Chi-Square 皮尔逊卡方检验	3.333[a]	1	.068	.143	.072
Continuity Correction[b] 连续性修正统计量	2.133	1	.144		
Likelihood Ratio 极大似然比卡方检验	3.398	1	.065	.143	.072
Fisher's Exact Test 费舍尔精确检验				.143	.072
Linear-by-Linear Association 线性相关卡方检验	3.222[c]	1	.073	.143	.072
N of Valid Cases	30				

a.0 cells (0%) have expected count less than 5.The minimum expected count is 7.50.

b.Computed only for a 2x2 table.

c.The standardized statistic is −1.795.

d.For 2x2 crosstabulation, exact results are provided instead of Monte Carlo results.

从表 2—5 可以看出，检验统计量有五种，即：Pearson Chi-Square 皮尔逊卡方检验；Continuity Correction 连续性修正统计量；Likelihood Ratio 极大似然比卡方检验；Fisher's Exact Test 费舍尔精确检验和 Linear-by-Linear Association 线性相关卡方检验。卡方分布是连续型随机变量，而列联表中分类数据是不连续分布的，所以由 SPSS 自动对列联表进行连续性校正得到的是连续性修正统计量。在小样本的情况下，主要参考 Correction 连续性修正和 Fisher's Exact Test 费舍尔精确检验的结果。本例中几种检验的 P 值均小于 0.1，所以认为上网频率与性别之间的关联性是比较显著的。这个结论与实际情况是相符的。

第三章

均值比较检验

在经济社会问题的研究过程中，常常需要比较现象之间的某些指标有无显著差异，特别是当考察的样本容量 n 比较大时，由随机变量的中心极限定理知，样本均值近似地服从正态分布。所以，均值的比较检验主要研究与正态总体的均值有关的假设是否成立的问题。

本章主要内容包括：单个总体均值的 t 检验（One-Sample T Test）；两个独立总体样本均值的 t 检验（Independent-Sample T Test）；两个有联系总体均值的 t 检验（Paired-Sample T Test）。

假设条件：研究的数据服从正态分布或近似地服从正态分布。

在 Analyze 菜单中，均值比较检验可以从 Compare Means 菜单得出（如图 3－1 所示）。

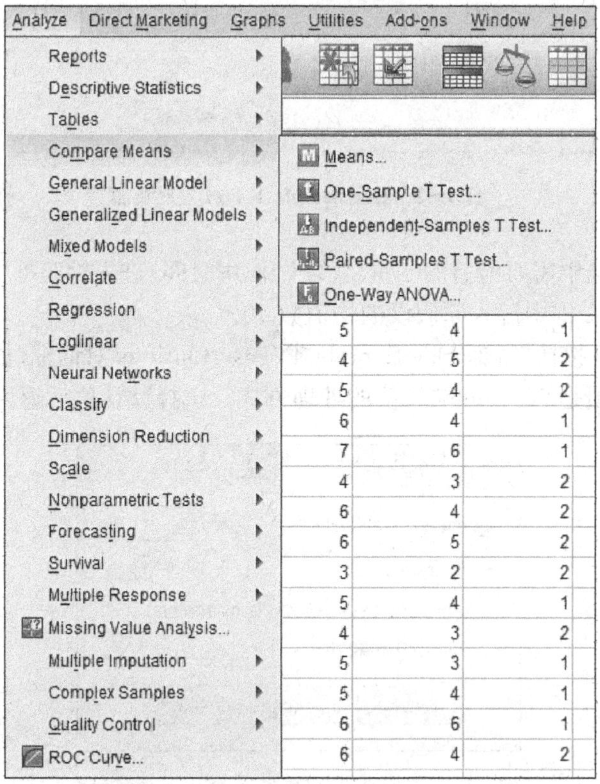

图 3－1　Compare Means 菜单

第一节 单个总体的 t 检验分析

单个总体的 t 检验分析也称单一样本的 t 检验分析，也就是检验单个变量的均值是否与假定的数值之间存在差异。

例 3—1 根据互联网使用数据（数据 table_15_1.sav）的情况，检验互联网的平均使用时间是否等于 10 小时，假设数据近似地服从正态分布。

首先建立假设：H_0：互联网的使用时间为 10 小时；

H_1：互联网使用时间不等于 10 小时。

打开数据库 table_15_1，检验过程的操作按照下列步骤：

（1）单击 Analyze→Compare Means→One-Sample T Test，打开 One-Sample T Test 主对话框（如图 3—2 所示）。

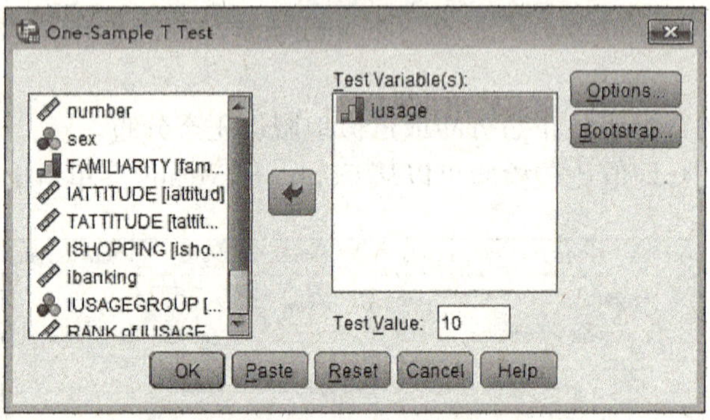

图 3—2 One-Sample T Test 主对话框

（2）从左边框中选中需要检验的变量（互联网使用时间）进入检验框中。

（3）在 Test Value 框中键入原假设的均值数 10。

（4）单击 Options 按钮，得到 One-Sample T Test：Options 对话框（如图 3—3 所示），选项分别是置信度（默认项是 95%）和缺失值的处理方式。选择默认值后返回主对话框。

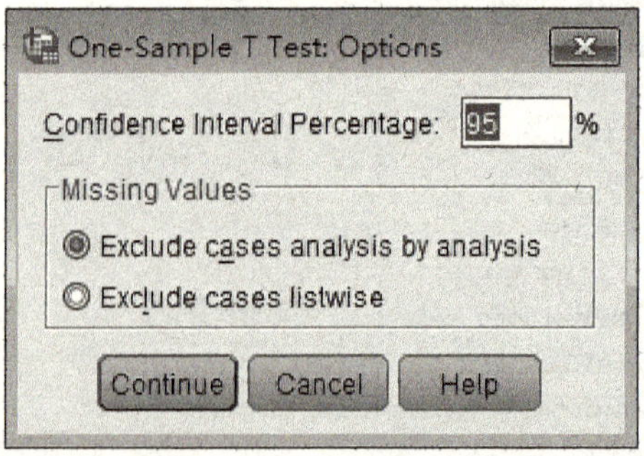

图 3—3 One-Sample T Test：Options 对话框

（5）单击 OK，得输出结果（如表 3—1、表 3—2 所示）。

表 3-1　**One-Sample Statistics**

互联网使用时间	N	Mean	Std.Deviation	Std.Error Mean
iusage	30	6.60	4.296	.784

表 3-2　**One-Sample Test 检验结果**

互联网使用时间	Test Value=10					
	t 值	df 自由度	Sig.(2-tailed) *P* 值	Mean Difference 均值差	95% Confidence Interval of the Difference 置信区间	
					Lower	Upper
iusage	−4.335	29	.000	−3.400	−5.00	−1.80

从表 3−1 可以得出互联网使用时间的平均值、标准差和均值的标准误等反映数据特征的数据。从表 3−2 中可知检验的结果，即相应的检验统计量 t 值为−4.335，自由度为 29，假设检验的 P 值(sig)小于 0.05，故原假设不成立，检验结论是拒绝原假设 H_0，接受假设 H_1，即认为互联网使用的平均时间与 10 小时的假设差异显著。

第二节　两个总体的 t 检验

一、两个独立样本的 t 检验(Independent-Samples T Test)

Independent-Samples T Test 检验两个没有联系的总体样本均值间是否存在显著的差异。两个没有联系的总体样本也称独立样本。例如，两个无联系的企业生产的同样的产品之间的某项指标的均值的比较，不同地区儿童的身高、体重的比较等，都可以通过抽取样本检验两个总体的均值是否存在显著的差异。

例 3−2　某移动通信公司想考察男性和女性的季度话费支出是否有显著差异。随机抽查了 10 名女性使用者及 7 名男性使用者，每人上季度的移动话费支出如表 3−3 所示。试根据表中的数据，检验男性和女性的移动话费支出是否存在显著差异。

表 3-3　**男、女季度移动话费支出表**　单位:元

性别 / 支出 / 序号	女	男
1	150	140
2	160	120
3	67	78
4	80	135
5	110	89
6	80	100
7	132	105
8	115	
9	60	
10	100	

由于是随机抽样的，因此这两个样本是相互独立的，可以应用两独立样本的假设检验。

首先，建立假设：H_0：男性和女性的移动话费支出不存在显著差异；

H_1：男性和女性的移动话费支出有显著差异。

然后，根据表 3－3 的数据建立数据文件 SY-4.sav，并使用 SPSS 进行假设检验，具体操作步骤如下：

（1）单击 Analyze→Compare Means→Independent-Samples T Test，打开 Independent-Samples T Test 主对话框（如图 3－4 所示）。

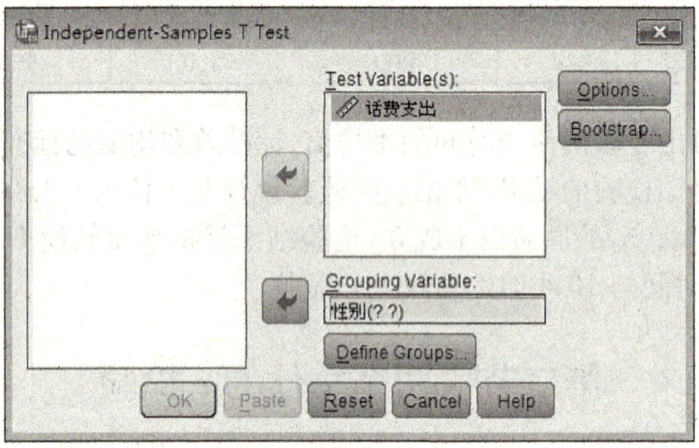

图 3－4 Independent-Samples T Test 主对话框

（2）选择要检验的变量"话费支出"进入检验框中。

（3）选择分组变量"性别"进入分组框中，单击 Define Groups 按钮，打开分组对话框（如图 3－5 所示），确定分组值后返回主对话框。如果没有分组，可以选择 Cut point 单选项，并在激活的框内输入一个值作为分组界限值。

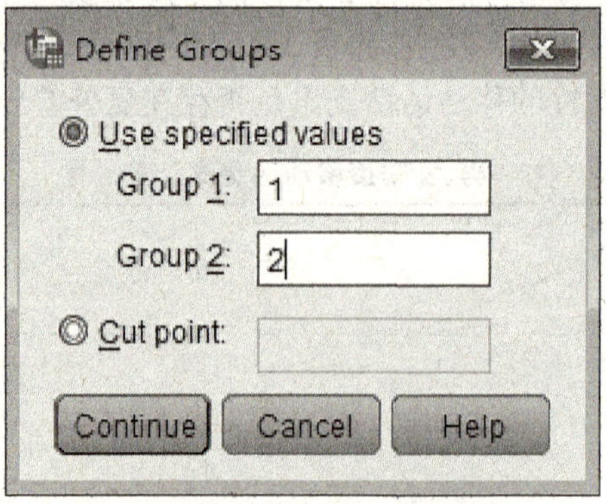

图 3－5 Define Groups 对话框

（4）由 Option 选择按钮确定置信度值和缺失值的处理方式。

（5）点击 OK 可得输出结果，分析输出结果并作出分析（如表 3－4、表 3－5 所示）。

表 3—4　　Group Statistics 分组统计描述

	性别	N	Mean	Std.Deviation	Std.Error Mean
综合得分	女	10	105.40	34.394	10.876
	男	7	109.57	23.143	8.747

表 3—5　　独立样本的均值比较检验

		方差齐性检验 Levene's Test for Equality of Variances		均值相等的 t 检验 T-test for Equality of Means						
		F 值	P 值 Sig.	统计量 t	自由度 df	P 值 Sig. (2-tailed)	均值差 Mean Difference	标准差 Std.Error Difference	95%的置信区间 95% Confidence Interval of the Difference Lower	Upper
综合得分	Equal variances assumed	1.445	.248	−.278	15	.784	−4.17	14.980	−36.101	27.758
	Equal variances not assumed			−.299	14.997	.769	−4.17	13.957	−33.922	25.579

表 3—4 是基本统计表。表 3—5 的第三列和第四列是检验两样本数据的方差是否相等，从检验结果得知两样本的方差没有显著差异。从第五列开始是检验两个样本的均值是否相等，从假设检验的 P 值看出，它大于显著性水平 0.05，所以，男女之间的话费支出并无显著差异，因此接受原假设 H_0。第八列之后分别是均值差、均值差标准误和均值差的置信区间。

二、两个有联系总体间的均值比较(Paired-Samples T Test)

Paired-Samples T Test 检验两个有联系正态总体的均值是否存在显著的差异，又称配对样本的 t 检验，经常用于生物、医药、农业、工业等多个行业。例如，检验某种药品使用的效果是否显著，需要对使用者使用前后的状况进行比较；又如，对某种粮食进行品种改良，也需要比较改良前后粮食产量有无显著差异等。

例 3—3　某企业拟推出一个新代言人广告，要进行广告代言人的效果检验，从目标消费者中随机抽取 30 人参与实验，让他们在看广告之前对该企业的品牌态度进行打分，然后播放一段新拍摄的广告，再让他们对该企业的品牌态度进行打分，得到数据表如表 3—6 所示。试根据表中数据，检验消费者在看完新版本广告后对品牌的态度是否有显著提高，即检验广告代言人的效果是否显著。

表 3—6　　消费者在广告前后的品牌态度数据

序号	广告前	广告后	序号	广告前	广告后
1	0	2	16	4	6
2	1	3	17	2	6
3	2	3	18	2	6
4	1	4	19	2	6

续表

序号	广告前	广告后	序号	广告前	广告后
5	1	4	20	4	6
6	2	4	21	3	6
7	2	4	22	3	6
8	3	4	23	3	6
9	2	5	24	3	6
10	2	5	25	3	6
11	3	5	26	3	7
12	3	5	27	3	7
13	2	5	28	4	7
14	3	5	29	4	7
15	3	5	30	3	8

这显然是配对样本均值的假设检验问题。所以，要建立假设：

H_0：广告前后消费者的品牌态度没有显著差异；

H_1：广告前后消费者的品牌态度有显著差异；

根据表 3－6 建立数据文件 SY-5，根据中心极限定理，在大样本的情况下，样本均值近似地服从正态分布。所以，可以利用正态参数的检验方法进行均值的检验。其检验过程的具体操作步骤如下：

(1)单击 Analyze→Compare Means→Paired-Samples T Test，打开 Paired-Samples T Test 主对话框(如图 3－6 所示)。

(2)选择要检验的两个变量进入检验框中，注意，一定要选择两个变量进入检验框内，否则将无法得到检验结果。

(3)由 Option 选择按钮确定置信度值 95％和缺失值的处理方式。

(4)点击 OK 得输出结果。

(5)根据输出结果作出结论(如表 3－7、表 3－8 所示)。

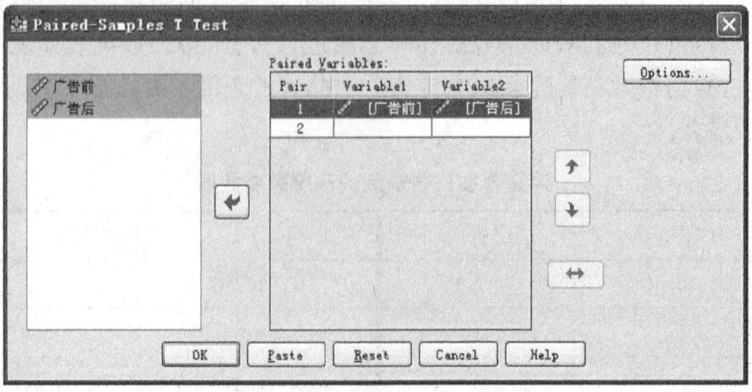

图 3－6　Paired-Samples T Test 主对话框

表 3—7　**Paired-Samples Statistics 样本统计量分析**

		Mean	N	Std.Deviation	Std.Error Mean
Pair1	广告前	2.533 3	30	.973 20	.177 68
	广告后	5.300 0	30	1.368 36	.249 83

表 3—8　Paired-Samples Test **配对样本均值差检验表**

	Paired Differences					t	df	Sig. (2-tailed)
	Mean	Std. Deviation	Std.Error Mean	95% Confidence Interval of the Difference				
				Lower	Upper			
Pair 1 广告前—广告后	−2.766 67	.935 26	.170 75	−3.115 90	−2.417 43	−16.203	29	.000

由表 3—8 中的检验结果可知，假设检验的 P 值小于 0.05，因此可以得出广告前后的差异是显著的，故拒绝假设 H_0，接受假设 H_1，认为代言人的效果是显著的。

第四章

方差分析

第一节　单因素方差分析

一、单因素方差分析简介

单因变量的单因素方差分析主要解决多于两个总体样本或变量间均值的比较问题，是一种对多个(大于两个)总体样本的均值是否存在显著差异的检验方法。其目的是对不同总体的数据均值之间的差异是否显著进行检验。单因素方差分析的应用范围很广，涉及工业、农业、商业、医学、社会学等多个方面。

(一)单因素方差分析的基本假设

方差分析是对数据中的误差来源进行分析，构造检验统计量来判断不同总体均值是否有显著差异。进行方差分析时，有以下三个基本假设：

(1)观测值是来自于服从正态分布总体的随机样本；

(2)各总体的方差相同，即总体方差齐性；

(3)各总体相互独立。

基于上述基本假定，方差分析对各总体分布是否有显著差异的推断可以转化成对各总体均值是否存在显著差异的推断。

(二)方差分析的基本步骤

方差分析的步骤与假设检验一样，包括提出假设、构造检验统计量和统计决策三步。

第一步：提出假设。

设因素有 k 个水平，每个水平的均值分别用 $u_1, u_2, \cdots, u_k$ 表示，要检验 k 个水平(总体)的均值是否相等，提出如下假设：

$H_0: u_1 = u_2 = \cdots = u_k$　　　　因素对因变量没有显著影响

$H_1: u_1, u_2, \cdots, u_k$ 不全相等　　因素对因变量有显著影响

第二步：构造检验统计量 F。

第三步：将计算的统计量 F 与查表得到的 F_α 比较，作出决策。

方差分析为右单侧检验。其决策的规则是：如果 $F > F_\alpha$，则拒绝原假设，接受备择假设；如果 $F < F_\alpha$，则不能拒绝原假设。

二、单因素方差分析实验

(一)数据说明与上机要求

HBAT 是一家造纸企业，它的客户包括报纸印刷企业和杂志印刷企业。为了调查客户对

HBAT公司各个方面服务质量的满意度，HBAT公司发起了一次面向纸张采购经理的调查。本次调查得到如下变量：

X1：客户类型(Customer Type)，指客户与HBAT关系的持续时间，1指小于1年，2指1～5年，3指5年以上。

X2：行业类型(Industry Type)，0指杂志印刷客户，1指报纸印刷客户。

X3：企业规模(Firm Size)，0指雇员在500人以下，1指雇员在500人以上。

X4：所处区域(Region)，0指北美，1指北美以外。

X5：渠道类型(Distribution System)，0指间接渠道，1指直接渠道。

X6～X18：受访者对HBAT13个属性的评价，用0～10分进行评价。

X6：Porduct Quality；X7：E-Commerce Activities；X8：Technical Support；X9：Complaint Resolution；X10：Advertising；X11：Product Line；X12：Salesforce Image；X13：Competitive Pricing；X14：Warranty & Claims；X15：New Products；X16：Order & Billing；X17：Price Flexibility；X18：Delivery Speed。

X19：客户满意度(Satisfaction)。

X20：客户推荐意愿(Likely to Recommend)。

X21：客户未来再购买意愿(Likely of Future Purchase)。

X22：采购量水平(Purchase Level)。

假设客户满意度的打分服从正态分布，试检验三种不同类型的客户(X1)的满意度是否存在显著差异。

首先，建立假设：H_0：各种客户类型的满意度无显著差异；

H_1：各种客户类型的满意度有显著差异。

(二)单因素方差分析上机步骤

根据数据文件HBAT_200.sav并进行单因素方差(One-Way ANOVA)分析。具体操作过程如下：

(1)单击Analyze→Compare Means→One-Way ANOVA，打开单因素方差分析(One-Way ANOVA)对话框(如图4—1所示)。

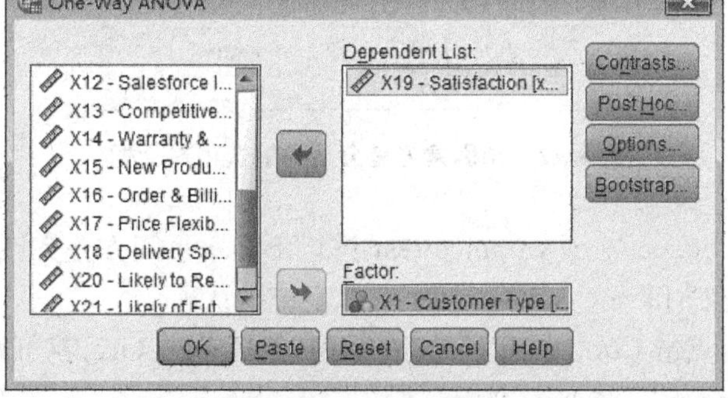

图4—1 单因素方差分析对话框

(2)从左框中选择因变量“X19-Satisfaction”进入Dependent List框内，选择因素变量“X1-Customer Type”进入Factor框内。点击OK就可以得到方差分析表(如表4—1所示)。

表 4—1　　　　　　　　　　　　　　方差分析表

X19-Satisfaction

方差来源	平方和 Sum of Squares	自由度 Df	均方 Mean Square	*F* 值	*P* 值 Sig.
Between Groups 组间	164.311	2	82.156	113.794	.000
Within Groups 组内	142.228	197	.722		
Total 总和	306.539	199			

由表 4—1 可知，F 统计量值的 P 值明显小于显著性水平 0.05，故拒绝假设 H_0，认为各种客户类型的满意度有显著差异。

如果需要对各种客户类型的满意度进行进一步的比较和分析，可以通过按钮 Contrasts 对照比较、Post Hoc 多重比较去实现。

(3)单击 Options 按钮，打开选项(One-Way ANOVA：Options)对话框(如图 4—2 所示)。在选项对话框中选择输出项，主要有不同水平下样本方差的齐性检验、缺失值的处理方式及均值的图形。

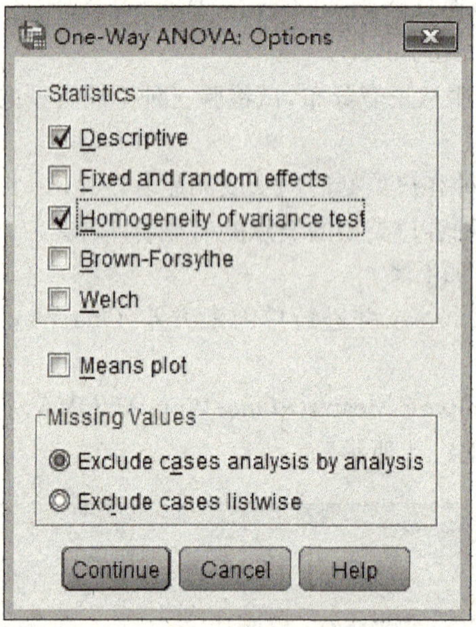

图 4—2　单因素方差分析中的选项对话框

本例中选择 Homogeneity of variance test 进行不同水平间方差齐性的检验以及 Descriptive 基本统计描述。在 Missing Values 栏中选择系统默认项。

完成所有选择后，点击 Continue 返回主对话框，然后单击 OK，就可以得到各种类型客户的满意度分析表(如表 4—2、表 4—3 所示)。

表 4—2　　描述统计表

X19-Satisfaction

	N	Mean	Std. Deviation	Std. Error	95% Confidence Interval for Mean		Minimum	Maximum
					Lower Bound	Upper Bound		
Less than 1 year	68	5.729	.764 3	.092 7	5.544	5.914	4.7	8.4
1 to 5 years	64	7.294	.707 8	.088 5	7.117	7.471	6.1	9.0
Over 5 years	68	7.85 3	1.033 2	.125 3	7.603	8.103	5.5	9.9
Total	200	6.952	1.241 1	.087 8	6.779	7.125	4.7	9.9

表 4—3　　方差齐性检验

X19-Satisfaction

Levene Statistic	df1	df2	Sig.
6.871	2	197	.001

从表 4—2 可以得到均值、标准差等数据相应的统计特征值。从表 4—3 中的统计检验可以得出，因素变量各水平间的方差存在显著差异。

(4)Contrasts 按钮可以用来进一步分析随着控制变量水平的变化，观测值变化的总体趋势以及进一步比较任意指定水平间的均值差异是否显著。

单击 Contrasts 按钮，打开 One-Way ANOVA:Contrasts 对话框(如图 4—3 所示)。

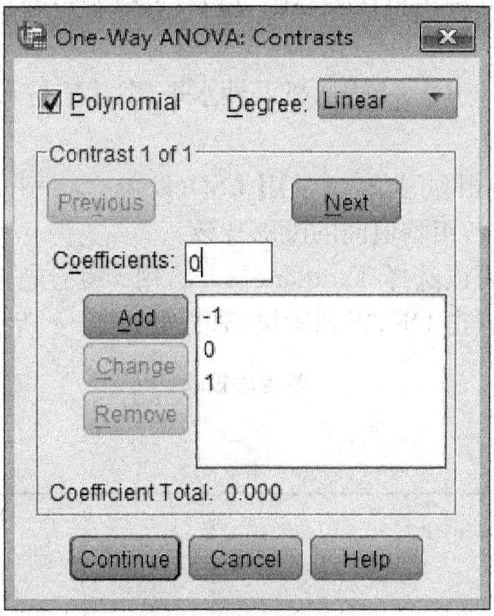

图 4—3　单因素方差分析中的 Contrasts 对话框

如果要对组间平方和进行趋势成分检验，选中 Polynomial 多项式复选项，选中后激活 Degree 参数框，在 Degree 框中选择趋势检验多项式的阶数，最高次数可达 5 次。系统将给出指定阶数和低于指定阶次各阶次的自由度、F 值和 F 检验的概率值。

在 Contrast 1 of 1 栏，指定需要对照比较两个水平的均值。

在 Coefficients 框中输入一个系数，单击 Add 按钮，系数就进入 Coefficients 框中。重复上述过程，依次输入各组均值的系数。注意系数的和应当等于 0。本例中就是指第一个水平与第三个水平的均值差比较。

(5)如果需要将水平间两两比较，可以单击 Post Hoc 按钮，打开事后多重比较对话框（如图 4—4 所示）。

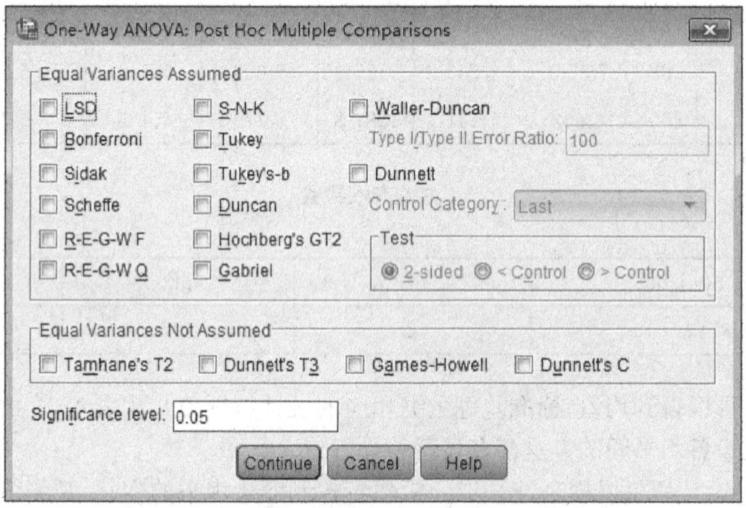

图 4—4　单因素方差分析事后多重比较对话框

在该对话框中列出了 20 种多重比较检验，涉及许多数理统计方法，在实际中只选用其中的常用方法即可。

对话框下部的 Significance level 表示显著性水平，默认值是 0.05，也可以根据需要重新输入其他值。

如果满足在水平间方差相等的条件，常用 LSD(Least-Significant Difference，最小显著性差异法)，表示用 t 检验完成各组均值间的配对比较。

在方差不等的情况下，可以选择 Tamhane's T2，用 t 检验进行各组均值间的配对比较。

选择多重比较方式后，点击 OK，得到输出结果（如表 4—4 所示）。

表 4—4　　多重比较表

X19-Satisfaction

LSD

(I)X1-Customer Type	(J) X1-Customer Type	Mean Difference(I-J)	Std.Error	Sig.	95% Confidence Interval	
					Lower Bound	Upper Bound
Less than 1 year	1 to 5 years	−1.564 3*	.148 0	.000	−1.856	−1.273
	Over 5 years	−2.123 5*	.145 7	.000	−2.411	−1.836
1 to 5 years	Less than 1 year	1.564 3*	.148 0	.000	1.273	1.856
	Over 5 years	−.559 2*	.148 0	.000	−.851	−.267

续表

(I)X1-Customer Type	(J) X1-Customer Type	Mean Difference(I-J)	Std.Error	Sig.	95% Confidence Interval	
					Lower Bound	Upper Bound
Over 5 years	Less than 1 year	2.123 5*	.145 7	.000	1.836	2.411
	1 to 5 years	.559 2*	.148 0	.000	.267	.851

"*":The mean difference is significant at the 0.05 level.

从表4—4中可以看出,不同类型客户间的满意度差异是非常显著的,其中,与HBAT公司关系持续5年以上的客户满意度得分最高,1～5年的客户满意度得分居中,1年以下的客户满意度得分最低。

第二节 双因素方差分析

一、双因素方差分析简介

单因变量的双因素方差分析是对观察的现象(因变量)受两个因素或变量的影响进行分析,检验不同水平组合之间对因变量的影响是否显著。双因素方差分析的应用范围很广,如粮食产量受到气候、温度因素的影响;某生物产品的生产过程不仅受催化剂多少的影响,还受温度高低的影响等,甚至两因素变量之间的交互作用对因变量也有一定的影响。要分清楚哪个因素的影响作用比较大,就可以应用双因素方差分析的方法来解决。

双因素方差分析的应用条件是:因变量和协变量必须是数值型变量,且因变量来自或近似来自正态总体。因素变量是分类变量,变量可以是数值型或字符型的。各水平下的总体假设服从正态分布,且假设各水平下的方差相等。

双因素方差分析过程可以分析出每一个因素的作用、各因素之间的交互作用,可以检验各总体间方差是否相等,还能够对因素的各水平间均值差异进行比较等。

二、双因素方差分析上机实验

(一)数据说明与上机要求

数据与单因素方差分析实验相同。假设数据服从正态分布,要检验客户类型及渠道类型对满意度的影响是否显著。

(二)双因素方差分析上机步骤

这是一个双因素方差分析的问题,根据数据文件HBAT_200.sav,具体的分析步骤如下:

(1)单击Analyze→General Linear Model→Univariate,打开Univariate主对话框(如图4—5所示)。

(2)选择要分析的变量"X19-Satisfaction"进入Dependent Variable框中,选择因素变量"X1-Customer Type"和"X5-Distribution System"进入Fixed Factor(s)框中。

(3)单击Model按钮选择分析模型,得到Univariate:Model对话框(如图4—6所示)。在Specify Model框中,指定模型类型。

Full factorial选项为系统默认项,建立全模型,全模型中包括因素之间的交互作用。如果选择分析两个因素的交互作用,则必须在每种水平组合下,取得两个以上的实验数据,才能实

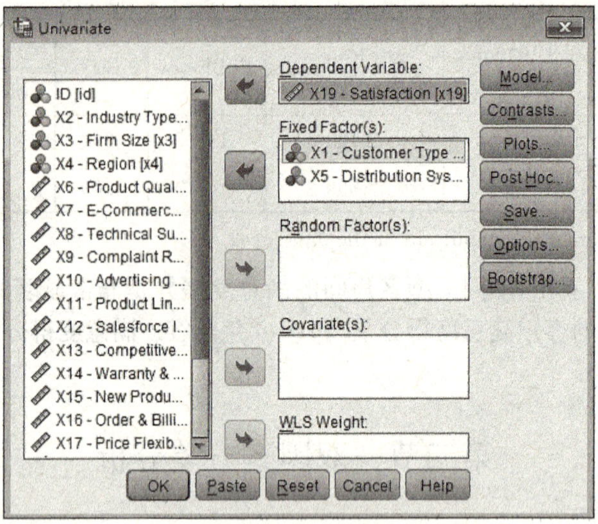

图 4—5　双因素方差分析对话框

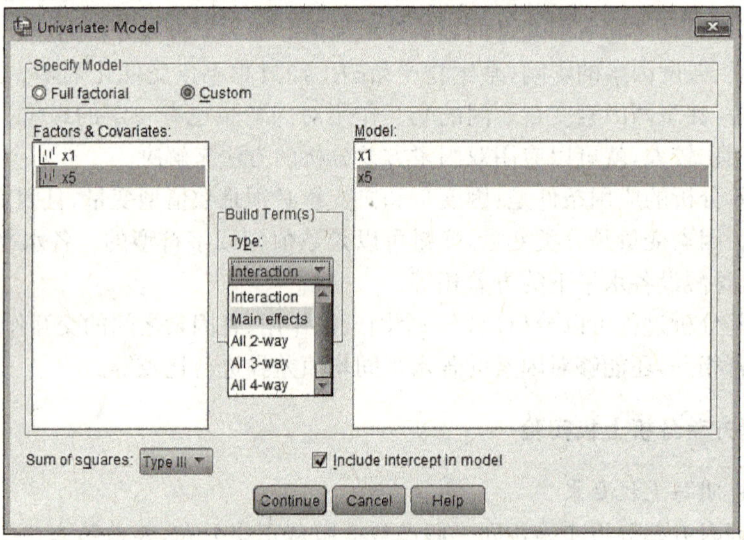

图 4—6　Univariate: Model 对话框

现两个因素的交互作用的分析结果。如果不考虑因素间的交互作用时，应当选择自定义模型。

Custom 选项为自定义模型，本例选择此项并激活下面的各项操作。

先从左边框中选择因素变量进入 Model 框中，然后选择效应类型。一般不考虑交互作用时，选择主效应 Main effects；考虑交互作用时，选择交互作用 Interaction。可以通过单击 Build Term(s)下面的小菜单完成。本例中选择主效应。最后在 Sum of squares 中选择分解平方和的方法后返回主对话框。一般选取默认项 TypeⅢ。单击 OK 就可以得到相应的双因素方差分析表(如表 4—5 所示)。

表 4—5　　客户满意度的双因素方差分析表

Dependent Variable：X19-Satisfaction

Source	Type Ⅲ Sum of Squares	df	Mean Square	*F*	Sig.
Corrected Model	201.515[a]	3	67.172	125.358	.000
Intercept	9 711.321	1	9 711.321	18 123.637	.000
X1	**109.215**	**2**	**54.608**	**101.911**	**.000**
X5	**37.204**	**1**	**37.204**	**69.431**	**.000**
Error	**105.024**	**196**	**.536**		
Total	9 972.600	200			
Corrected Total	**306.539**	**199**			

a：R Squared＝.657（Adjusted R Squared＝.652）。

表中黑体字部分是一般统计学原理书中给出的双因素方差分析表。从表中数据可以看出，*F* 值对应概率 *P* 值都小于显著性水平 0.05，这说明 X1 客户类型和 X5 渠道类型对客户满意度的影响都是显著的。

(4)如果需要进行特定的两水平间的均值比较，可单击 Contrasts 比较按钮，打开 Univariate：Contrasts 对话框（如图 4—7 所示）。在 Factors 框中显示所有在主对话框中选择的因素变量，括号中显示的是当前的比较方法，点击选中因素变量，可以改变均值的比较方法。

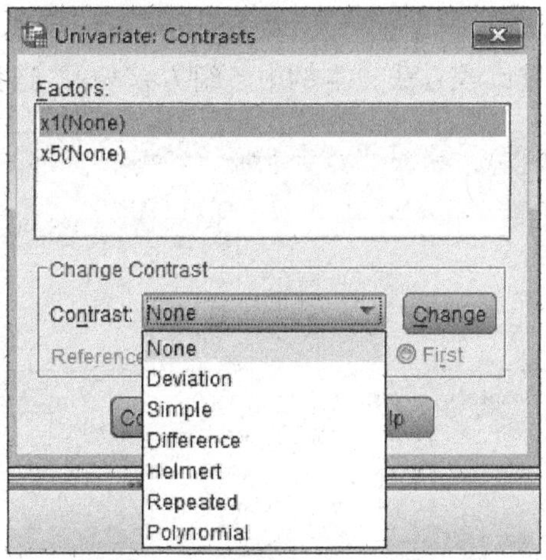

图 4—7　Univariate：Contrasts 对话框

Change Contrast 栏中列出对比方法。在小菜单中供选择的方法依次是：None 不进行均数比较；Deviation 以观测量均值为标准进行比较；Simple 以第一个或最后一个水平的观察值均值为标准；Difference 各水平上观察值均值与前一个水平的均值进行比较；Helmert 各水平上观察值与最后一个水平的均值比较。

选择了比较方法后，再点击 Change 按钮确定，将选中的比较方法显示在选中的因素变量后的括号内，然后返回主对话框。

(5)如果需要进行图形展示，可单击 Plots 按钮，打开图形对话框（如图 4—8 所示）。选择作均值轮廓图(Profile)的参数。

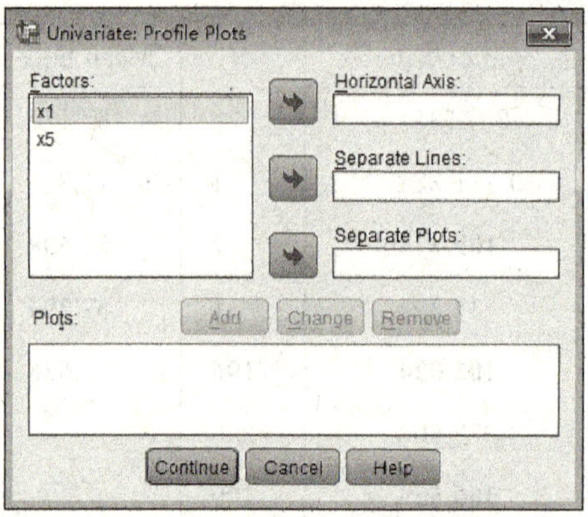

图 4—8　Univariate：Profile Plots 对话框

①在 Factors 框中选择因素变量进入横坐标 Horizontal Axis 框内，然后单击 Add 按钮，可以得到该因素不同水平的因变量均值的分布。

②如果要了解两个因素变量的交互作用，将一个因素变量送入横坐标后，将另一个因素变量送入 Separate Lines 分线框中，然后单击 Add 按钮，就可以输出反映两个因素变量的交互图。本例中选择因素 A 为横坐标。

(6)如需要将因素 X1 各水平间均值进行两两比较，单击 Post Hoc 按钮，打开 Post Hoc Multiple 多重比较对话框(如图 4—9 所示)。从 Factor(s)框中选择因素变量进入 Post Hoc Tests for 框中，然后选择多重比较方法。本例中各组方差相等，选择 LSD 方法。

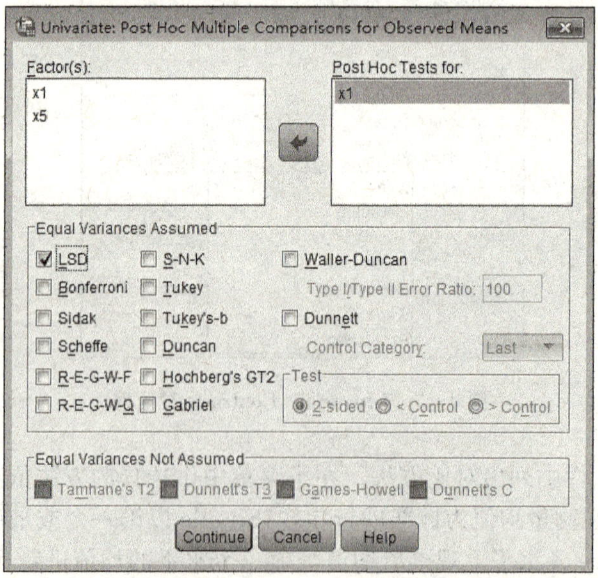

图 4—9　Univariate：Post Hoc 多重比较对话框

(7)单击 Save 按钮，打开保存对话框(如图 4—10 所示)。选择需要保存的变量。

①Predicted Values 预测值栏：选择此栏，系统将给出根据模型计算的有关预测值的选择项。

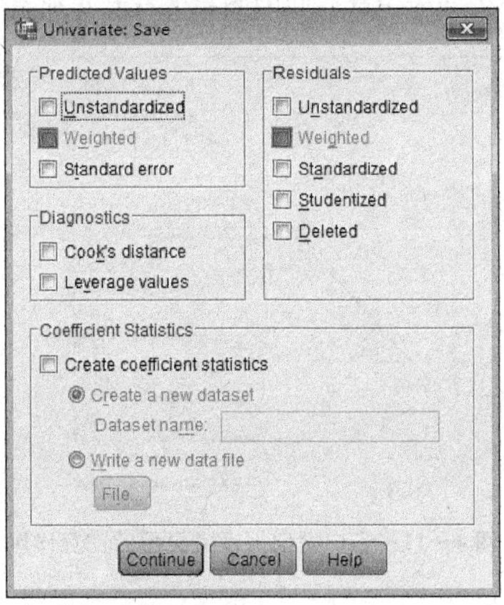

图 4—10 Univariate:Save 对话框

②Diagnostics 诊断异常值栏:有库克距离(Cook's distance)和杠杆值(Leverage values)。

③Save to New File:保存新文件栏。

④Residuals 残差栏:有非标准化和标准化残差、学生化和剔除残差等。

本例中不作选择。

(8)单击 Options 按钮,打开 Univariate:Options 对话框,从中选择需要输出的显著性水平,默认值为 0.05。本例中不作选择。

在进行所有的选择后,单击 OK,就可以得到输出结果。

由多重比较 LSD 表,得到不同客户类型的客户满意度比较表以及客户类型与渠道类型的交互作用,如表 4—6、图 4—11 所示。

表 4—6　　Multiple Comparisons 多重比较表

X19-Satisfaction

LSD

(I)X1-Customer Type	(J) X1-Customer Type	Mean Difference(I-J)	Std.Error	Sig.	95% Confidence Interval	
					Lower Bound	Upper Bound
Less than 1 year	1 to 5 years	−1.564*	.1 275	.000	−1.816	−1.313
	Over 5 years	−2.124*	.1 255	.000	−2.371	−1.876
1 to 5 years	Less than 1 year	1.564*	.1 275	.000	1.313	1.816
	Over 5 years	−.559*	.1 275	.000	−.811	−.308
Over 5 years	Less than 1 year	2.124*	.1 255	.000	1.876	2.371
	1 to 5 years	.559*	.1 275	.000	.308	.811

Based on observed means.

The error term is Mean Square(Error)=.536.

"*":The mean difference is significant at the 0.05 level.

从表 4—6 中可以看到，不同类型客户间的满意度差异是显著的。

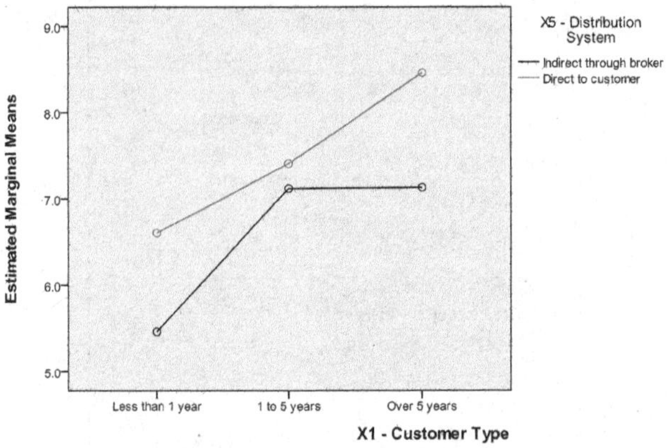

图 4—11　客户类型与渠道类型的交互作用

由图 4—11 可以看出，在不同的渠道类型中，客户类型对满意度的影响是不平行的，因此存在一定的交互作用。

第三节　重复测量方差分析

一、重复测量方差分析简介

重复测量设计（又称“组内设计”），是指将一组或多组被试先后重复地施加不同的实验处理，或在不同场合和时间点被测量至少两次的实验设计。重复测量设计可分为两类：一类是对每个被试在同一时间不同因子组合间测量；另一类是对每个被试在不同时间点上重复。后者常见于经典实验设计，即包括前测、处理、一次或几次后测的情况，比前者要多见。

研究设计中采用重复测量设计有如下三个原因：第一，研究的主要目的之一是考察观察单位在不同时间的变化情况。第二，研究对象间变异很大，应用普通研究设计的方差分析时，方差分析表中的误差项值将很大，即计算 F 值时的分母很大，对因变量有作用的因素常难以识别。第三，有的研究中研究对象很难征募到足够多的数量，此时可考虑对所征募到的对象在不同条件下的反应进行测量。

在重复测量中，由于同一个观察单位具有多个观察值，而这些观察值来自同一受试对象的不同时间（不同处理组），因此，这类数据间往往有相关性存在，违背了方差分析要求数据满足独立性的基本条件。此时若用一般方差分析方法，将会增大犯一类错误的概率。

重复测量方差分析的假设条件有以下几个：

(1)不同时间点的测量都是独立的；

(2)不同时间点的总体分布是正态分布或多元正态分布；

(3)不同时间点测量的方差相同；

(4)每个被试的多元观测值之间相关。

重复测量方差分析的基本思想与方差分析相同，将因变量的变异分解成以下四个部分：研究对象内的变异（即测量时间点或测量条件下的效应）、研究对象间的变异（即处理因素效应）、上述两者的交互作用以及随机误差变异。

二、单因素重复测量方差分析实验

(一)数据说明与上机要求

表 4—7 是测量 5 个被试不同月份对某品牌广告的态度。试用重复测量方差分析检验这 5 个被试的广告态度在不同月份是否有显著差异。数据文件为 table4.6.sav。

表 4—7　　不同被试在不同月份的广告态度

	月份 1	月份 2	月份 3
被试 1	1	3	6
被试 2	1	4	8
被试 3	3	3	6
被试 4	5	5	7
被试 5	2	4	5

(二)单因素重复测量方差分析上机步骤

打开数据文件 table4.6.sav,具体的分析步骤如下:

(1)单击 Analyze→General Linear Model→Repeated Measures,出现定义组内因子的对话框(如图 4—12 所示)。

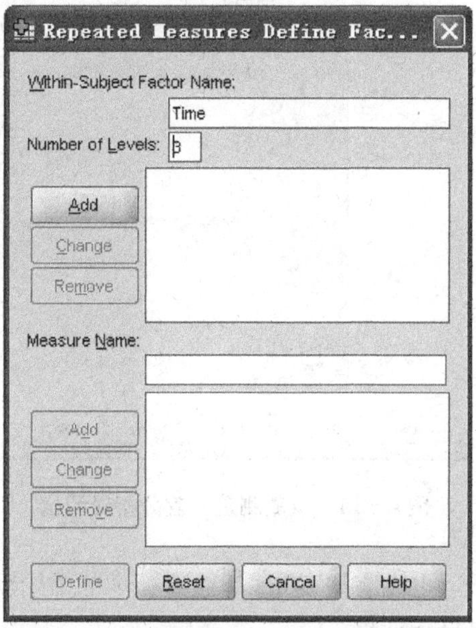

图 4—12　重复测量方差分析定义组内因子对话框

在 Within-Subject Factor Name 框中输入组内因子名称,本例中的组内因子是不同月份,所以输入 Time。本例中在 3 个不同月份测量了被试的广告态度,所以在 Number of Levels 框中输入 3,点击 Add 按钮将该组内因子加入下方框中。接着点击 Define,进入 Repeated Measures 主对话框(如图 4—13 所示)。

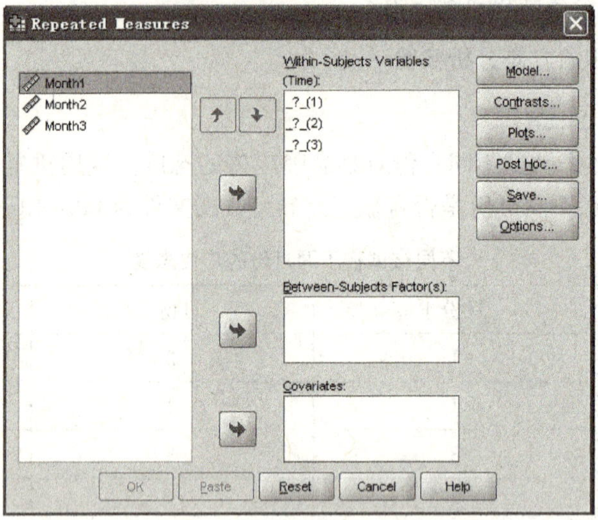

图 4－13　重复测量方差分析对话框

(2)首先将左边变量框中的 Month1，Month2，Month3 全部选中，然后通过向右的箭头移至 Within-Subjects Variables(Time)框中，结果如图 4－14 所示。

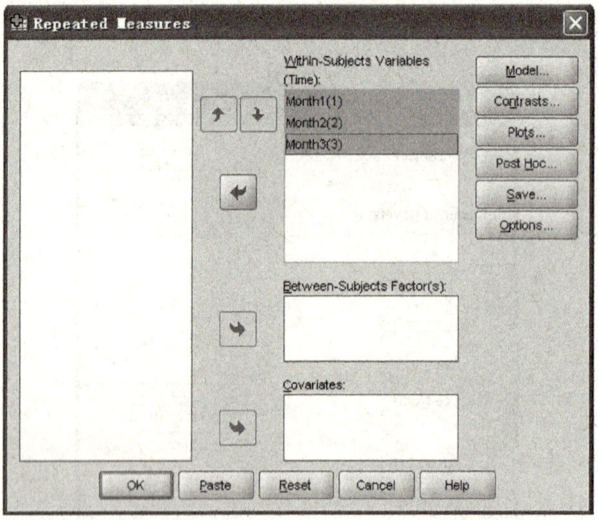

图 4－14　重复测量方差分析对话框

(3)本例中没有组间因子，也没有协变量，其他选项全部采用默认选项，所以单击 OK 就可以得到相应的重复测量方差分析结果。

Huynh 和 Feldt(1970)证明重复测量方差分析中 F 检验有效的一个充分必要条件是所有成对测量值的差数的方差相等，这就是所谓的球形假设。如果数据不满足球形假设，此时，F 检验失效，如果还用 F 检验，犯一类错误的概率会增加。幸运的是，如果数据不满足球形假设，我们只需通过调整 F 统计量的自由度来加以补救。通过数据对球形假设偏离程度的估计，就可以调整自由度。数据对球形假设偏离程度用统计量 Epsilon(ε)表示，Epsilon＝1 表示球形假设得到完全满足，Epsilon 越小表明数据偏离球形假设越严重。Geisser 和 Greenhouse (1958)证明了 Epsilon 的下限(Lower-bound)是 $1/(k-1)$，k 是重复测量次数。估计 Epsilon 的方法有两种，即 Greenhouse-Geisser 法和 Huynd-Feldt 法。有了 Epsilon 的估计值，就可以对 F 统计量的自由度进行调整了。

在 SPSS 的重复测量方差分析结果中，软件输出结果会自动给出球形检验结果，即 Mauchly's 检验结果(如表 4－8 所示)。同时，会自动给出 Epsilon 的 Greenhouse-Geisser 法估计值、Huynd-Feldt 法估计值和下限值。

表 4－8　　Mauchly's 球形检验[a]

Measure：MEASURE_1

Within Subjects Effect	Mauchly's W	Approx. Chi-Square	df	Sig.	Epsilon[b]		
					Greenhouse-Geisser	Huynh-Feldt	Lower-bound
time	.509	2.027	2	.363	.671	.885	.500

Tests the null hypothesis that the error covariance matrix of the orthonormalized transformed dependent variables is proportional to an identity matrix.

a. Design：Intercept

Within Subjects Design：time

b. May be used to adjust the degrees of freedom for the averaged tests of significance. Corrected tests are displayed in the Tests of Within－Subjects Effects table.

从表 4－8 可以看出，Mauchly's 检验统计量是不显著的，这表明数据满足球形假设，无需对自由度进行调整。

表 4－9 是重复测量的方差分析结果。在球形假设得到满足的前提下，$F(2,8)=17.408$，$p=0.001$，这表明不同月份被试的品牌态度是存在显著差异的。

表 4－9　　组内效应检验

Measure：MEASURE_1

Source		Type Ⅲ Sum of Squares	df	Mean Square	F	Sig.
Time	Sphericity Assumed	41.200	2	20.600	17.408	.001
	Greenhouse-Geisser	41.200	1.341	30.718	17.408	.006
	Huynh-Feldt	41.200	1.770	23.276	17.408	.002
	Lower-bound	41.200	1.000	41.200	17.408	.014
Error(Time)	Sphericity Assumed	9.467	8	1.183		
	Greenhouse-Geisser	9.467	5.365	1.765		
	Huynh-Feldt	9.467	7.080	1.337		
	Lower-bound	9.467	4.000	2.367		

虽然本例中的球形假设得到满足，但 SPSS 会自动给出球形假设未被满足时用三种方法调整自由度后的检验结果。在调整之前，$df_{time}=(k-1)$，$df_{error}=(k-1)(n-1)$，n 是指被试个数。调整方法是将原自由度乘以估计的 Epsilon 值，即 $df_{time}=\hat{\varepsilon}(k-1)$，$df_{error}=\hat{\varepsilon}(k-1)(n-1)$。自由度调整并不影响 F 统计量的值，只影响其检验结果。用 Lower-bound 法计算出的 Epsilon 值表示最差的情形，如果用该法对自由度进行调整，其检验结果过于保守，一般不

建议采用该方法调整。选择调整方法的姆指法则是，如果 Greenhouse-Geisser 法和 Huynd-Feldt 法计算出的 Epsilon 值均大于 0.75，则用 Huynd-Feldt 法调整；如果 Greenhouse-Geisser 法和 Huynd-Feldt 法计算出的 Epsilon 值均小于 0.75，则用 Greenhouse-Geisser 法调整。

三、两因素重复测量方差分析实验

（一）数据说明与上机要求

设有两个因子，因子 a 有三个水平，因子 b 有四个水平。表 4—10 是测量 8 个被试在两个因子不同水平组合下对某品牌广告的态度。试用两因素重复测量方差分析检验这 8 个被试的广告态度是否会受到这两个因子的显著影响。数据文件为 table4.9.sav。

表 4—10　　不同因子水平下被试对广告的态度

	a1				a2				a3			
	b1	b2	b3	b4	b1	b2	b3	b4	b1	b2	b3	b4
s1	1	1	2	2	1	2	2	3	1	2	2	3
s2	2	2	3	4	2	3	4	5	3	3	3	5
s3	2	3	3	3	3	4	3	4	2	3	3	4
s4	0	1	0	2	1	2	2	3	2	2	2	3
s5	1	1	2	2	1	1	2	3	1	1	2	2
s6	1	2	3	3	2	3	3	5	2	3	4	4
s7	1	1	2	3	2	1	2	3	1	1	2	3
s8	1	1	2	3	1	2	2	3	2	2	3	4

（二）两因素重复测量方差分析上机步骤

（1）单击 Analyze→General Linear Model→Repeated Measures，出现定义组内因子对话框（如图 4—15 所示）。

（2）在 Within-Subject Factor Name 框中输入组内因子名称，本例中的组内因子有两个，先在 Within-Subject Factor Name 框中输入第一个因子名称 a，并在 Number of Levels 框中输入 3，点击 Add 按钮将该组内因子加入下方框中（如图 4—16 所示）。

（3）在 Within-Subject Factor Name 框中再输入第二个因子名称 b，并在 Number of Levels 框中输入 4（如图 4—17 所示）。

（4）点击 Add 按钮将该组内因子加入下方框中（如图 4—18 所示）。

（5）点击 Define，进入重复测量方差分析主对话框（如图 4—19 所示）。

（6）将左边变量框中的 a1b1 至 a3b4 这 12 个变量全部选中，通过向右的箭头移至 Within-Subjects Variables(a，b)框中，结果如图 4—20 所示。

（7）本例中没有组间因子，也没有协变量，其他选项全部采用默认选项，所以在重复测量方差分析对话框单击 OK 就可以得到相应的重复测量方差分析结果。

SPSS 软件输出结果会自动给出数据球形检验结果，即 Mauchly's 检验结果（如表 4—11 所示）。

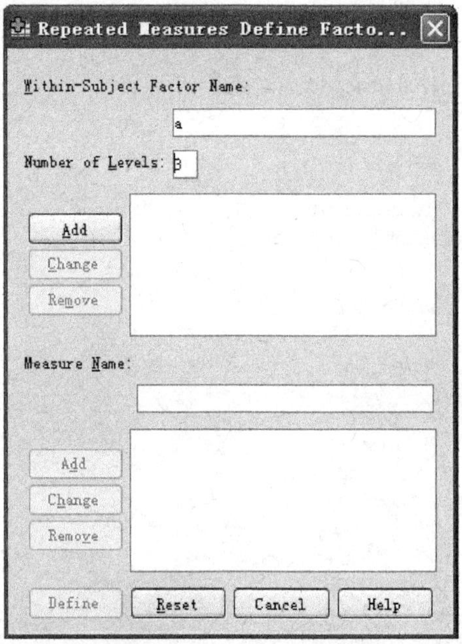

图 4—15 重复测量方差分析定义组内因子对话框

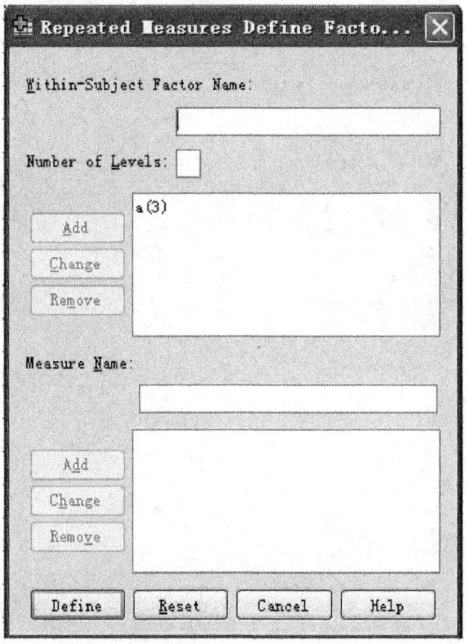

图 4—16 重复测量方差分析定义组内因子对话框

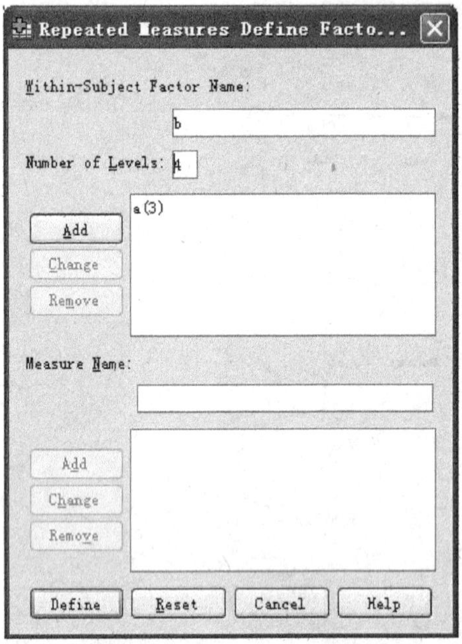

图 4—17　重复测量方差分析定义组内因子对话框

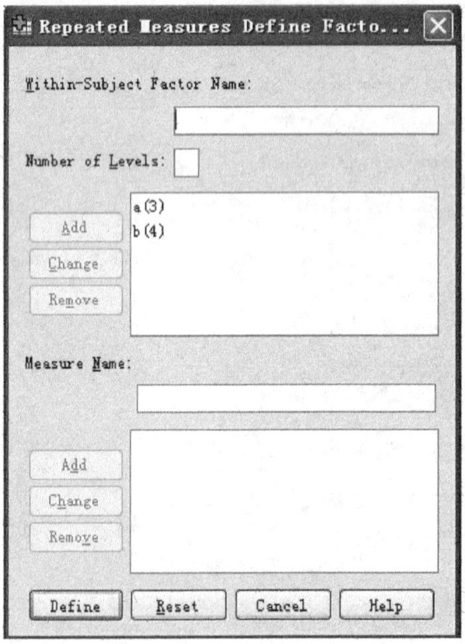

图 4—18　重复测量方差分析定义组内因子对话框

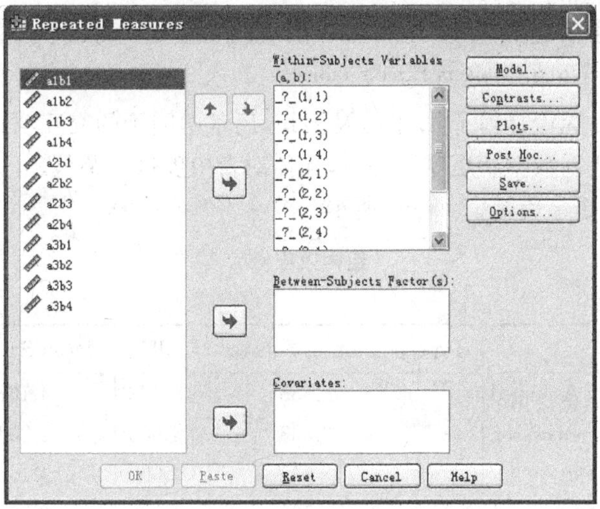

图 4—19 重复测量方差分析主对话框

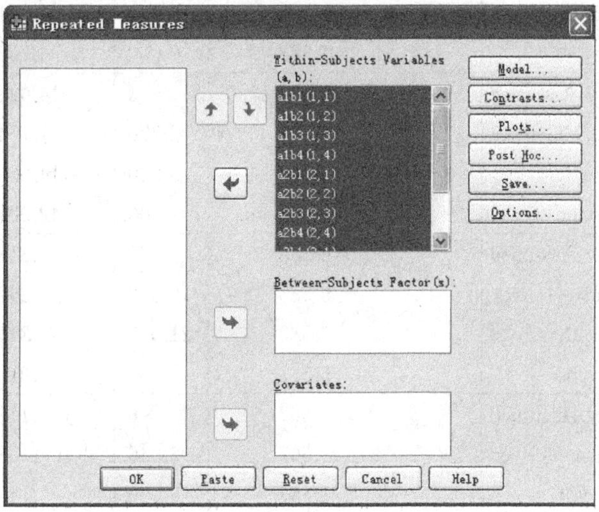

图 4—20 重复测量方差分析对话框

表 4—11 **Mauchly's 球形检验[a]**

Measure: MEASURE_1

Within Subjects Effect	Mauchly's W	Approx. Chi-Square	df	Sig.	Epsilon[b]		
					Greenhouse-Geisser	Huynh-Feldt	Lower-bound
a	.750	1.726	2	.422	.800	1.000	.500
b	.696	2.075	5	.841	.790	1.000	.333
a * b	.029	16.857	20	.749	.591	1.000	.167

Tests the null hypothesis that the error covariance matrix of the orthonormalized transformed dependent variables is proportional to an identity matrix.

a. Design: Intercept

Within Subjects Design：a＋b＋a＊b

b.May be used to adjust the degrees of freedom for the averaged tests of significance.Corrected tests are displayed in the Tests of Within-Subjects Effects table.

从表 4－11 可知，无论是因子 a，还是因子 b，还是两因子的交互项，Mauchly's 检验统计量都是不显著的，这表明数据满足球形假设，无需对自由度进行调整。

重复测量方差分析结果如表 4－12 所示。

表 4－12　　组内效应检验

Measure：MEASURE_1

Source		Type Ⅲ Sum of Squares	df	Mean Square	F	Sig.
a	Sphericity Assumed	8.333	2	4.167	10.938	.001
	Greenhouse-Geisser	8.333	1.600	5.208	10.938	.003
	Huynh-Feldt	8.333	2.000	4.167	10.938	.001
	Lower-bound	8.333	1.000	8.333	10.938	.013
Error(a)	Sphericity Assumed	5.333	14	.381		
	Greenhouse-Geisser	5.333	11.200	.476		
	Huynh-Feldt	5.333	14.000	.381		
	Lower-bound	5.333	7.000	.762		
b	Sphericity Assumed	42.083	3	14.028	44.747	.000
	Greenhouse-Geisser	42.083	2.370	17.754	44.747	.000
	Huynh-Feldt	42.083	3.000	14.028	44.747	.000
	Lower-bound	42.083	1.000	42.083	44.747	.000
Error(b)	Sphericity Assumed	6.583	21	.313		
	Greenhouse-Geisser	6.583	16.592	.397		
	Huynh-Feldt	6.583	21.000	.313		
	Lower-bound	6.583	7.000	.940		
a＊b	Sphericity Assumed	.667	6	.111	.824	.558
	Greenhouse-Geisser	.667	3.546	.188	.824	.510
	Huynh-Feldt	.667	6.000	.111	.824	.558
	Lower-bound	.667	1.000	.667	.824	.394
Error(a＊b)	Sphericity Assumed	5.667	42	.135		
	Greenhouse-Geisser	5.667	24.822	.228		
	Huynh-Feldt	5.667	42.000	.135		
	Lower-bound	5.667	7.000	.810		

从表 4－12 可知，在球形假设得到满足的前提下，因子 a 的检验结果为 $F(2,14)=10.938$，$p=0.001$，这表明因子 a 对品牌态度有显著影响。因子 b 的检验结果为 $F(3,21)=44.747$，$p=0.000$，这表明因子 b 对品牌态度有显著影响。因子 a 和因子 b 的交互项的检验结果为 $F(6,42)=0.824$，$p=0.558$，这表明因子 a 和因子 b 的交互项对品牌态度没有显著影响。

第四节 混和设计的方差分析实验

在市场调研的研究中，单纯用重复测量设计（即组内设计）的研究很少，大部分研究是用组间设计或者混和因子设计。

一、数据说明与上机要求

设有一个组间因子 Celebrity，该因子有两个水平，一个是用名人代言，另一个是用普通人代言。组内因子有两个水平，分为前测和后测。表 4—13 是测量 10 个被试在不同因子水平下对某品牌广告的态度的前测和后测结果。试用混和设计的方差分析检验这 10 个被试的广告态度的前测和后测是否有显著差异，是否会受到 Celebrity 这个因子的显著影响。数据文件为 table4.12.sav。

表 4—13　　被试对不同代言人广告的态度

	Celebrity			Normal	
	Pre	Post		Pre	Post
S1	2	5	S6	1	2
S2	3	4	S7	3	4
S3	3	6	S8	4	5
S4	1	4	S9	2	4
S5	4	7	S10	3	3

在表 4—13 中，代言人类型是组间因子，前测和后测是组内因子。

二、混和设计方差分析上机步骤

（1）单击 Analyze→General Linear Model→Repeated Measures，出现定义组内因子的对话框（如图 4—21 所示）。

（2）在 Within-Subject Factor Name 框中输入组内因子名称，本例中的组内因子是不同时间点，所以输入 test。本例中只有前测和后测，所以在 Number of Levels 框中输入 2，点击 Add 按钮将该组内因子加入下方框中（如图 4—22 所示）。

（3）点击 Define，进入重复测量方差分析主对话框（如图 4—23 所示）。

（4）将左边变量框中的 pretest 和 posttest 全部选中，然后通过向右的箭头移至 Within-Subjects Variables(test)框中，结果如图 4—24 所示。

（5）本例中的组间因子是 Celebrity，将左边框中的变量 Celebrity 通过向右的箭头移至 Between-Subjects Factor(s)框中，结果如图 4—25 所示。

（6）本例中没有协变量，其他选项全部采用默认选项，所以单击 OK 就可以得到相应的混和设计方差分析结果（如表 4—14 所示）。

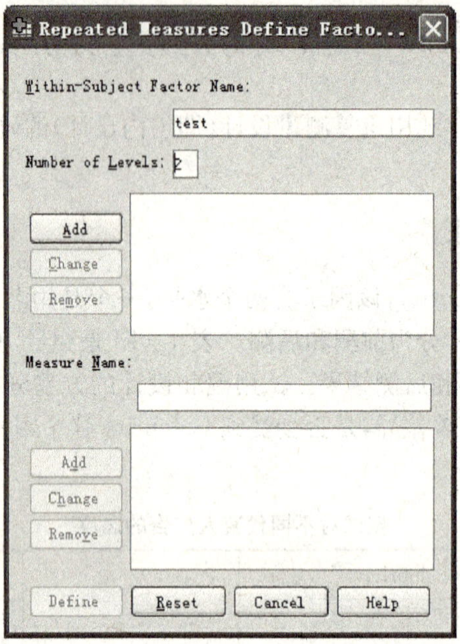

图 4—21 重复测量方差分析定义组内因子对话框

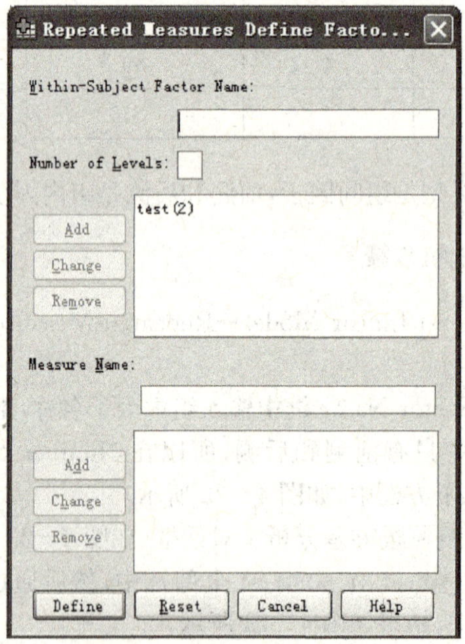

图 4—22 重复测量方差分析定义组内因子对话框

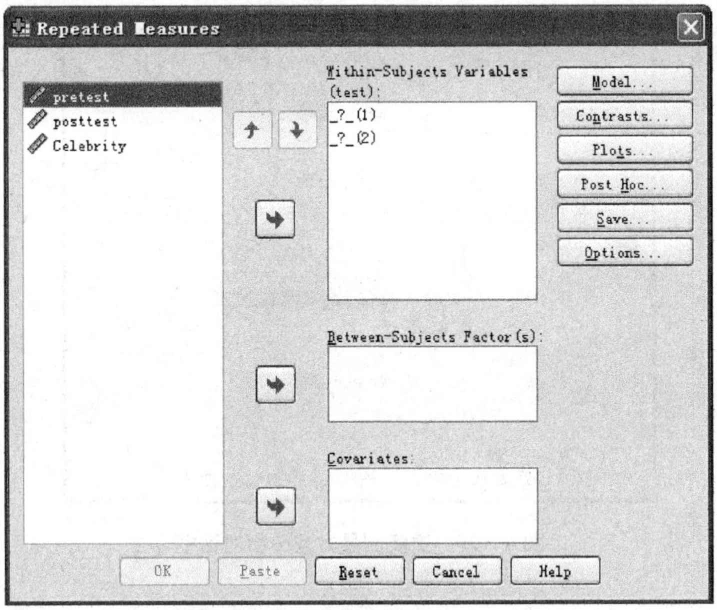

图 4—23　重复测量方差分析主对话框

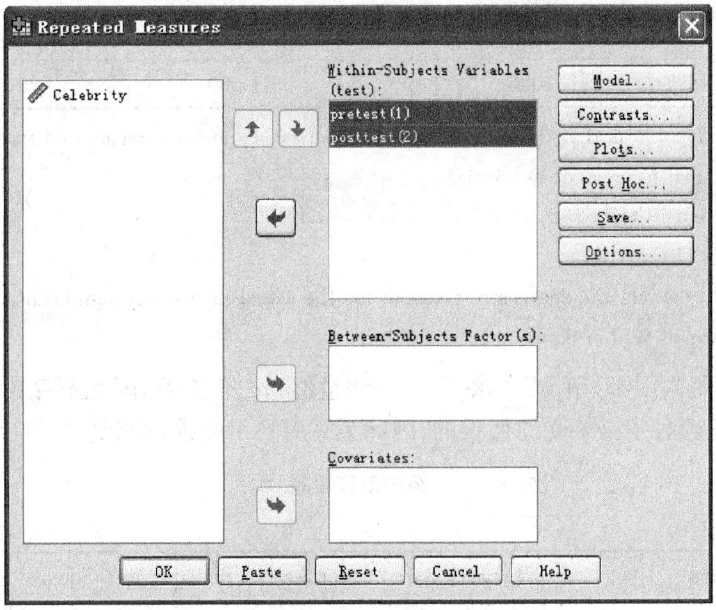

图 4—24　重复测量方差分析对话框

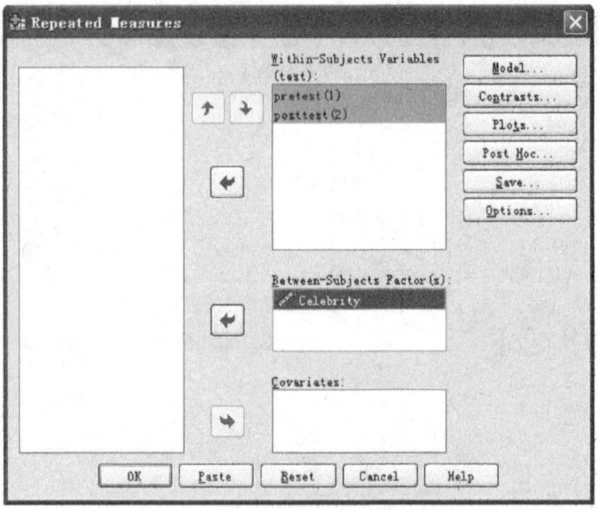

图 4—25 重复测量方差分析对话框

表 4—14 **Mauchly's 球形检验[a]**

Measure: MEASURE_1

Within Subjects Effect	Mauchly's W	Approx. Chi-Square	df	Sig.	Epsilon[b]		
					Greenhouse-Geisser	Huynh-Feldt	Lower-bound
test	1.000	.000	0	.	1.000	1.000	1.000

Tests the null hypothesis that the error covariance matrix of the orthonormalized transformed dependent variables is proportional to an identity matrix.

a. Design: Intercept+Celebrity

Within Subjects Design: test

b. May be used to adjust the degrees of freedom for the averaged tests of significance. Corrected tests are displayed in the Tests of Within-Subjects Effects table.

由于本例中组内因子只有两个水平、一对测量值和一个方差，因此不存在方差不相等的问题，Mauchly's 检验肯定是接受原假设的，因此无需对自由度进行调整。

表 4—15 **组内效应检验**

Measure: MEASURE_1

Source		Type Ⅲ Sum of Squares	df	Mean Square	*F*	Sig.
test	Sphericity Assumed	16.200	1	16.200	49.846	.000
	Greenhouse-Geisser	16.200	1.000	16.200	49.846	.000
	Huynh-Feldt	16.200	1.000	16.200	49.846	.000
	Lower-bound	16.200	1.000	16.200	49.846	.000
test * Celebrity	Sphericity Assumed	3.200	1	3.200	9.846	.014
	Greenhouse-Geisser	3.200	1.000	3.200	9.846	.014
	Huynh-Feldt	3.200	1.000	3.200	9.846	.014
	Lower-bound	3.200	1.000	3.200	9.846	.014

续表

Source		Type Ⅲ Sum of Squares	df	Mean Square	F	Sig.
Error(test)	Sphericity Assumed	2.600	8	.325		
	Greenhouse-Geisser	2.600	8.000	.325		
	Huynh-Feldt	2.600	8.000	.325		
	Lower-bound	2.600	8.000	.325		

从表4—15可知,组内因子test的检验结果为$F(1,8)=49.846$,$p=0.000$,这表明被试的品牌态度在前测和后测有显著差异。组内因子test和组间因子Celebrity的交互项的检验结果为$F(1,8)=9.846$,$p=0.014$,这表明在不同的代言人广告中,被试的品牌态度在前测和后测仍有显著差异。

组间因子Celebrity的主效应的检验结果,如表4—16所示。

表4—16 **组间效应检验**

Measure:MEASURE_1

Transformed Variable:Average

Source	Type Ⅲ Sum of Squares	df	Mean Square	F	Sig.
Intercept	245.000	1	245.000	98.990	.000
Celebrity	3.200	1	3.200	1.293	.288
Error	19.800	8	2.475		

从表4—16可知,组间因子Celebrity的主效应不显著,即不论是用名人代言,还是用普通人代言,被试的品牌态度并无显著差异。

第五节 多变量方差分析

一、多变量方差分析简介

多变量方差分析(MANOVA)把多个因变量看成一个整体,分析因子对多个因变量整体的影响,发现不同总体的最大组间差异。多变量方差分析的用途仍然是检验不同样本间是否存在显著差异,但是它同时考虑多个因变量,而不仅仅是考虑一个因变量。

多变量方差分析的基本假设如下:

(1)数据来自随机样本,观察值相互之间独立。

(2)各因变量的联合分布为多元正态分布。

(3)每个样本的协方差矩阵均相同。

(4)因变量间存在线性相关关系。

(5)各样本的样本量尽量大一点,且各组的样本数应尽量接近。

假设在所实施的一个实验中有m个不同的总体,或者m组不同的处理,并假设每个实验单元有p个反应变量(因变量)。令μ_{ij}表示第i组处理中的第j个变量,其中$i=1,2,\cdots,m$;$j=1,2,\cdots,p$。令x_{irj}表示从第i个总体中第r个实验单元上第j个反应变量的观测值。

多元变量均值模型可以用下式表达:

$$x_{irj}=\mu_{ij}+\varepsilon_{irj} \quad i=1,2,\cdots,m;\ j=1,2,\ \cdots,p;\ r=1,2,\ \cdots,n_i \tag{4-1}$$

该模型写成矩阵形式为：

$$x_{ir}=\mu_i+\varepsilon_{ir} \quad i=1,2,\cdots,m;\ r=1,2,\ \cdots,n_i \tag{4-2}$$

其中：

$$x_{ir}=\begin{bmatrix} x_{ir1} \\ x_{ir2} \\ \vdots \\ x_{irp} \end{bmatrix},\quad \mu_i=\begin{bmatrix} \mu_{i1} \\ \mu_{i2} \\ \vdots \\ \mu_{ip} \end{bmatrix},\quad \varepsilon_{ir}=\begin{bmatrix} \varepsilon_{ir1} \\ \varepsilon_{ir2} \\ \vdots \\ \varepsilon_{irp} \end{bmatrix}$$

多变量方差分析的原假设为：

$$\mathrm{H}_0:\begin{bmatrix} \mu_{11} \\ \mu_{12} \\ \vdots \\ \mu_{1p} \end{bmatrix}=\begin{bmatrix} \mu_{21} \\ \mu_{22} \\ \vdots \\ \mu_{2p} \end{bmatrix}=\cdots=\begin{bmatrix} \mu_{m1} \\ \mu_{m2} \\ \vdots \\ \mu_{mp} \end{bmatrix}$$

或 $\mathrm{H}_0:\mu_1=\mu_2=\cdots=\mu_m$

$\mathrm{H}_1:\mu_1,\mu_2,\cdots,\mu_m$ 不全相等

记 H 为组间离差平方和与交叉乘积矩阵，E 为误差离差平方和与交叉乘积矩阵。常用的多变量方差分析统计量有如下四个：

(1)Pillai's trace

Pillai's trace=trace$[H\ (H+E)^{-1}]$

(2)Hotelling-Lawley's trace

Hotelling-Lawley's trace = trace(HE^{-1})

(3)Wilk's lambda

Wilk's lambda$=\dfrac{|E|}{|H+E|}$

(4)Roy's largest root

Roy's largest root 为 HE^{-1}的最大特征根。

在上述四个统计量中，Pillai's trace 最为稳健，值恒为正数，值越大表示该处理效应对模型的贡献越大。Hotelling-Lawley's trace 检验矩阵的特征根之和，值越大表明该处理效应对模型的贡献越大。Hotelling-Lawley's trace 的值总是大于 Pillai's trace 的值，当两者相等时，说明处理效应很弱。Wilk's lambda 的值在 0～1 之间，值越小贡献越大。Roy's largest root 为检验矩阵特征根中的最大值，值越大表示该处理效应对模型的贡献越大。Roy's largest root 小于等于 Hotelling-Lawley's trace，当两者相等时，说明因变量间有很强的相关性。

二、多变量方差分析实验：HBAT 造纸公司的客户忠诚度差异分析

(一)数据说明与上机要求

HBAT 是一家造纸企业，它的客户包括报纸印刷企业和杂志印刷企业。本次调查对象是采购纸张的采购经理。

本次调查得到如下变量：

X1：客户类型(Customer Type)，指客户与 HBAT 关系的持续时间，1 指小于 1 年，2 指 1～5 年，3 指 5 年以上。

X2:行业类型(Industry Type),0 指杂志印刷客户,1 指报纸印刷客户。

X3:企业规范(Firm Size),0 指雇员在 500 人以下,1 指雇员在 500 人以上。

X4:所处区域(Region),0 指北美,1 指北美以外。

X5:渠道类型(Distribution System),0 指间接渠道,1 指直接渠道。

X6～X18:受访者对 HBAT13 个属性的评价。X6:Porduct Quality,X18:Delivery Speed。

X19:客户满意度(Satisfaction)。

X20:客户推荐意愿(Likely to Recommend)。

X21:客户未来再购买意愿(Likely of Future Purchase)。

上机要求:以 X19、X20、X21 为因变量,以 X1～X5 为因子,做 MANOVA 分析,判断差异的显著性,并对上机结果加以解释。

(二)多变量方差分析上机步骤

这是一个双因素多变量方差分析的问题,根据数据文件 HBAT_200.sav,具体的分析步骤如下:

(1)单击 Analyze→General Linear Model→Multivariate,打开多变量方差分析(Multivariate)主对话框(如图 4—26 所示)。

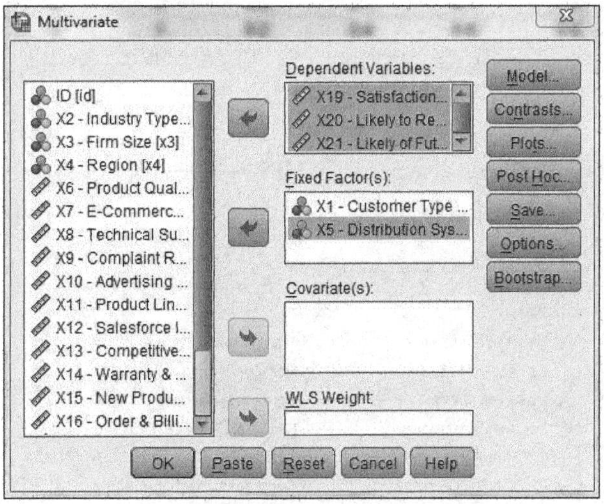

图 4—26　多变量方差分析对话框

(2)选择要分析的因变量“X19,X20,X21”进入 Dependent Variables 框中,选择因素变量“X1-Customer Type”和“X5-Distribution System”进入 Fixed Factor(s)框中。

(3)单击 Model 按钮选择分析模型,得到模型(Model)对话框(如图 4—27 所示)。在 Specify Model 框中指定模型类型。

Full factorial 选项为系统默认项,建立全模型,全模型中包括因素之间的交互作用。本例采用全模型,单击 Continue 按钮返回 Multivariate 主对话框。

(4)单击 Options 按钮,得到选项(Options)对话框(如图 4—28 所示)。在对话框中,可以选择某些特定的输出结果。

选择 Descriptive statistics,会得到所有处理组的因变量的均值。选择 Residual SSCP matrix,除了报告残差的 SSCP 矩阵外,还会进行 Bartlett's Test of Sphericity,用于检验因变量

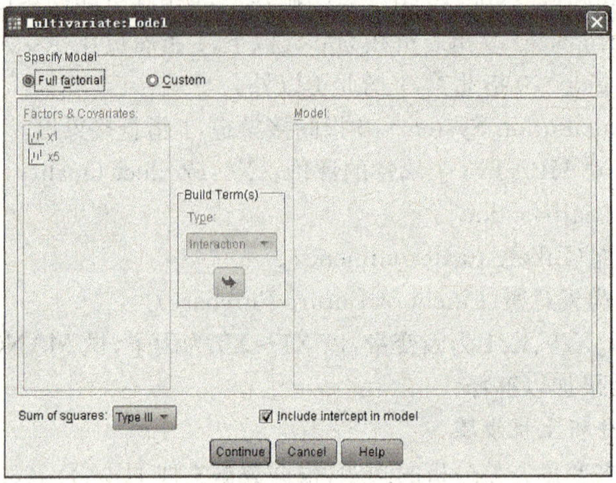

图 4-27　多变量方差分析中的模型对话框

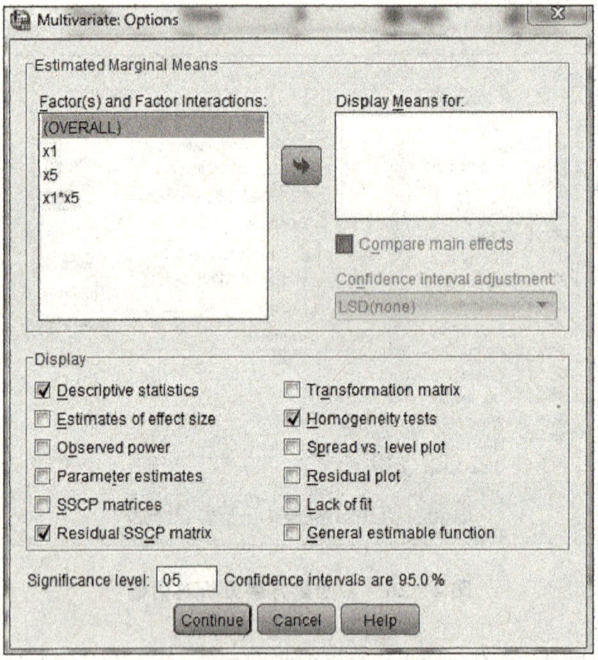

图 4-28　多变量方差分析中的选项对话框

间是否相关。选择 Homogeneity tests，用于检验不同组间的方差—协方差矩阵是否有齐次性。单击 Continue 按钮，返回多变量方差分析主对话框。

在 Multivariate 主对话框单击 OK，就可以得到相应的多变量双因素方差分析结果。

表 4-17 报告的是因变量的分组描述统计，该表给出了因子不同水平下各因变量的均值、标准差和频数。

表 4—17 **描述统计表**

	X1-Customer Type	X5-Distribution System	Mean	Std. Deviation	N
X19-Satisfaction	Less than 1 year	Indirect through broker	5.462	.4995	52
		Direct to customer	6.600	.8390	16
		Total	5.729	.7643	68
	1 to 5 years	Indirect through broker	7.120	.5508	25
		Direct to customer	7.405	.7786	39
		Total	7.294	.7078	64
	Over 5 years	Indirect through broker	7.132	.8035	31
		Direct to customer	8.457	.7918	37
		Total	7.853	1.0332	68
	Total	Indirect through broker	6.325	1.0328	108
		Direct to customer	7.688	1.0488	92
		Total	6.952	1.2411	200
X20-Likely to Recommend	Less than 1 year	Indirect through broker	5.883	.7728	52
		Direct to customer	6.981	1.1862	16
		Total	6.141	.9949	68
	1 to 5 years	Indirect through broker	7.144	.8026	25
		Direct to customer	7.251	.6593	39
		Total	7.209	.7144	64
	Over 5 years	Indirect through broker	6.974	.8355	31
		Direct to customer	7.981	.8465	37
		Total	7.522	.9761	68
	Total	Indirect through broker	6.488	.9859	108
		Direct to customer	7.498	.9300	92
		Total	6.953	1.0829	200
X21-Likely of Future Purchase	Less than 1 year	Indirect through broker	6.763	.7021	52
		Direct to customer	7.606	.5686	16
		Total	6.962	.7598	68
	1 to 5 years	Indirect through broker	7.804	.7097	25
		Direct to customer	7.933	.6006	39
		Total	7.883	.6430	64
	Over 5 years	Indirect through broker	7.919	.6478	31
		Direct to customer	8.368	.8253	37
		Total	8.163	.7775	68
	Total	Indirect through broker	7.336	.8802	108
		Direct to customer	8.051	.7449	92
		Total	7.665	.8932	200

表 4—18 **Box's 协方差相等检验[a]**

Box's M	39.721
F	1.263
df1	30
df2	33 214.450
Sig.	.153

Tests the null hypothesis that the observed covariance matrices of the dependent variables are equal across groups.

a. Design: Intercept+X1+X5+X1 * X5.

Box's M 用于检验不同组的协方差矩阵是否相同，从表 4—18 可知，检验结果接受了协方差矩阵相同的原假设。

表 4—19 是多变量方差分析结果，从表中各个检验统计量的检验结果可知，X1、X5 及 X1 和 X5 的交互项对因变量的影响效应均是统计显著的。

表 4—19 **多变量方差分析结果[a]**

Effect		Value	F	Hypothesis df	Error df	Sig.
Intercept	Pillai's Trace	.993	9 171.741[b]	3.000	192.000	.000
	Wilks' Lambda	.007	9 171.741[b]	3.000	192.000	.000
	Hotelling's Trace	143.308	9 171.741[b]	3.000	192.000	.000
	Roy's Largest Root	143.308	9 171.741[b]	3.000	192.000	.000
X1	Pillai's Trace	.488	20.770	6.000	386.000	.000
	Wilks' Lambda	.512	25.429[b]	6.000	384.000	.000
	Hotelling's Trace	.952	30.306	6.000	382.000	.000
	Roy's Largest Root	.951	61.211[c]	3.000	193.000	.000
X5	Pillai's Trace	.285	25.500[b]	3.000	192.000	.000
	Wilks' Lambda	.715	25.500[b]	3.000	192.000	.000
	Hotelling's Trace	.398	25.500[b]	3.000	192.000	.000
	Roy's Largest Root	.398	25.500[b]	3.000	192.000	.000
X1 * X5	Pillai's Trace	.124	4.256	6.000	386.000	.000
	Wilks' Lambda	.878	4.291[b]	6.000	384.000	.000
	Hotelling's Trace	.136	4.327	6.000	382.000	.000
	Roy's Largest Root	.112	7.194[c]	3.000	193.000	.000

a. Design: Intercept+X1+X5+X1 * X5.

b. Exact statistic.

c. The statistic is an upper bound on F that yields a lower bound on the significance level.

第五章

回归分析

第一节　回归分析概述

回归分析是处理变量与变量之间关系的一种数学方法。“回归”原本是一个生物学词汇，最早由F.加尔顿(Francis Galton)爵士引入。加尔顿研究发现，父母和孩子的身高有这样的一个趋势：父母高，儿女就高；父母矮，儿女也矮。但是高个父母的儿女们在同龄人中并不像父辈那样在同龄人中显得那样高，儿女辈的平均身高将“退化”到或者说“回归”到全体人口的平均身高。这也叫加尔顿的“普遍回归定律”。这就是回归的原始定义。

回归的现代意义则稍微有点不同。现代意义上的回归，是指一个叫做因变量的量和其解释变量之间的依赖关系。社会经济活动总是和许多经济变量相联系的。在社会经济生活中，各生产要素、产品等，无论是以实物形态还是以货币形态，最终总要表现为一定的数量。例如，价格、销售量、利润、投资额、产量、利率、股票指数、国内生产总值、人均国内生产总值等，均可以用一些经济变量形式来表示。对经济问题的研究，不仅要分析问题的基本性质，而且要分析经济变量之间的数量关系。

对于经济变量之间的关系，一般可分为两类：

一类是变量之间存在确定的函数关系。例如，某企业的销售收入 y_i 等于其产品价格 p 与销售量 x_i 的乘积，数学表达式为：

$$\boldsymbol{y_i = p x_i} \tag{5-1}$$

另一类是变量之间不存在确定的依赖关系。例如，家庭的消费支出 y_i 与其收入 x_i 之间的关系就是不完全确定的。一般地，每个家庭的收入 x_i 必然会制约并且影响该家庭的消费支出 y_i，但并不是唯一因素，还有其他多种因素影响该家庭的消费支出 y_i，如人口数量、消费习惯、存款利率、商品价格水平的变动趋势等。这样，就不能给出家庭的消费支出 y_i 与其收入 x_i 之间类似于函数的精确表达式。用 μ_i 表示其他影响因素，可将上述两变量之间非确定的依赖关系表示为：

$$\boldsymbol{y_i = f(x_i) + \mu_i} \tag{5-2}$$

一、多元线性回归模型

如果被解释变量(因变量) y_t 有 $(k-1)$ 个解释变量(自变量) x_{tj}，$j=0,1,\cdots,k-1$，同时 y_t 不仅是 x_{tj} 的线性函数，而且是参数 β_i，$i=0,1,\cdots,k-1$(通常未知)的线性函数，随机误差项为 u_t。那么，多元线性回归模型可以表示为：

$$\boldsymbol{y_t = \beta_0 + \beta_1 x_{t1} + \beta_2 x_{t2} + \cdots + \beta_{k-1} x_{t\,k-1} + u_t,\ t=0,1,\cdots,T} \tag{5-3}$$

对经济问题的实际意义：y_t与x_{tj}存在线性关系，x_{tj}，$j=0,1,\cdots,k-1$，是y_t的重要解释变量。u_t代表众多影响y_t变化的微小因素。u_t使y_t的变化偏离了$E(y_t)=\beta_0+\beta_1 x_{t1}+\beta_2 x_{t2}+\cdots+\beta_{k-1}x_{tk-1}$决定的$k$维空间平面。

这里，$E(y_t)=\beta_0+\beta_1 x_{t1}+\beta_2 x_{t2}+\cdots+\beta_{k-1}x_{tk-1}$为多元总体线性回归方程，简称总体回归方程。

二、多元线性回归方程的 F 检验

对于多元线性回归模型，总离差平方和的分解公式如下：

$$TSS=RSS+ESS \tag{5-4}$$

其中：

$$\text{总平方和 } TSS=\sum_{t=1}^{T}(y_t-\bar{y})^2=Y'Y-T\bar{y}^2 \tag{5-5}$$

$\bar{y}$是y_t的样本平均数，定义为$\bar{y}=(\sum_{t=1}^{T}y_t)/T$。

$$\text{回归平方和 } ESS=\sum_{t=1}^{T}(\hat{y}_t-\bar{y})^2=\hat{Y}'\hat{Y}-T\bar{y}^2 \tag{5-6}$$

$\bar{y}$的定义同上。

$$\text{残差平方和 } RSS=\sum_{t=1}^{T}(y_t-\hat{y}_t)^2=\sum_{t=1}^{T}\hat{u}_t^{\,2}=\hat{u}'\hat{u} \tag{5-7}$$

与TSS相对应，自由度$T-1$也被分解为两部分：

$$(T-1)=(k-1)+(T-k) \tag{5-8}$$

回归均方定义$MSR=\dfrac{ESS}{k-1}$，误差均方定义$MSE=\dfrac{RSS}{T-k}$。

归纳出方差分析表如表 5－1 所示。

表 5－1　方差分析表

方差来源	平方和	自由度	均方
回归	$ESS=\hat{Y}'\hat{Y}-T\bar{y}^2$	$k-1$	$MSR=ESS/(k-1)$
误差	$RSS=\hat{u}'\hat{u}$	$T-k$	$MSE=RSS/(T-k)$
总和	$TSS=Y'Y-T\bar{y}^2$	$T-1$	

为了从总体上检验模型中被解释变量与解释变量之间的线性关系是否显著成立，检验的原假设为：

H_0：$\beta_1=\beta_2=\cdots=\beta_{k-1}=0$

若成立，则模型中被解释变量与解释变量之间不存在显著的线性关系。

备择假设为：

H_1：β_j不全为 0

在H_0成立时，检验统计量为：

$$F=\frac{MSR}{MSE}=\frac{ESS/(k-1)}{RSS/(T-k)}\sim F(k-1,T-k) \tag{5-9}$$

这是自由度为$(k-1,T-k)$的F分布，对于预先给定的显著水平α，可以从F分布表中查出相应的自由度（如图 5－1 所示）。

设检验水平为 α，则检验规则是：

若 $F \leqslant F_{\alpha(k-1,T-k)}$，接受 H_0；

若 $F > F_{\alpha(k-1,T-k)}$，拒绝 H_0。

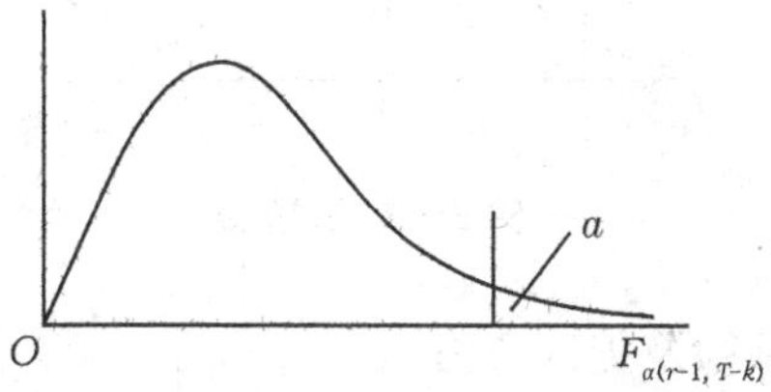

图 5—1 F 检验

三、多元线性回归方程系数的显著性检验——t 检验

对于多元线性回归模型，总体回归方程线性关系的显著性并不意味着每个解释变量 x_{tj} 对被解释变量 y_t 的影响都是显著的。因此，有必要通过检验把那些对被解释变量 y_t 影响不显著的解释变量从中剔出，只保留对被解释变量 y_t 影响显著的解释变量，以建立更为简单、合理的多元线性回归模型。

如果一个解释变量 x_{tj} 对被解释变量的影响不显著，则对应于该解释变量的回归系数 β_j 的值应等于 0。因此，我们只要检验一个解释变量 x_{tj} 的回归系数 β_j 的值是否等于 0 就可以了。检验原假设为：

$H_0: \beta_j = 0, j = 1, 2, \cdots, k-1$

备择假设为：

$H_1: \beta_j \neq 0$

根据前面的介绍，$\hat{\beta}_j$ 是被解释变量的线性函数，并且服从正态分布。则可以证明：

$$E(\hat{\boldsymbol{\beta}}_j) = \boldsymbol{\beta}_j \tag{5—10}$$

$$Var(\hat{\boldsymbol{\beta}}) = \boldsymbol{\sigma}^2 (\boldsymbol{X}'\boldsymbol{X})_{jj}^{-1} \tag{5—11}$$

$$\hat{\boldsymbol{\beta}}_j \sim N(\boldsymbol{\beta}_j, \boldsymbol{\sigma}^2 (\boldsymbol{X}'\boldsymbol{X})_{jj}^{-1}) \tag{5—12}$$

从而：

$$\frac{\hat{\boldsymbol{\beta}}_j - \boldsymbol{\beta}_j}{\sqrt{\boldsymbol{\sigma}^2 (\boldsymbol{X}'\boldsymbol{X})_{jj}^{-1}}} \sim N(0,1) \tag{5—13}$$

因为 σ^2 未知，我们用 s^2 代替，于是，在 H_0 成立的条件下，可得到：

$$t = \frac{\hat{\boldsymbol{\beta}}_j}{\sqrt{s^2 (\boldsymbol{X}'\boldsymbol{X})_{jj}^{-1}}} \sim t(T-k) \tag{5—14}$$

这是自由度为 $(T-k)$ 的 t 分布，其中的 $s(\hat{\beta}_j)$ 为 $\hat{\beta}_j$ 标准差的估计量。对于预先给定的显著水平 α，可以从 t 分布表中查出相应的自由度(如图 5—2 所示)。

判别规则：

若 $|t| \leqslant t_{\alpha(T-k)}$，接受 H_0；

若 $|t| > t_{\alpha(T-k)}$，拒绝 H_0。

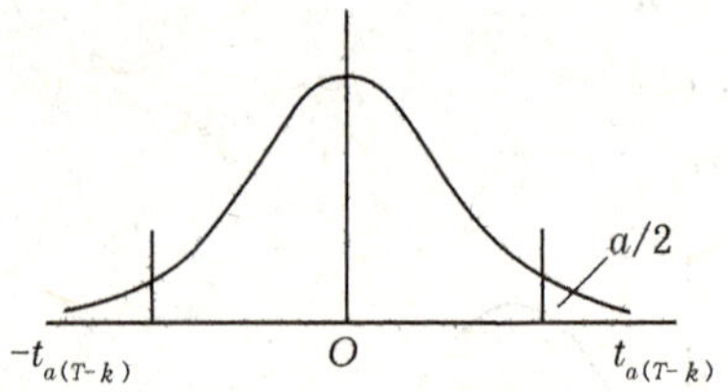

图 5—2 t 检验

四、多重共线性的危害、检验及处理方法

所谓多重共线性(Multicollinearity),是指解释变量之间存在完全的线性关系或者接近的线性关系。但是,在现实中,完全的线性关系很少见,除非错误地把同一个变量以不同的单位同时放进模型。

还有一种关系为正交关系,即两个解释变量之间是相互独立的,它们之间完全无关,相关系数为0。这在现实中也是很少见的。

一般来说,变量之间都存在多重共线性,我们关心的是多重共线性的程度如何。只有多重共线性程度超过一定的限度,我们才会考虑去修正。

多重共线性的危害有如下三个方面:

第一,估计量的精度降低。式(5—11)的解析式如下:

$$Var(\hat{\beta}_j)=\frac{\sigma^2}{(1-R_j^2)\sum_{j=1}^{n}(X_{ij}-\overline{X}_j)} \qquad (5-15)$$

其中,R_j^2 表示以 X_j 为被解释变量,以其他的解释变量为解释变量做辅助回归所得的可决系数。可以看出,R_j^2 越大,估计量的方差越大,$VAR(\hat{\beta}_j)$大意味着 $\hat{\beta}_j$ 的波动性大,即估计量的精度降低(方差变大,$\hat{\beta}_j$ 与 β_j 之间差距的波动性加大,$\hat{\beta}_j$ 远离 β_j 的可能性增大)。导致判断各解释变量对被解释变量影响的大小时可能有误。

第二,系数显著性检验不准确。构造 T 统计量时,由于方差的估计值变大,计算出来的 T 统计量变小,接受虚拟假设 $H_0:\beta_j=0$ 的可能性增大,这可能会导致错误地舍去对被解释变量有显著影响的变量。

第三,预测精度降低。由于方差估计值变大,计算出来的置信区间相对变宽,使得预测值的精度降低。

当解释变量的个数超过两个时,可以计算每个解释变量的方差膨胀因子(*VIF*)来决断多重共线性的程度。*VIF* 的计算公式如下:

$$VIF_j=\frac{1}{1-R_j^2} \qquad (5-16)$$

R_j^2 指第 j 个解释变量与其余 $j-1$ 个解释变量回归的拟合优度 R^2。R_j^2 越大,则 VIF_j 越大,这表示 X_j 能被其他解释变量解释的部分越大,多重共线性越严重。当 R_j^2 大于原回归模型的样本决定系数 R^2 时,认为多重共线性非常严重,需要修正。

多重共线性可用逐步回归法加以处理。这种方法的过程是,计算被解释变量对每一个解释变量的基本回归方程,从中选取一个最合适的作为基准方程。选取的这个基准方程可以是理论上最重要的解释变量对应的基本回归方程,也可以是样本决定系数最大的基本回归方程。

然后逐渐增加其他解释变量，根据新添加的解释变量的边际贡献来判断是否保留此变量：

(1)新添加的解释变量改进了 R^2(样本决定系数)，其他回归系数统计上依然显著，则保留此变量。

(2)新添加的解释变量未改进 R^2，对其他回归系数也没有影响，则不保留此变量。

(3)新添加的解释变量改进了 R^2，对其他回归系数影响显著，甚至使原系数不可接受。这可以判断此变量引起了严重的多重共线性，可以考虑对此变量的其他引入方式，也可以去掉此变量。

第二节 回归分析多重共线性诊断与处理实验——“帮宝适”是否能打赢维护市场份额的“战争”

一、数据说明与上机要求

在竞争日益激烈的尿裤市场，宝洁的营销研究部渴望为“帮宝适”找到新的设计和营销方法，使该品牌在与“好奇”的竞争中处于有利的位置，但不会与“乐芙适”自相残杀。为此，他们对 300 名有婴儿的妇女进行了调查。给每名妇女一个随机选中的尿裤品牌(“帮宝适”、“乐芙适”或“好奇”)，然后请她给出她对该品牌的偏好程度，用 7 级 Likert 量表测量(1＝不喜欢，7＝非常喜欢)。同时还用 7 级 Likert 量表请她们对该尿裤的 9 个属性进行打分(1＝非常不好，7＝非常好)。该研究设计使得这 3 个品牌中的每一个出现 100 次，其目的是获知哪些尿裤属性对购买偏好(*Y*)的影响最大。本研究中的 9 个属性如表 5—2 所示。

表 5—2　　变量说明表

变量名	变量说明	备　注
preferen	品牌偏好	
count	每包片数	
price	价格	
value	价值	
unisex	不分性别	对是否分性别的评价
style	样式	对图案、颜色的评价
absorben	吸水性	
leakage	防漏性	
comfort	舒适感	
taping	胶带	

用品牌偏好对所有自变量进行多元回归分析，并向宝洁的管理层解释回归分析结果。数据文件为 Pampers.sav。

上机要求：

(1)以 preferen 为因变量，以 count-taping 9 个变量为自变量，建立多元线性回归分析模型，同时计算出每个自变量的方差膨胀因子(*VIF*)。

(2)以 preferen 为因变量，以 count-taping 9 个变量为自变量，用 Stepwise 法建立多元线性回归分析模型，并将回归结果与(1)的回归结果进行比较。

二、回归分析多重共线性诊断上机步骤

(1)在数据窗口单击 Analysis→Regression→Linear，打开线性回归(Linear Regression)对话框(如图 5－3 所示)。在 Dependent 栏中选入 PREFEREN 作为因变量，在 Independent(s)栏中选入 COUNT 至 TAPING 9 个变量作为自变量。

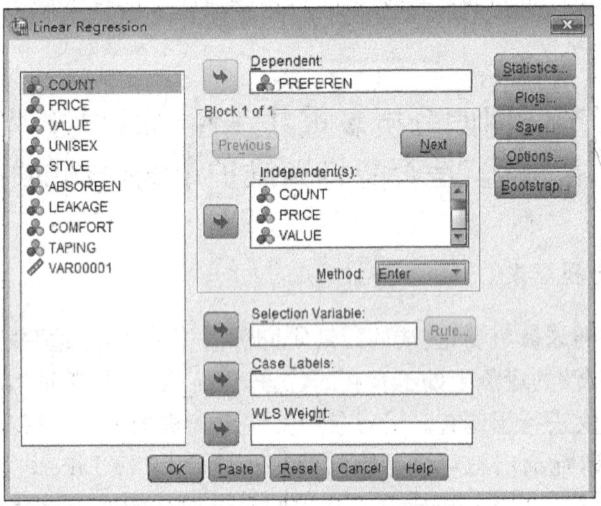

图 5－3　线性回归对话框

(2)单击右上方 Statistics 按钮，打开统计量(Statistics)对话框(如图 5－4 所示)。

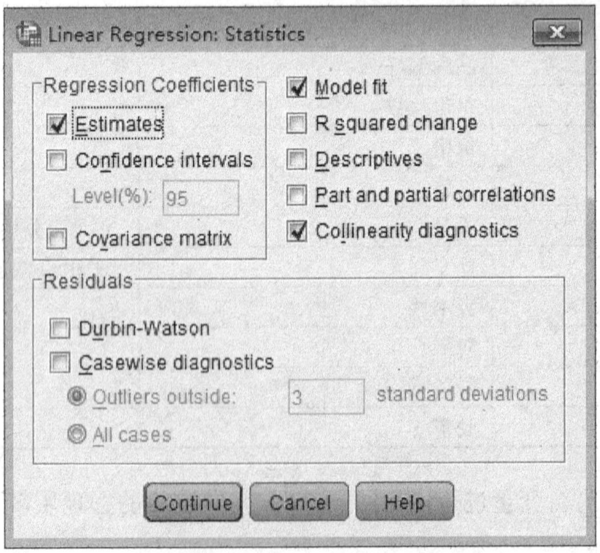

图 5－4　线性回归中的统计量对话框

(3)选择 Collinearity diagnostics，点击 Continue 按钮，回到线性回归对话框，点击 OK 按钮，就可以得到回归分析结果，如表 5－3、表 5－4、表 5－5 所示。

表 5—3 模型汇总表

Model	R	R Square	Adjusted R Square	Std.Error of the Estimate
1	.855[a]	.730	.722	1.035

a.Predictors:(Constant), TAPING, VALUE, STYLE, ABSORBEN, COUNT, COMFORT, PRICE, UNISEX, LEAKAGE

表 5—4 方差分析表[a]

Model		Sum of Squares	df	Mean Square	F	Sig.
1	Regression	841.419	9	93.491	87.330	.000[b]
	Residual	310.461	290	1.071		
	Total	1 151.880	299			

a.Dependent Variable:PREFEREN

b.Predictors:(Constant), TAPING, VALUE, STYLE, ABSORBEN, COUNT, COMFORT, PRICE, UNISEX, LEAKAGE

表 5—4 报告了模型的总体显著性检验，$F=87.330(p=0.000)$，这表明模型整体是显著的。

表 5—5 回归系数表[a]

Model	Unstandardized Coefficients		Standardized Coefficients	t	Sig.	Collinearity Statistics	
	B	Std.Error	Beta			Tolerance	VIF
1 (Constant)	−3.458	.320		−10.804	.000		
COUNT	.504	.119	.269	4.245	.000	.231	4.331
PRICE	.109	.129	.056	.843	.400	.213	4.697
VALUE	.016	.076	.010	.215	.830	.445	2.249
UNISEX	.472	.093	.362	5.088	.000	.183	5.455
STYLE	−.065	.102	−.044	−.643	.521	.195	5.123
ABSORBEN	.341	.157	.204	2.170	.031	.106	9.465
LEAKAGE	.253	.165	.148	1.533	.126	.099	10.077
COMFORT	.106	.085	.065	1.253	.211	.349	2.863
TAPING	.020	.069	.012	.282	.778	.547	1.828

a.Dependent Variable:PREFEREN

表 5—5 报告了各解释变量的系数估计值及显著性，同时在最后一列报告了每个解释变量的方差膨胀因子(VIF)的大小。

(4)在数据窗口单击 Analysis→Regression→Linear，打开线性回归对话框(如图 5—5 所示)。在 Dependent 栏中选入 PREFEREN 作为因变量，在 Independent(s)栏中选入 COUNT 至 TAPING 9 个变量作为自变量，在 Method 下拉式菜单中选择 Stepwise。

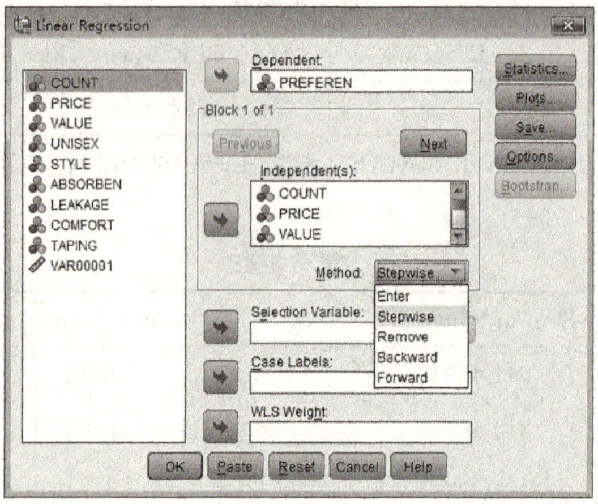

图 5—5 线性回归对话框

(5)单击右上方 Statistics 按钮，打开统计量(Statistics)对话框(如图 5—6 所示)。

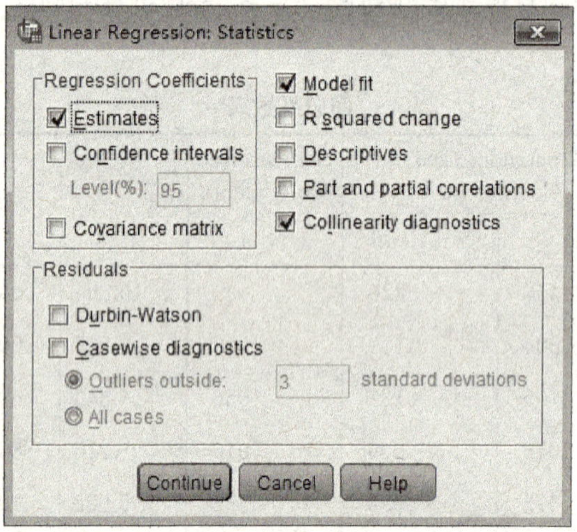

图 5—6 线性回归中的统计量对话框

(6)选择 Collinearity diagnostics，点击 Continue 按钮，回到线性回归对话框，点击 OK 按钮，就可以得到逐步回归结果，如表 5—6、表 5—7、表 5—8 所示。

表 5—6 模型汇总表

Model	R	R Square	Adjusted R Square	Std.Error of the Estimate
1	.700[a]	.490	.489	1.404
2	.807[b]	.651	.649	1.163
3	.850[c]	.723	.720	1.038
4	.853[d]	.727	.724	1.032

a.Predictors:(Constant), ABSORBEN

b.Predictors:(Constant), ABSORBEN, UNISEX

c.Predictors:(Constant), ABSORBEN, UNISEX, COUNT

d.Predictors:(Constant), ABSORBEN, UNISEX, COUNT, LEAKAGE

从表 5－6 可知，根据每个解释变量的重要性，逐步回归法每一步引入一个解释变量，在模型中引入 4 个解释变量后停止，这就是最终的模型。

表 5－7　　**方差分析表**[e]

Model		Sum of Squares	df	Mean Square	F	Sig.
1	Regression	564.778	1	564.778	286.669	.000[a]
	Residual	587.102	298	1.970		
	Total	1151.880	299			
2	Regression	750.039	2	375.020	277.177	.000[b]
	Residual	401.841	297	1.353		
	Total	1151.880	299			
3	Regression	833.093	3	277.698	257.848	.000[c]
	Residual	318.787	296	1.077		
	Total	1151.880	299			
4	Regression	837.684	4	209.421	196.626	.000[d]
	Residual	314.196	295	1.065		
	Total	1151.880	299			

a.Predictors:(Constant), ABSORBEN

b.Predictors:(Constant), ABSORBEN, UNISEX

c.Predictors:(Constant), ABSORBEN, UNISEX, COUNT

d.Predictors:(Constant), ABSORBEN, UNISEX, COUNT, LEAKAGE

e.Dependent Variable:PREFEREN

从表 5－7 可知，每个模型的整体都是显著的。

表 5－8　　**回归系数表**[a]

Model		Unstandardized Coefficients		Standardized Coefficients	t	Sig.	Collinearity Statistics	
		B	Std.Error	Beta			Tolerance	VIF
1	(Constant)	−.566	.283		−2.002	.046		
	ABSORBEN	1.173	.069	.700	16.931	.000	1.000	1.000
2	(Constant)	−1.574	.250		−6.306	.000		
	ABSORBEN	.799	.066	.477	12.162	.000	.764	1.310
	UNISEX	.599	.051	.459	11.702	.000	.764	1.310
3	(Constant)	−3.256	.294		−11.085	.000		
	ABSORBEN	.657	.061	.392	10.805	.000	.709	1.409
	UNISEX	.438	.049	.336	8.911	.000	.658	1.520
	COUNT	.605	.069	.323	8.782	.000	.689	1.450

续表

Model	Unstandardized Coefficients		Standardized Coefficients	t	Sig.	Collinearity Statistics	
	B	Std.Error	Beta			Tolerance	VIF
4 (Constant)	−3.350	.296		−11.333	.000		
ABSORBEN	.360	.155	.215	2.319	.021	.108	9.294
UNISEX	.427	.049	.327	8.671	.000	.650	1.539
COUNT	.615	.069	.329	8.954	.000	.686	1.458
LEAKAGE	.324	.156	.190	2.076	.039	.110	9.067

a.Dependent Variable:PREFEREN

从表 5—8 可知，在第 4 个模型中，4 个解释变量的系数均是统计显著的，同时，每个解释变量的 *VIF* 值比把所有变量放入模型要低一些。

第三节　线性回归模型诊断实验

一、数据说明与上机要求

Car_sales.sav 数据中包括 157 种汽车车型的销售量、价格及与汽车有关的特征变量。具体变量描述如下：

Manufact：汽车制造厂。

Model：汽车车型。

Sales：汽车销售量；单位：千辆。

Type：汽车类型，0 指汽车，1 指卡车。

Price：销售价格；单位：千美元。

Engine_s：发动机排量；单位：升。

Horsepow：马力，即发动机的功率。

Wheelbase：轴距，即汽车前轴中心到后轴中心的距离。

Width：宽度。

Length：长度。

Curb_wgt：净重。

Fuel_cap：油箱容量。

Mpg：燃油效率。

上机实验要求：

(1)将变量 sales 进行对数变换，得到 lnsales，分别绘制 sales 和 lnsales 的频数分布图。将 Type 至 Mpg10 个变量标准化，得到 10 个标准化变量。

(2)以 lnsales 为因变量，以 Type 至 Mpg10 个变量的标准化变量为自变量，用逐步回归法建立多元线性回归方程。同时，计算每个观测点的杠杆值和库克距离。

(3)绘制杠杆值和库克距离的散点图，并以汽车车型(Model)为标签。找出杠杆值和库克距离均较高的汽车车型。

(4)根据每个观测点的库克距离对观测数据进行降序排列。

(5)将库克距离排名前三名的观测点剔除，重新按照(2)的要求建立多元线性回归方程，并将回归结果与(2)的回归结果进行比较。

二、线性回归模型诊断上机步骤

(1)在数据窗口单击 Transform→Compute，打开 Compute Variable 对话框(如图 5—7 所示)。

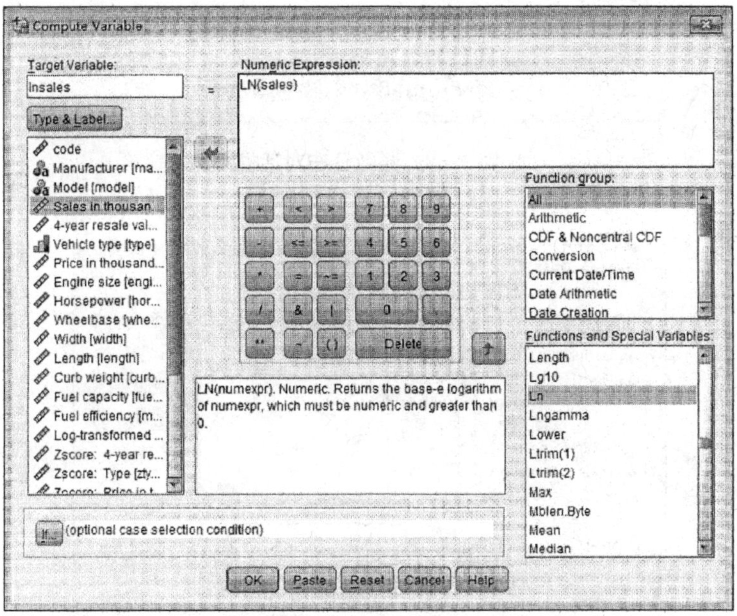

图 5—7　计算变量对话框

在对话框左上方 Target Variable 栏中键入即将生成的新变量的名称 lnsales。从右边的 Functions and Special Variables 列表中直接选取对数函数 Ln，单击向上箭头将其选入 Numeric Expression 栏中。对话框的左下栏中给出了数据文件中所有可用的变量列表，我们可以用右箭头按钮从中选取所需的变量 sales 进入右上方的 Numeric Expression 栏中。点击 OK 按钮，就可以在数据文件中看到已经生成了一个新变量"lnsales"。

(2)绘制 sales 和 lnsales 的频数分布图。

在数据窗口单击 Analyze→Descriptive→Frequencies，打开 Frequencies 对话框，左栏给出了数据文件中所有可用的变量列表，我们可以使用右箭头按钮从中分别选择 Sales 和 lnsales 进入到右方的 Variable(s)栏中。在自变量进入到 Variable(s)栏中之后，单击右边的 Charts 按钮，打开 Frequencies：Charts 对话框，选择 Histograms 并单击 Continue 按钮，回到 Frequencies 对话框之后，单击 OK 按钮，就可以在数据文件中看到已经生成的 Sales 和 lnsales 的频数分布图(如图 5—8 至图 5—12 所示)。

(3)将自变量标准化。

打开数据窗口，单击 Analyze→Descriptive→Descriptive，打开 Descriptive 对话框，将 Type 至 Mpg10 个变量拉入对话框，并勾选 show the standard value，点击 OK 即可。回到数据页面，就可以发现生产了 10 个 Ztype 至 Zmpg 新变量。

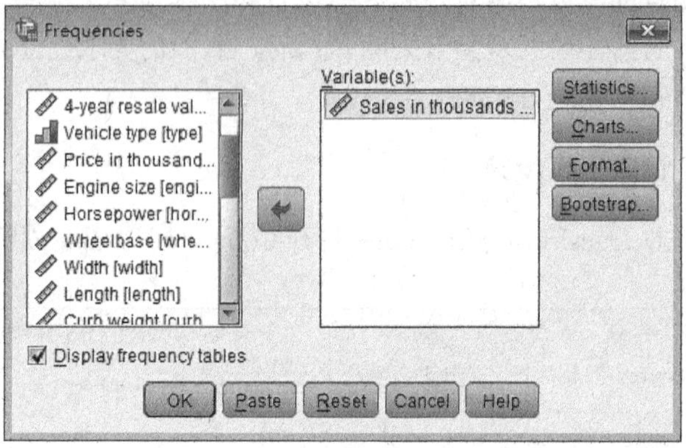

图 5－8　频数分布对话框

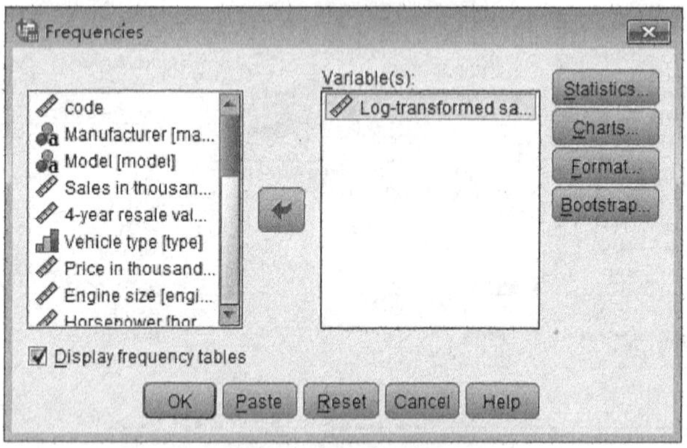

图 5－9　频数分布对话框

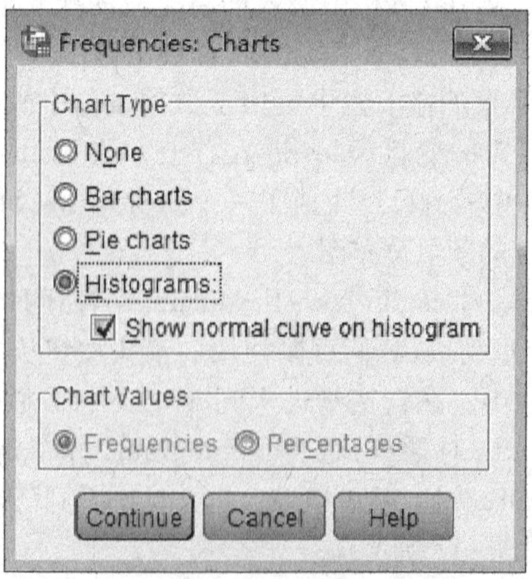

图 5－10　频数分布中的绘图对话框

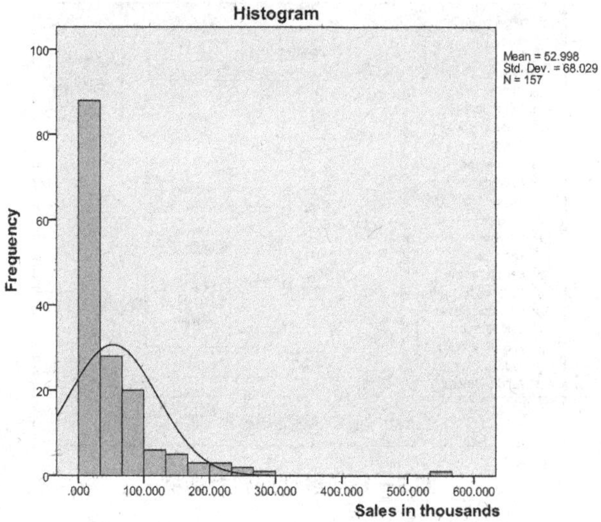

图 5—11　Sales 的频数分布图

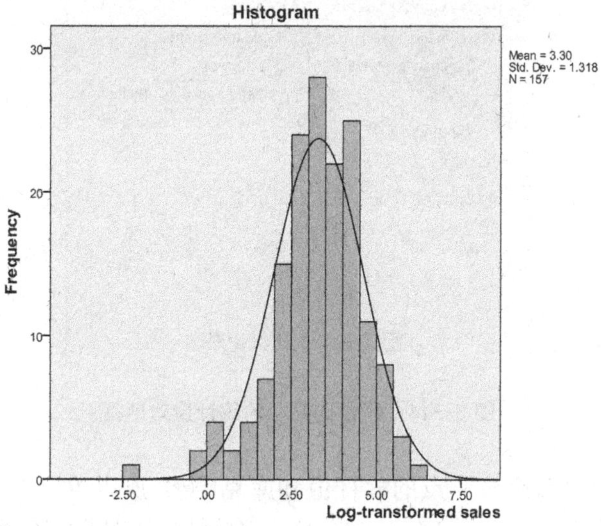

图 5—12　Lnsales 的频数分布图

(4)用逐步回归法建立多元线性回归方程。

SPSS 用逐步回归法建立多元回归方程步骤如下：

在数据窗口单击 Analyze→Regression→Linear，打开 Linear Regression 对话框(如图 5—13 所示)。

左栏给出了数据文件中所有可用的变量列表，可以使用右箭头按钮从中选择 Type 至 Mpg 这 10 个变量的标准化变量 Ztype 至 Zmpg 作为自变量，进入右方的 Independent(s)栏中；选择 lnsales 作为因变量，进入 Dependent 中，并在 Method 的下拉式菜单中选择 Stepwise。

(5)为进行多重共线性的回归，单击对话框右侧的 Statistics 按钮，打开 Linear Regression：Statistics 对话框，并选择 Collinearity diagnostics，单击 Continue 按钮，回到 Linear Regression 对话框(如图 5—14 所示)。

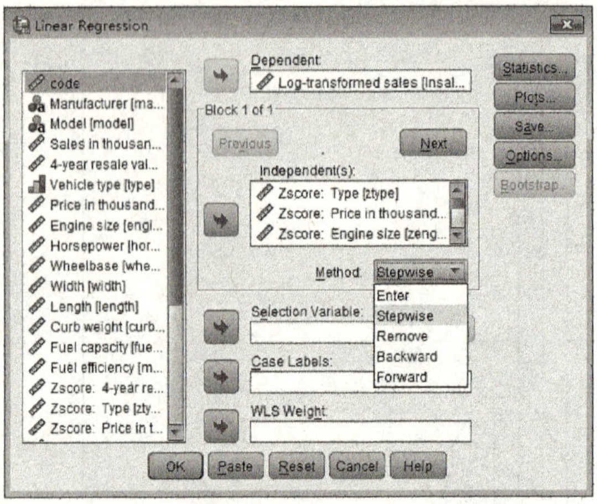

图 5－13　线性回归对话框

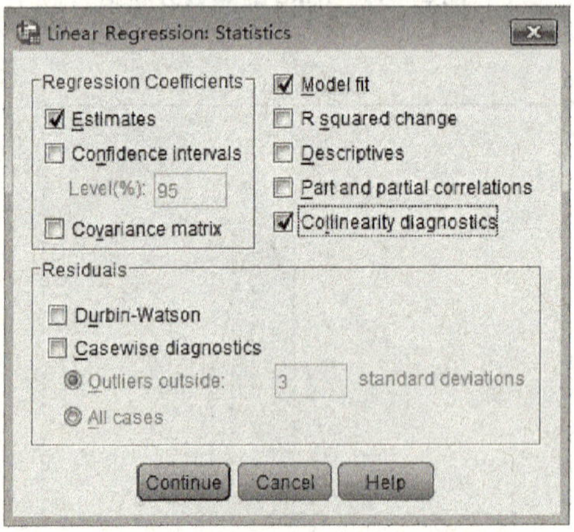

图 5－14　线性回归中的统计量对话框

(6)因为要同时计算每个观测点的杠杆值和库克距离，所以单击 Linear Regression 对话框右侧的 Save 按钮，打开 Linear Regression：Save 对话框(如图 5－15 所示)。选择 Distances 一栏中的 Cook's 和 Leverage values，再单击 Continue 按钮，回到 Linear Regression 对话框。

(7)回到 Linear Regression 对话框之后，单击 OK 按钮，除了产生回归分析结果，还可以在数据文件中看到两个新生成的变量 COO_1 和 LEV_1，分别表示每个个案的 Cook 距离和标杆值。具体分析结果如表 5－9、表 5－10、表 5－11、表 5－12 所示。

表 5－9　　模型汇总表[c]

Model	R	R Square	Adjusted R Square	Std.Error of the Estimate
1	.552[a]	.304	.300	1.11553
2	.655[b]	.430	.422	1.01357

a.Predictors：(Constant)，Zscore：Price in thousands

b.Predictors：(Constant)，Zscore：Price in thousands，Zscore：Wheelbase

c.Dependent Variable：Log-transformed sales

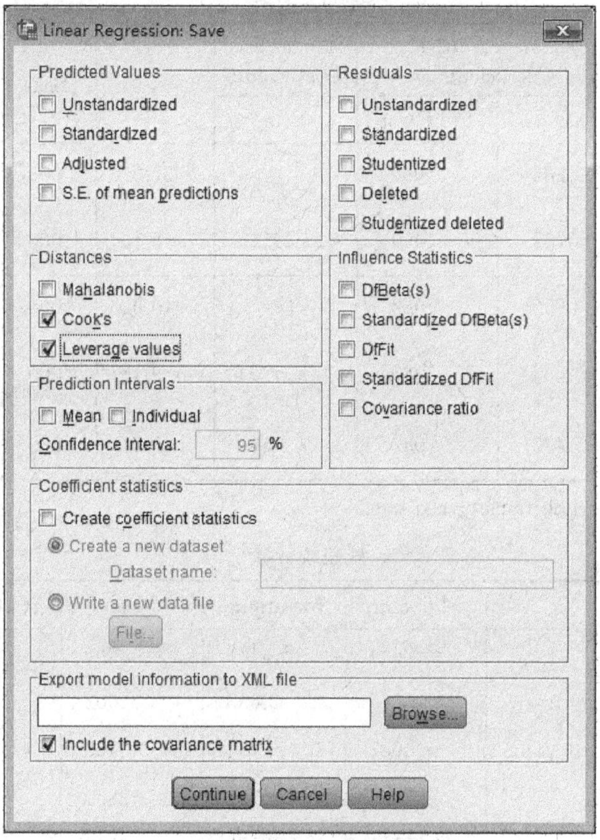

图 5—15 线性回归中的保存对话框

表 5—10 方差分析表[a]

Model		Sum of Squares	df	Mean Square	F	Sig.
1	Regression	81.720	1	81.720	65.670	.000[b]
	Residual	186.662	150	1.244		
	Total	268.383	151			
2	Regression	115.311	2	57.656	56.122	.000[c]
	Residual	153.072	149	1.027		
	Total	268.383	151			

a. Dependent Variable: Log-transformed sales

b. Predictors: (Constant), Zscore: Price in thousands

c. Predictors: (Constant), Zscore: Price in thousands, Zscore: Wheelbase

表 5—11 **回归系数表**[a]

Model		Unstandardized Coefficients		Standardized Coefficients	t	Sig.	Collinearity Statistics	
		B	Std.Error	Beta			Tolerance	VIF
1	(Constant)	3.286	.090		36.316	.000		
	Zscore:Price in thousands	−.732	.090	−.552	−8.104	.000	1.000	1.000
2	(Constant)	3.290	.082		40.020	.000		
	Zscore:Price in thousands	−.783	.083	−.590	−9.487	.000	.988	1.012
	Zscore:Wheelbase	.470	.082	.356	5.718	.000	.988	1.012

a.Dependent Variable:Log-transformed sales

表 5—12 **残差统计量**[a]

	Minimum	Maximum	Mean	Std.Deviation	N
Predicted Value	−.2454	5.6420	3.2905	.86851	155
Std.Predicted Value	−4.045	2.693	.002	.994	155
Standard Error of Predicted Value	.082	.354	.130	.057	155
Adjusted Predicted Value	−.4404	5.6721	3.2891	.87484	155
Residual	−4.97111	2.32778	.00513	.99815	155
Std.Residual	−4.905	2.297	.005	.985	155
Stud.Residual	−4.950	2.307	.006	.994	155
Deleted Residual	−5.06315	2.34888	.00658	1.01741	155
Stud.Deleted Residual	−5.397	2.341	.002	1.016	155
Mahal.Distance	.001	17.416	1.964	3.423	155
Cook's Distance	.000	.151	.006	.017	155
Centered Leverage Value	.000	.115	.013	.023	155

a.Dependent Variable:Log-transformed sales

表 5—12 报告了与残差有关的各类统计量的统计特征。

(8)在数据窗口单击 Graphs→Legacy Dislogs→Scatter/Dot，打开 Scatter/Dot 对话框（如图 5—16 所示）。

SPSS 提供了五种类型的散点图，选择 Simple Scatter，并单击 Define 按钮，打开 Simple Scatterplot 对话框（如图 5—17 所示）。为绘制杠杆值和库克距离的散点图，以汽车车型(Model)为标签，具体操作步骤如下：

①指定 Cook's Distance 为散点图的纵轴变量，选入 Y Axis 对话框中。

②指定 Centered Leverage Value 为散点图的横轴变量，选入 X Axis 对话框中。

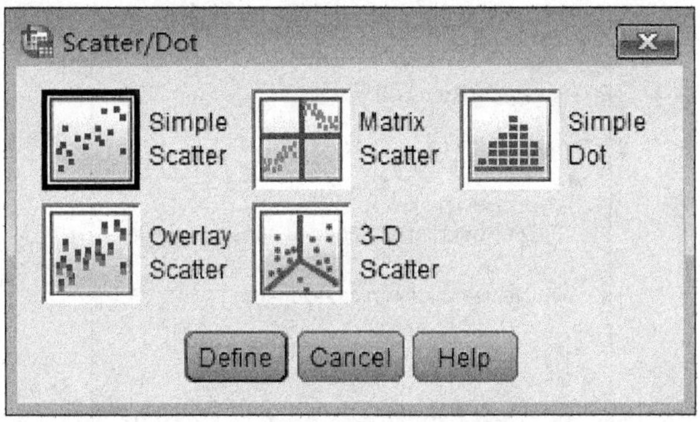

图 5—16　散点图对话框

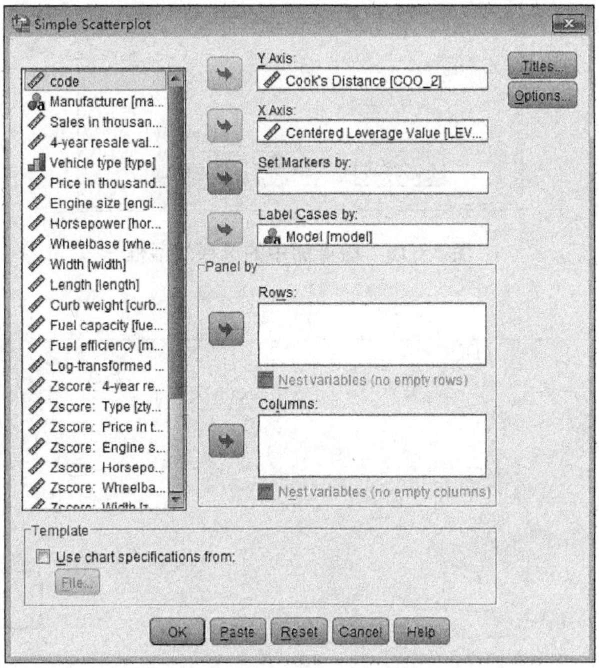

图 5—17　散点图对话框

③指定汽车车型(Model)为散点图的标签，选入 Label Cases by 对话框中，并单击对话框右边的 Options 按钮，选择 Display chart with case labels，然后单击 Continue 按钮，回到 Simple Scatterplot 对话框，单击 OK 即可。操作窗口如图 5—18 所示。

此时，就可以在数据文件中看到已经生成的杠杆值和库克距离的散点图(如图 5—19 所示)，并以汽车车型(Model)为标签。从散点图中我们可以看到，SL-class 的库克距离和杠杆值均较高，用方形将其标出。

(9)根据每个观测点的库克距离对观测数据进行降序排列。

在数据窗口中选择 Data→Sort Cases，打开 Sort Cases 对话框(如图 5—20 所示)。将 Cook's Distance 选入 Sort by 对话框中，在 Sort Order 中选择 Descending 对库克距离进行降序排列，单击 OK 按钮即可。数据视图如图 5—21 所示。

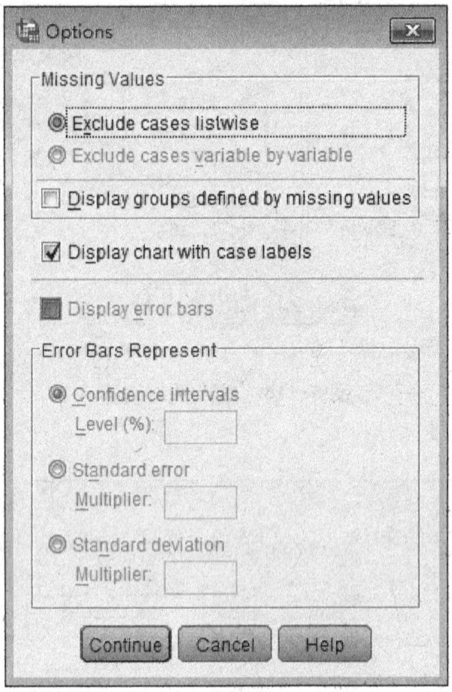

图 5－18　散点图中的选项对话框

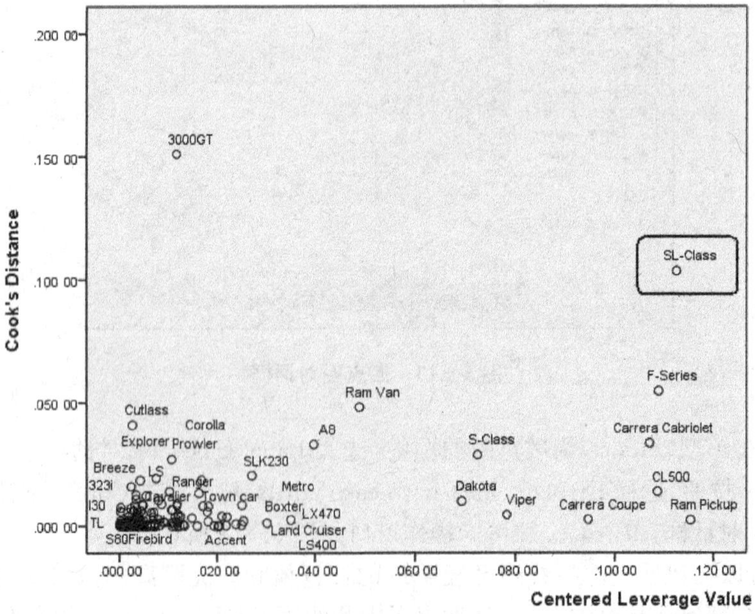

图 5－19　散点图

(10)将库克距离排名前三名的观测点剔除，重新按照(4)的要求建立多元线性回归方程，并将回归结果与(4)的回归结果进行比较。

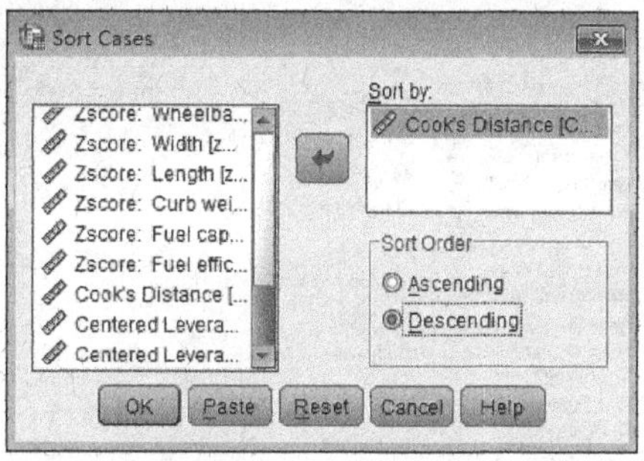

图 5－20　排序对话框

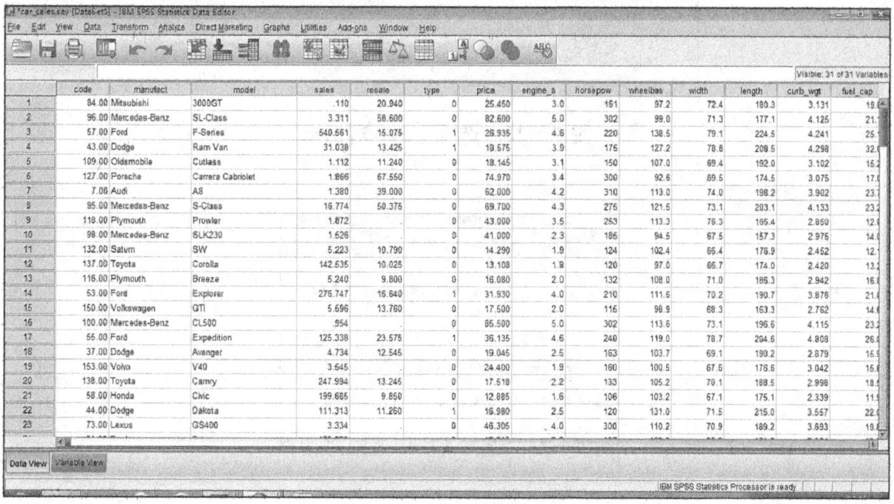

图 5－21　数据视图

在数据窗口中选择 Data→Select Cases，打开 Select Cases 对话框（如图 5－22 所示）。在对话框的 Select 一栏中，选择 Based on time or case range，并单击 Range 按钮，打开 Select cases：Range 对话框（如图 5－23 所示），在 First Case 和 Last Case 中分别输入 4 和 157，并单击 Continue 按钮，回到 Select Cases 对话框（如图 5－24 所示），单击 OK 即可。

在数据列表中可以看到，前三个观测点的数据被删除。

数据视图如图 5－25 所示。

由图 5－25 的数据视图可以看出，前三个观测点的数据被删除了。在此基础上建立多元线性回归方程，具体步骤如下：

在数据窗口单击 Analyze→Regression→Linear，打开 Linear Regression 对话框。对话框左栏给出了数据文件中所有可用的变量列表，可以使用右箭头按钮从中选择 Type 至 Mpg 这 10 个变量的标准化变量 Ztype 至 Zmpg 作为自变量，进入右方的 Independent(s)栏中；选择 lnsales 作为因变量进入 Dependent 中。在 Method 的下拉式菜单中选择 Stepwise，用逐步回归法进行多元线性回归。为进行多重共线性的回归，单击对话框右侧的 Statistics 按钮，打开 Linear Regression：Statistics 对话框，并选择 Collinearity diagnostics，单击 Continue 按钮，回到 Linear Regression 对话框。

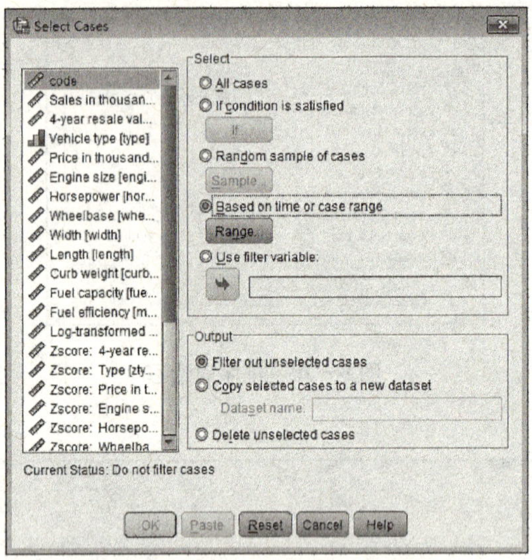

图 5－22　选择 Cases 对话框

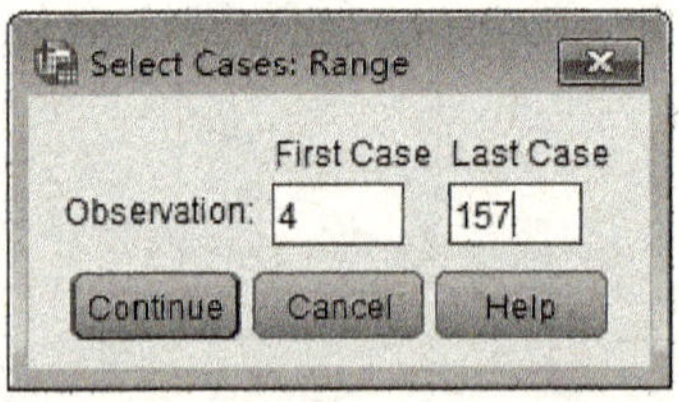

图 5－23　选择 Cases 范围对话框

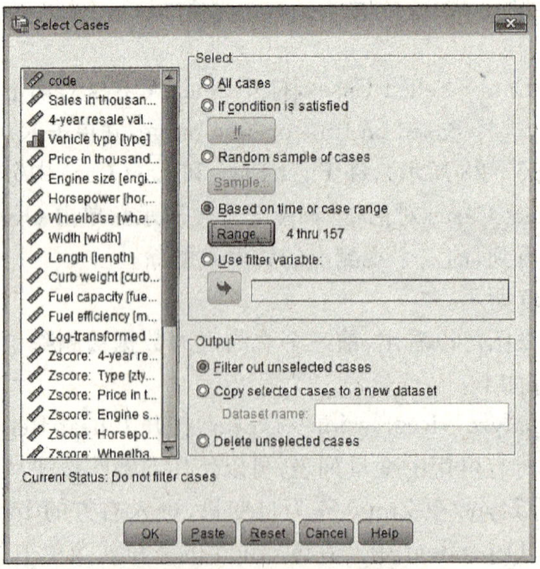

图 5－24　选择 Cases 对话框

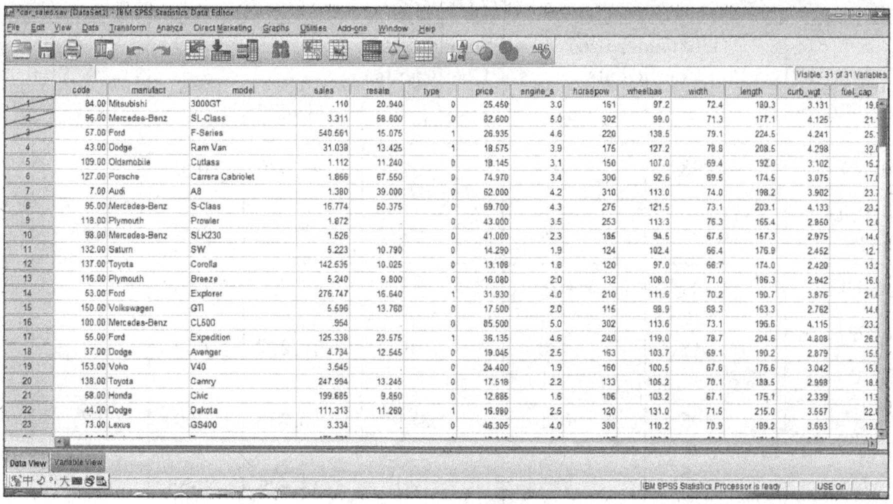

图 5—25 数据视图

因为要同时计算每个观测点的杠杆值和库克距离，所以单击 Linear Regression 对话框右侧的 Save 按钮，打开 Linear Regression：Save 对话框，并选择 Distance 一栏中的 Cook's 和 Leverage values，再单击 Continue 按钮，回到 Linear Regression 对话框，单击 OK 按钮，就可以在数据文件中看到已经生成的数据(如表 5—13、表 5—14、表 5—15 所示)。

表 5—13 方差分析表[a]

Model		Sum of Squares	df	Mean Square	F	Sig.
1	Regression	78.786	1	78.786	79.407	.000[b]
	Residual	145.850	147	.992		
	Total	224.636	148			
2	Regression	100.362	2	50.181	58.954	.000[c]
	Residual	124.274	146	.851		
	Total	224.636	148			
3	Regression	104.197	3	34.732	41.815	.000[d]
	Residual	120.439	145	.831		
	Total	224.636	148			

a. Dependent Variable: Log-transformed sales

b. Predictors: (Constant), Zscore: Price in thousands

c. Predictors: (Constant), Zscore: Price in thousands, Zscore: Wheelbase

d. Predictors: (Constant), Zscore: Price in thousands, Zscore: Wheelbase, Zscore: Engine size

表 5－14　　　　**回归系数表**[a]

Model		Unstandardized Coefficients		Standardized Coefficients	t	Sig.	Collinearity Statistics	
		B	Std.Error	Beta			Tolerance	VIF
1	(Constant)	3.298	.082		40.396	.000		
	Zscore: Price in thousands	−.757	.085	−.592	−8.911	.000	1.000	1.000
2	(Constant)	3.304	.076		43.694	.000		
	Zscore: Price in thousands	−.818	.080	−.640	−10.277	.000	.977	1.024
	Zscore: Wheelbase	.405	.081	.314	5.035	.000	.977	1.024
3	(Constant)	3.306	.075		44.254	.000		
	Zscore: Price in thousands	−.955	.101	−.747	−9.432	.000	.589	1.698
	Zscore: Wheelbase	.305	.092	.236	3.314	.001	.728	1.374
	Zscore: Engine size	.238	.111	.193	2.149	.033	.460	2.173

a. Dependent Variable: Log-transformed sales

从表 5－14 可知，与(4)的回归相比，在剔除三个高标杆点后，逐步回归法引入了一个新的解释变量 Engine size。

表 5－15　　　　**残差统计量**[a]

	Minimum	Maximum	Mean	Std.Deviation	N
Predicted Value	−.3786	5.5696	3.3211	.83350	152
Std.Predicted Value	−4.408	2.681	.002	.993	152
Standard Error of Predicted Value	.075	.497	.136	.060	152
Adjusted Predicted Value	−.5440	5.5948	3.3227	.83411	152
Residual	−3.80515	2.24033	.00485	.89495	152
Std.Residual	−4.175	2.458	.005	.982	152
Stud.Residual	−4.201	2.475	.005	.995	152
Deleted Residual	−3.85289	2.27035	.00326	.92070	152
Stud.Deleted Residual	−4.467	2.520	.002	1.008	152
Mahal.Distance	.015	42.976	2.949	4.914	152
Cook's Distance	.000	.284	.007	.025	152
Centered Leverage Value	.000	.290	.020	.033	152

a. Dependent Variable: Log-transformed sales

第六章

中介效应和调节效应检验

第一节　中介效应检验概述

中介效应是指变量间的影响关系（$X \rightarrow Y$）不是直接的因果链关系，而是通过一个或一个以上中间变量（M）的间接影响产生的，此时我们称 M 为中介变量，而 X 通过 M 对 Y 产生的间接影响称为中介效应。

在市场调查研究中，很多营销变量可能要通过中介变量（心理变量）对营销结果产生影响，为了探究这种影响机制，研究者就需要借助中介效应检验的技术。

以最简单的三变量为例，假设所有的变量都已经中心化，则中介关系可以用下面3个回归方程表示：

$$Y = cx + e_1 \tag{6-1}$$

$$M = ax + e_2 \tag{6-2}$$

$$Y = c'x + bM + e_3 \tag{6-3}$$

上述3个方程模型如图6－1所示。

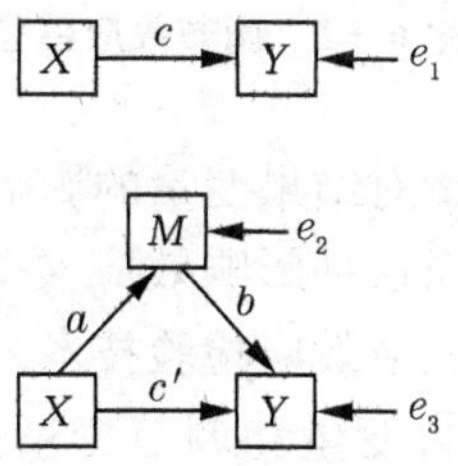

图6－1　中介效应模型

中介效应的检验传统上有三种方法，分别是分步回归法、系数乘积项检验法和系数差异检验法。实际应用中主要用前两种方法，下面简要介绍这两种方法：

一、分步回归法（Causual Steps）

分步回归法分别检验上述3个方程中的回归系数，程序如下：

第一步，检验方程（6－1）$y = cx + e_1$，如果 c 显著（$H_0: c = 0$ 被拒绝），则继续检验方程（6－2）；如果 c 不显著（说明 X 对 Y 无影响），则停止中介效应检验。

第二步，在 c 显著性检验通过后，继续检验方程（6－2）$M = ax + e_2$，如果 a 显著（$H_0: a = 0$ 被拒绝），则继续检验方程（6－3）；如果 a 不显著，则停止检验。

第三步，在方程(6－1)和(6－2)都通过显著性检验后，检验方程(6－3)即 $y=c'x+bM+e_3$，检验 b 的显著性，若 b 显著(H_0:$b=0$ 被拒绝)，则说明中介效应显著。此时检验 c'，若 c' 显著，则说明是部分中介效应；若不显著，则说明是完全中介效应，x 对 y 的作用完全通过 M 来实现。

分步回归法对于较弱的中介效应检验效果不理想，如 a 较小而 b 较大时，分步回归检验判定为中介效应不显著，但是此时 ab 乘积不等于 0，因此，分步回归法的结果容易犯第二类错误(接受虚无假设即作出中介效应不存在的判断)。

二、系数乘积项检验法(Products of Coefficients)

此种方法主要检验 ab 乘积项的系数是否显著，检验统计量为 $z=ab/s_{ab}$，分母 s_{ab} 的计算公式为：$s_{ab}=\sqrt{a^2s_b^2+b^2s_a^2}$，在这个公式中，$s_b{}^2$ 和 $s_a{}^2$ 分别为 a 和 b 的标准误，这个检验称为 sobel 检验。

第二节　调节效应检验概述

如果变量 Y 与变量 X 的关系是变量 M 的函数，称 M 为调节变量。就是说，Y 与 X 的关系受到第三个变量 M 的影响，这种有调节变量的模型如图 6－2 所示。调节变量可以是定性的(如性别等)，也可以是定量的(如年龄、受教育年数、刺激次数等)，它影响因变量和自变量之间关系的方向(正或负)和强弱。

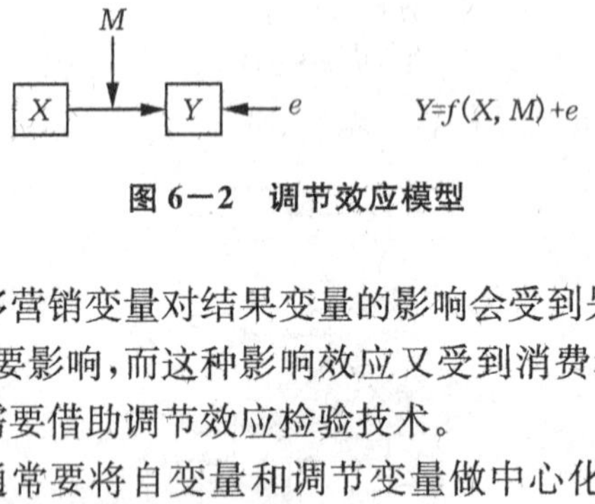

图 6－2　调节效应模型

在市场调查研究中，很多营销变量对结果变量的影响会受到另一个变量的影响。例如，产品价格对产品感知质量有重要影响，而这种影响效应又受到消费者产品知识的影响。为了探究这种影响关系，研究者就需要借助调节效应检验技术。

在做调节效应分析时，通常要将自变量和调节变量做中心化变换(即变量减去其均值)。本文主要考虑最简单、最常用的调节模型，即假设 Y 与 X 有如下关系：

$$\boldsymbol{Y=aX+bM+cXM+e} \tag{6－4}$$

可以把上式重新写成：

$$\boldsymbol{Y=bM+(a+cM)X+e} \tag{6－5}$$

对于固定的 M，这是 Y 对 X 的直线回归。Y 与 X 的关系由回归系数 $a+cM$ 来刻画，它是 M 的线性函数，c 衡量了调节效应(Moderating Effect)的大小。

调节效应分析和交互效应分析大同小异。调节效应是交互效应的一种，是有因果指向的交互效应，而单纯的交互效应可以互为因果关系。如果模型中所涉及的变量(因变量、自变量和调节变量)都是可以直接观测的显变量(Observable Variable)，则可以直接用 SPSS 软件中的方差分析或回归分析来检验调节效应；如果模型中所涉及的变量中至少有一个是潜变量(Latent Variable)，则需要用 AMOS、LISREL 等结构方程模型软件进行调节效应检验。本书只介绍显变量的调节效应分析方法。

根据变量的尺度，可将变量分为两类：一类是类别变量(Categorical Variable)，包括定类和定序变量；另一类是连续变量(Continuous Variable)，包括定距和定比变量。定序变量的取值比较多且间隔比较均匀时，也可以近似地作为连续变量处理。表6－1分类列出了显变量调节效应分析方法。

表6－1　显变量的调节效应检验方法

调节变量(M)	自变量(X)	
	类　别	连　续
类别	两因素有交互项的方差分析，交互项的 F 检验显著，即表明有调节效应	按 M 的取值分组，分组分别做 Y 对 X 的回归。若回归系数的差异显著，则调节效应显著
连续	自变量使用虚拟变量，将自变量和调节变量中心化，做 $Y=aX+bM+cXM+e$ 的层次回归分析： (1)做 Y 对 X 和 M 的回归，得判定系数 R_1^2 (2)做 Y 对 X、M 和 XM 的回归，得 R_2^2，若 R_2^2 显著高于 R_1^2，则调节效应显著。或者，做 XM 的回归系数检验，若显著，则调节效应显著	将自变量和调节变量中心化，做 $Y=aX+bM+cXM+e$ 的层次回归分析(同左)。 除了考虑交互效应项 XM 外，还可以考虑高阶交互效应项(如 XM^2，表示非线性调节效应)

当自变量和调节变量都是类别变量时，做方差分析。当自变量和调节变量都是连续变量时，用带有乘积项的回归模型，做层次回归分析：(1)做 Y 对 X 和 M 的回归，得测定系数 R_1^2。(2)做 Y 对 X、M 和 XM 的回归，得 R_2^2，若 R_2^2 显著高于 R_1^2，则调节效应显著；或者，做 XM 的偏回归系数检验，若显著，则调节效应显著。

当调节变量是类别变量、自变量是连续变量时，做分组回归分析。但当自变量是类别变量、调节变量是连续变量时，不能做分组回归，而是将自变量重新编码成为虚拟变量(Dummy Variable)，用带有乘积项的回归模型，做层次回归分析。

需要说明的是，除非已知 X 和 M 不相关(即相关系数为零)，否则调节效应模型不能看标准化解。这是因为，即使 X 和 M 的均值都是零，XM 的均值一般说来也不是零。

第三节　中介效应和调节效应检验上机实验

一、上机数据说明与上机目标

某国产品牌服装公司为了了解服装品牌体验店的服务质量、品牌体验与品牌忠诚的关系，同时了解品牌约定在品牌体验与品牌忠诚关系中的调节作用，借用文献中的研究量表，设计了如下测量服装品牌体验店的服务质量、品牌体验、品牌忠诚和品牌约定的问卷，并收集了186份问卷数据。

服装品牌体验店服务质量调查问卷

尊敬的女士/先生：

您好！我们正在做一份关于服装品牌的调查研究。请您抽出宝贵的2分钟填写这份调查问卷，在您认为合适的数字上打“√”即可。您的回答将成为我们研究的重要依据。您的资料仅供学术研究所用，将予以严格保密。衷心感谢您的支持与合作！

第一部分　您的基本资料

1.您的性别：□男　□女

2.您的年龄是：

□18～25岁　□26～30岁　□31～40岁　□40岁以上

3.您的教育程度：

□初中及以下　□高中/中专/技校　□大专　□本科　□硕士及以上

4.您的职业：

□国企员工　□外企员工　□民营企业员工　□公务员　□教师

□医务人员　□个体经营者　□学生　□离退休人员　□其他

5.您目前的年薪：

□3万元以下　□3～6万元　□6～10万元　□10～20万元　□20万元以上

请根据您所选择的服装品牌，回答下面问题：

6.过去一年，下面哪些服装品牌是您曾经购买过的？

□马克华菲　□欧时力　□地素　□伊华欧秀

□播牌　其他______

7.您购买次数最多的品牌是(单选)？

□马克华菲　□欧时力　□地素　□伊华欧秀

□播牌　其他______

8.到目前为止，您每个季度购买此品牌大概共有几次？

□0次　□1次　□2～3次　□4次或以上

第二部分　服务质量

请您根据自己最近在该品牌店所体验的感受，对服务质量的各方面进行评价。

		完全不同意	比较不同意	基本不同意	无明显的同意或不同意	基本同意	比较同意	完全同意
互动质量		1	2	3	4	5	6	7
1	我在该品牌体验店购物时，店员总是微笑服务							
2	当我遇到问题时，店员能够提供真诚的关心和帮助							
3	店员有足够的耐心和热情(如我多次看、翻、试衣等)							
4	店员的行为表明他们能很好地了解我个人的着装风格和习惯							
5	店员对我的需求做出快速响应							
6	店员有充分的专业知识并提供建议(如服装搭配、审美眼光)							
7	当我询问价格、材质等问题时，店员能及时并很好地解答							
环境质量								
8	该品牌体验店的门面装潢设计风格很有特色							
9	提供足够的、便利的服务设施(如试衣间、休息区等)							

续表

		完全不同意	比较不同意	基本不同意	无明显的同意或不同意	基本同意	比较同意	完全同意
10	良好的店铺氛围(如音乐、灯光等)							
11	店铺空间合适,不会过度拥挤							
12	店铺服饰的陈列、展示很有特色							
13	店铺的地理位置很便利							
14	其他顾客并不能影响我对店铺服务的正面评价							
15	店员明白其他顾客会影响我对他们服务的评价							
16	该品牌店的其他顾客并不影响其向我提供服务的能力							
结果质量								
17	该店能够根据顾客的需求提供个性化服务(如修改裤长短、个性化定制等)							
18	该店能根据顾客的需求举办真实、可靠的打折或促销活动							
19	该店的营业时间很合理							
20	该店总在努力缩短顾客购物付款的时间							
21	该店服装种类齐全、货源充足(如型号、款式、颜色等)							
22	该店提供销售与品牌风格一致的饰品(如鞋帽、腰带等)							
23	我喜欢在该品牌店内购物							

第三部分　品牌店的体验

请您根据自己最近在该品牌店所体验的感受,对品牌店体验的各方面进行评价。

		完全不同意	比较不同意	基本不同意	无明显的同意或不同意	基本同意	比较同意	完全同意
美感体验		1	2	3	4	5	6	7
1	该品牌体验店的内部装饰很漂亮							
2	广告很吸引人							
3	店员着装整洁、得体							

续表

		完全不同意	比较不同意	基本不同意	无明显的同意或不同意	基本同意	比较同意	完全同意
4	进入店铺，我有耳目一新的感觉							
5	对我产生视觉和听觉的吸引							
6	某些创意使我感到惊奇							
7	具备感官上的魅力							
沉浸体验								
8	进入该品牌体验店使我有一种心情愉悦的感受							
9	在该店购物使我仿佛置身于另一个世界							
10	在该店购物能够暂时使我忘记一切烦恼							
11	让我享受到购物的乐趣							
12	在该店购物让我忘记了时间							
13	在该店花费了比预计更多的时间							
14	在该店购物值得回忆							
社区关系体验								
15	该品牌体验店使我感受品牌对消费者的友好							
16	该店的特色与我的价值取向是一致的							
17	该店提供了一个我与他人分享潮流资讯、交流互动的机会							
18	我认为购买该品牌服装的顾客和我属于一类人							
19	这个品牌的内涵和我的个性是一致的							

第四部分　品牌约定

以下是有关您个人与品牌关系的表述，请根据您的实际感受回答。

		完全不同意	比较不同意	基本不同意	无明显的同意或不同意	基本同意	比较同意	完全同意
美感体验		1	2	3	4	5	6	7
1	我对喜爱的品牌一向情有独钟							

续表

		完全不同意	比较不同意	基本不同意	无明显的同意或不同意	基本同意	比较同意	完全同意
2	我把喜爱的品牌看作是我的一部分							
3	我常感觉与品牌有一种个人关系							
4	我的一部分生活与重要品牌有关							
5	我感觉与最喜爱的品牌有一种非常亲密的关系							
6	我能与重要品牌产生共鸣							
7	我喜爱的品牌象征了现在的我							

第五部分　品牌忠诚

请您对品牌忠诚的各方面进行评价。

		完全不同意	比较不同意	基本不同意	无明显的同意或不同意	基本同意	比较同意	完全同意
		1	2	3	4	5	6	7
1	我会把该品牌服装作为购买的首选							
2	下次购买服饰，我还会继续选择该品牌体验店							
3	我会推荐亲朋好友到此品牌体验店来购物							
4	我会向他人宣传该品牌服装的优点							

问卷结束，再次由衷感谢您的作答！

敬祝　健康愉快！

上机目标：掌握中介效应检验和调节效应检验的方法。

上机实验要求：

(1)根据调查所得原始数据，计算每个变量的中心化变量。

(2)检验品牌体验在服务质量对品牌忠诚影响关系中的中介效应。

(3)检验品牌约定在品牌体验对品牌忠诚影响关系中的调节效应。

二、变量中心化上机步骤

(1)打开 medmod.sav 数据文件。

我们以品牌约定(变量名 besc)为例,说明如何对变量进行中心化,其他变量的中心化方式与此相同。

在数据窗口单击 Data→Aggregate,打开汇总数据(Aggregate Data)对话框(如图 6—3 所示)。

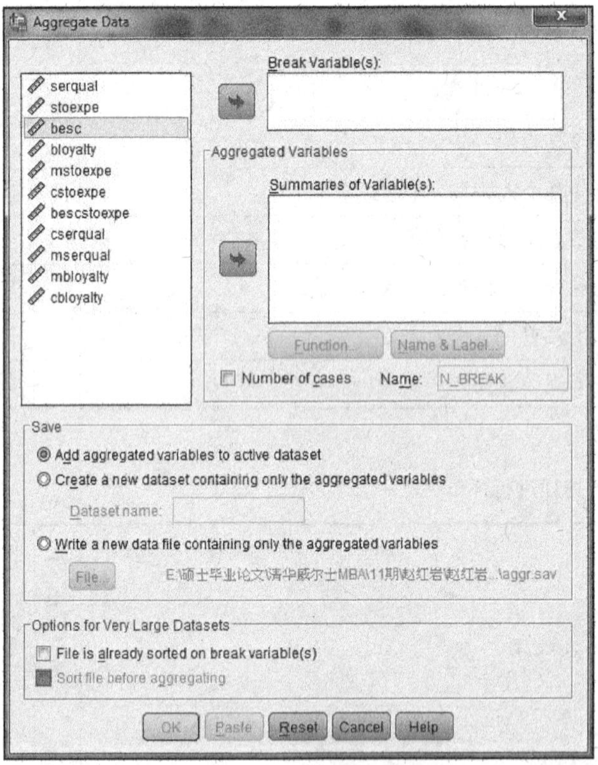

图 6—3 汇总数据对话框

(2)在左边的变量列表中选中变量 besc,通过向右的箭头将其选入右边的 Summaries of Variable(s)框中(如图 6—4 所示)。

(3)图 6—4 中,SPSS 软件默认是计算变量 besc 的均值,均值变量名为 besc_mean,由于我们要计算的变量就是 besc 的均值,因此不再改动。点击 OK 按钮,就可以得到一个 besc 的均值变量,从数据文件的数据视图和变量视图中可以看到这个新产生的变量。

在数据窗口单击 Transform→Compute Variable,打开计算变量(Compute Variable)对话框(如图 6—5 所示)。

(4)在 Target Variable 框中输入目标变量,即 besc 的中心化变量 cbesc,在 Numeric Expression 框中输入计算式,即 besc-besc_mean(如图 6—6 所示)。

(5)点击 OK 按钮,就可以得到一个 besc 的中心化变量 cbesc。

根据同样的步骤,我们可以得到其余三个中心化变量:cserqual,cstoexpe,cbloyalty。

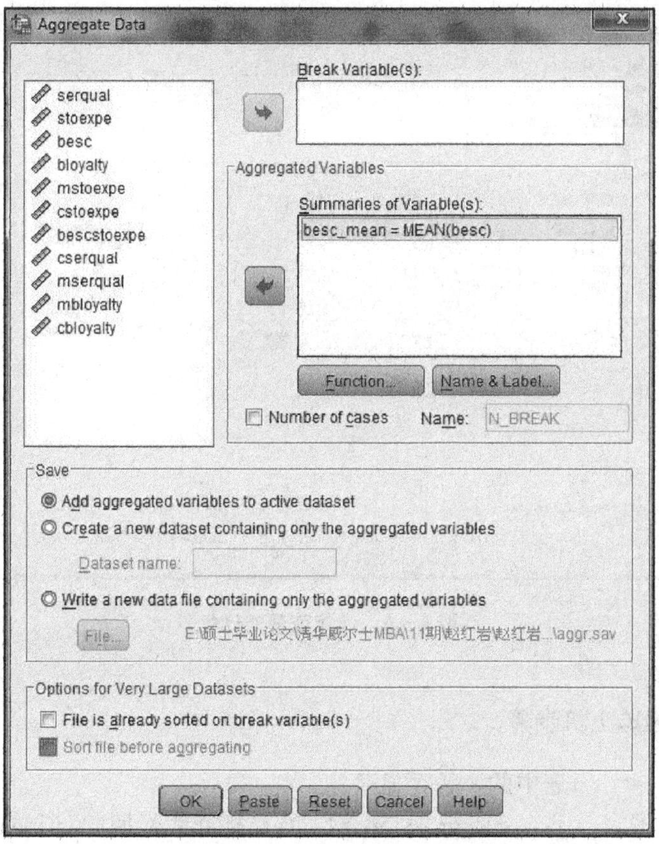

图 6—4　汇总数据对话框

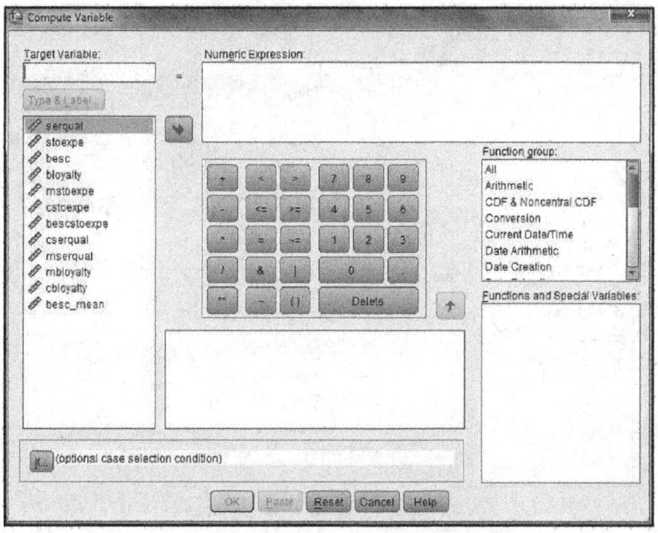

图 6—5　计算变量对话框

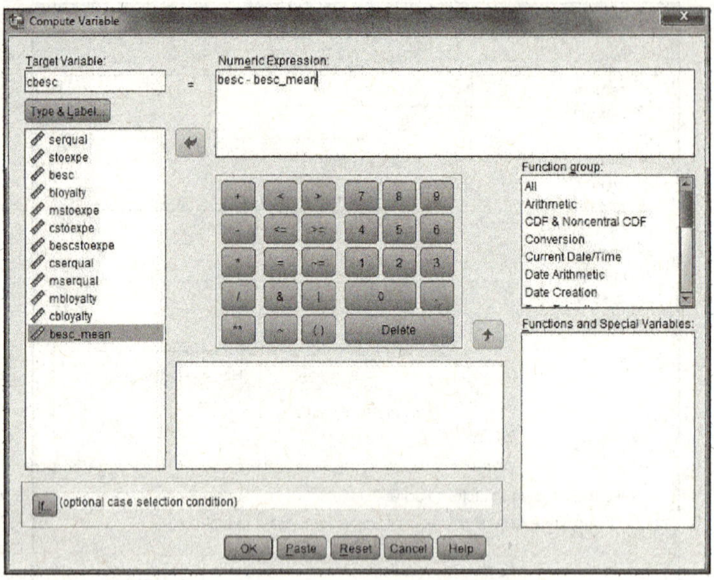

图 6—6　计算变量对话框

三、中介效应检验上机步骤

(1)检验方程 $y=cx+e$ 中的 c 是否显著。

在数据窗口单击 Analysis→Regression→Linear，打开线性回归(Linear Regression)对话框，在 Dependent 栏中选入 cbloyalty 作为因变量，在 Independent(s)栏中选入 cserqual 作为自变量(如图 6—7 所示)。

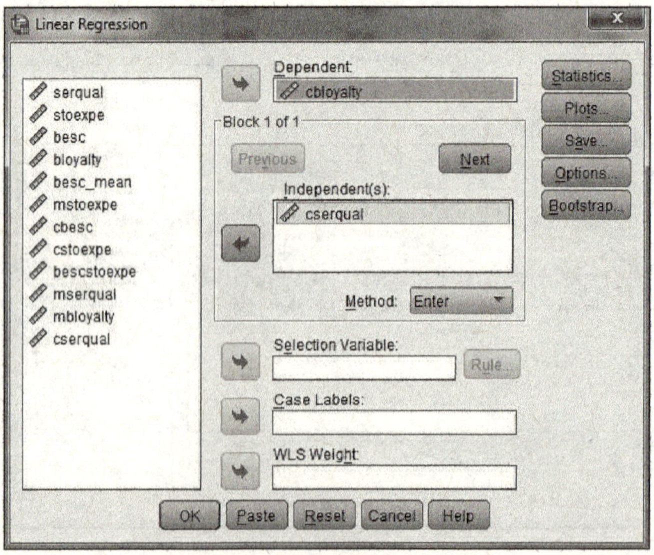

图 6—7　线性回归对话框

点击 OK 按钮，就可以得到回归结果，如表 6—2、表 6—3、表 6—4 所示。

表 6—2　　模型汇总表

Model	R	R Square	Adjusted R Square	Std.Error of the Estimate
1	.269[a]	.072	.067	.415 92

a.Predictors:(Constant), cserqual

表 6—3　　方差分析表[a]

Model		Sum of Squares	df	Mean Square	F	Sig.
1	Regression	2.479	1	2.479	14.333	.000[b]
	Residual	31.830	184	.173		
	Total	34.309	185			

a.Dependent Variable:cbloyalty

b.Predictors:(Constant), cserqual

表 6—4　　回归系数表[a]

Model		Unstandardized Coefficients		Standardized Coefficients	t	Sig.
		B	Std.Error	Beta		
1	(Constant)	−1.002E−015	.030		.000	1.000
	cserqual	.308	.081	.269	3.786	.000

a.Dependent Variable:cbloyalty

从以上三表可知,服务质量(serqual)对品牌忠诚(bloyalty)的影响是显著为正的。

(2)检验方程 $m=ax+e$ 中的 a 是否显著。

在数据窗口单击 Analysis→Regression→Linear,打开线性回归对话框,在 Dependent 栏中选入 cstoexpe 作为因变量,在 Independent(s)栏中选入 cserqual 作为自变量(如图 6—8 所示)。

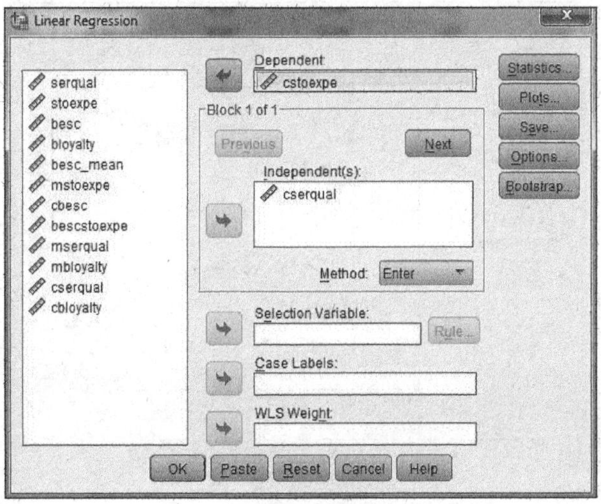

图 6—8　线性回归对话框

点击 OK 按钮,就可以得到回归结果,如表 6—5、表 6—6、表 6—7 所示。

表 6—5 模型汇总表

Model	R	R Square	Adjusted R Square	Std.Error of the Estimate
1	.669[a]	.448	.445	.267 36

a.Predictors:(Constant), cserqual

表 6—6 方差分析表[a]

Model		Sum of Squares	df	Mean Square	F	Sig.
	Regression	10.677	1	10.677	149.371	.000[b]
1	Residual	13.153	184	.071		
	Total	23.830	185			

a.Dependent Variable:cstoexpe

b.Predictors:(Constant), cserqual

表 6—7 回归系数表[a]

Model		Unstandardized Coefficients		Standardized Coefficients	t	Sig.
		B	Std.Error	Beta		
1	(Constant)	−2.422E−015	.020		.000	1.000
	cserqual	.639	.052	.669	12.222	.000

a.Dependent Variable:cstoexpe

从以上三表可知,服务质量(serqual)对品牌体验(stoexpe)的影响是显著为正的。

(3)继续进行方程 $y=c'x+bm+e$ 的检验。

在数据窗口单击 Analysis→Regression→Linear,打开线性回归对话框,在 Dependent 栏中选入 cbloyalty 作为因变量,在 Independent(s)栏中选入 cserqual 和 cstoexpe 作为自变量(如图 6—9 所示)。

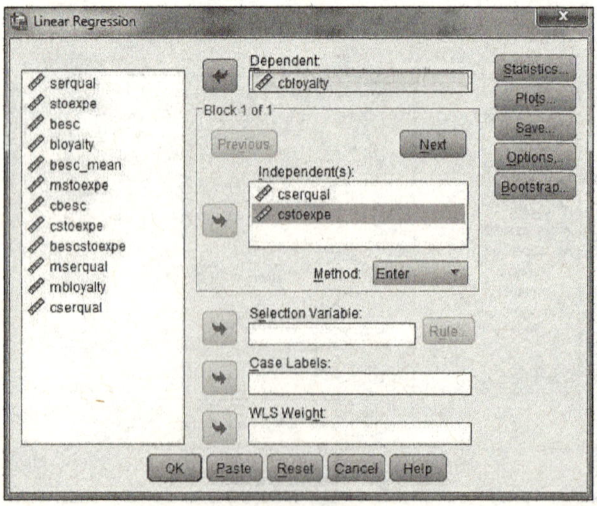

图 6—9 线性回归对话框

点击 OK 按钮,就可以得到回归结果,如表 6—8、表 6—9、表 6—10 所示。

表 6—8 **模型汇总表**

Model	R	R Square	Adjusted R Square	Std.Error of the Estimate
1	.401[a]	.160	.151	.39673

a.Predictors:(Constant), cstoexpe, cserqual

表 6—9 **方差分析表[a]**

Model		Sum of Squares	df	Mean Square	F	Sig.
1	Regression	5.506	2	2.753	17.490	.000[b]
	Residual	28.804	183	.157		
	Total	34.309	185			

a.Dependent Variable: cbloyalty

b.Predictors:(Constant), cstoexpe, cserqual

表 6—10 **回归系数表[a]**

Model		Unstandardized Coefficients		Standardized Coefficients	t	Sig.
		B	Std.Error	Beta		
1	(Constant)	1.593E−016	.029		.000	1.000
	cserqual	.001	.104	.001	.014	.989
	cstoexpe	.480	.109	.400	4.385	.000

a.Dependent Variable: cbloyalty

从以上三表可知,当在方程中同时引入服务质量(serqual)和品牌体验(stoexpe)时,服务质量对品牌忠诚(bloyalty)的影响不再显著,此时品牌体验对品牌忠诚的影响仍然显著为正,这表明品牌体验是服务质量对品牌忠诚影响关系中的完全中介变量。

SPSS 软件无法直接进行中介效应的 Sobel 检验。但幸运的是,Preache 和 Hayes(2004)设计了一个脚本程序,可以方便地进行 Sobel 检验。在数据文件打开的前提下,双击打开脚本文件 sobel.sbs(如图 6—10 所示)。

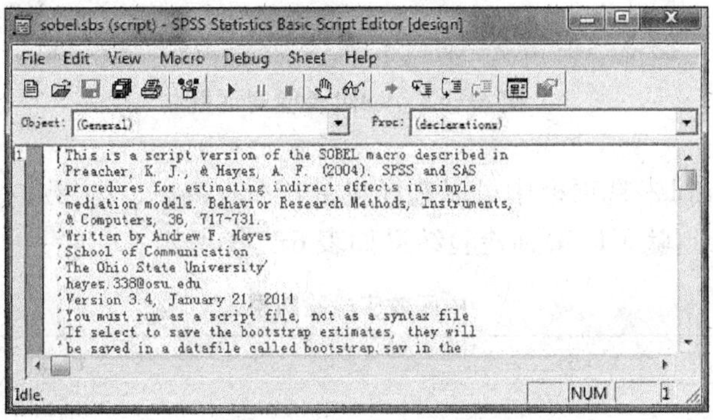

图 6—10 Sobel 检验脚本程序

单击图中的三角形按钮,执行该脚本程序,出现对话框(如图 6—11 所示)。

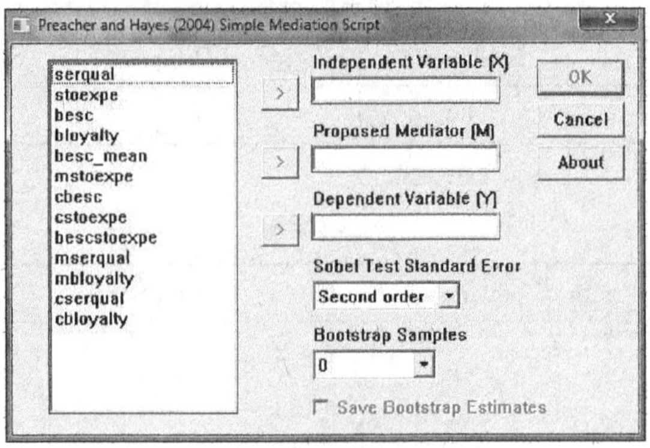

图 6—11　Sobel 检验对话框

将左边变量列表中的 cserqual 通过向右箭头移至 Independent Variable(X)框中，将 cstoexpe 通过向右箭头移至 Proposed Mediator(M)框中，将 cbloyalty 通过向右箭头移至 Dependent Variable(Y)框中。

在检验中介效应强度的另一个统计量中，$z=ab/s_{ab}$，分母 s_{ab} 的计算公式为：

$$s_{ab}=\sqrt{a^2s_b^2+b^2s_a^2+s_a^2s_b^2} \qquad (6-6)$$

从统计学原理可知，$s_a^2s_b^2$ 的值随着样本容量增大而呈几何平方值减小，几乎可以忽略不计算，因此 MacKinnon et al.(1998)认为，$s_a^2s_b^2$ 乘积项在样本容量较大时是可以忽略不计的，所以我们在 Sobel Test Standard Error 的下拉框中选择“First order”(如图 6—12 所示)。

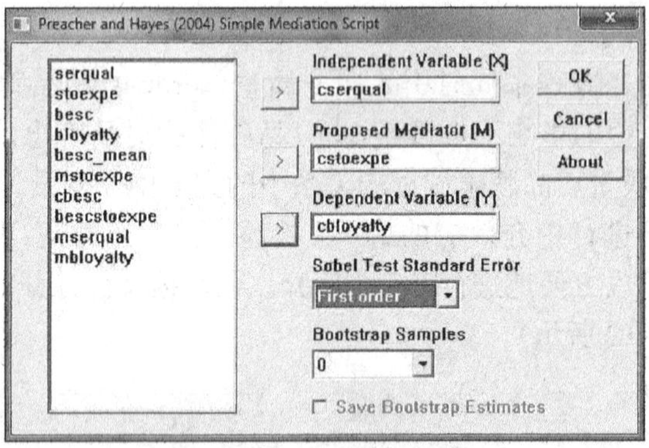

图 6—12　Sobel 检验对话框

在 Bootstrap Samples 选项框中可以选择自抽样(bootstrap)次数，本例中不做自抽样，默认为 0。点击 OK 按钮，就可以得到检验结果如表 6—11 所示。

表 6—11　　中间效应检验结果

	Coeff	s.e.	t	Sig(two)
b(YX)	.3079	.0813	3.7858	.0002
b(MX)	.6390	.0523	12.2218	.0000
b(YM.X)	.4797	.1094	4.3848	.0000
b(YX.M)	.0014	.1044	.0135	.9892

续表

	Coeff	s.e.	t	Sig(two)		
INDIRECT EFFECT And SIGNIFICANCE USING NORMAL DISTRIBUTION						
	Value	s.e.	LL 95 CI	UL 95 CI	Z	Sig(two)
Effect	.3065	.0743	.1610	.4521	4.1273	.0000

从表 6－11 可知，间接效应的系数是 0.306 5（$=ab=0.639\ 0\times0.479\ 7$）对应的 sobel 检验值为 4.127 3（$p=0.000\ 0$），表明间接效应是显著的，进一步验证了中介效应。

四、调节效应检验上机步骤

在数据窗口单击 Analysis→Regression→Linear，打开线性回归对话框，在 Dependent 栏中选入 cbloyalty 作为因变量，在 Independent(s)栏中选入 cstoexpe 和 cbesc 作为自变量（如图 6－13 所示）。

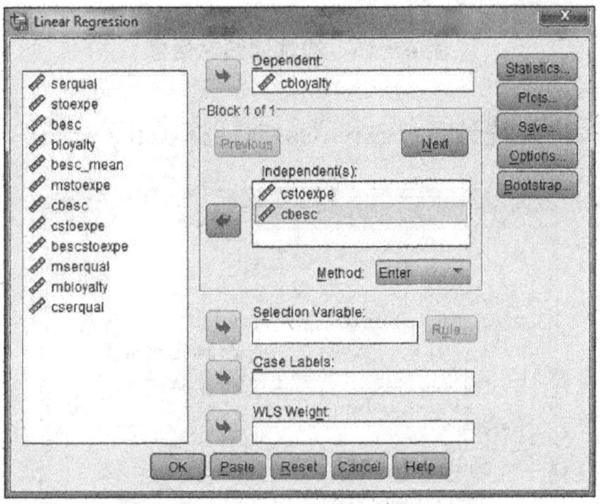

图 6－13　线性回归对话框

我们拟将品牌体验（stoexpe）和品牌约定（besc）的交互项作为第二层回归的自变量，所以点击上图中的 Next 按钮（如图 6－14 所示）。

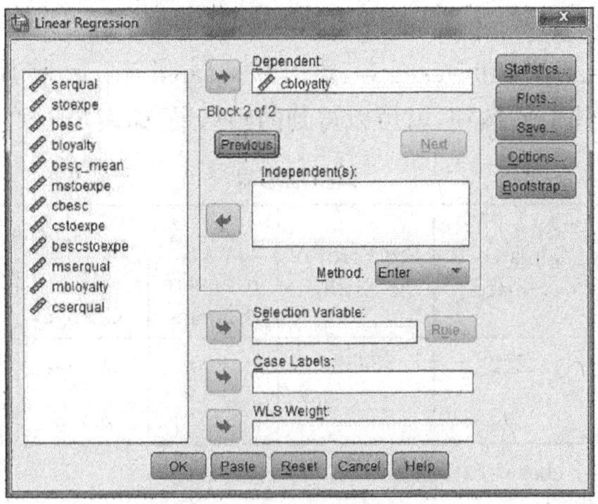

图 6－14　线性回归对话框

此时，再将品牌体验和品牌约定的交互项 bescstoexpe 移至 Independents(s)框中作为自变量。结果如图 6－15 所示。

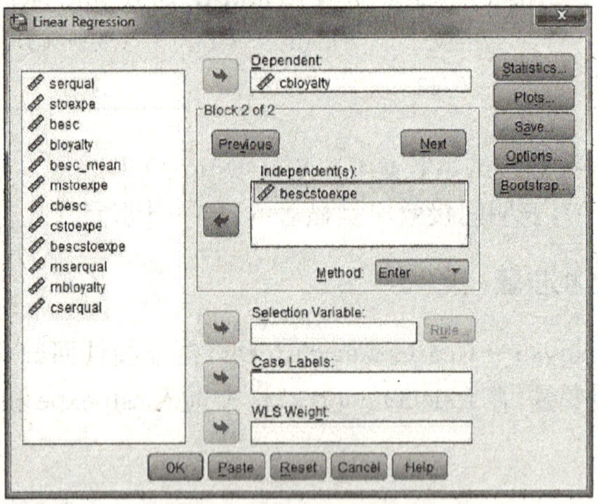

图 6－15　线性回归对话框

点击 Statistics 按钮，进入统计量(Statistics)对话框(如图 6－16 所示)。

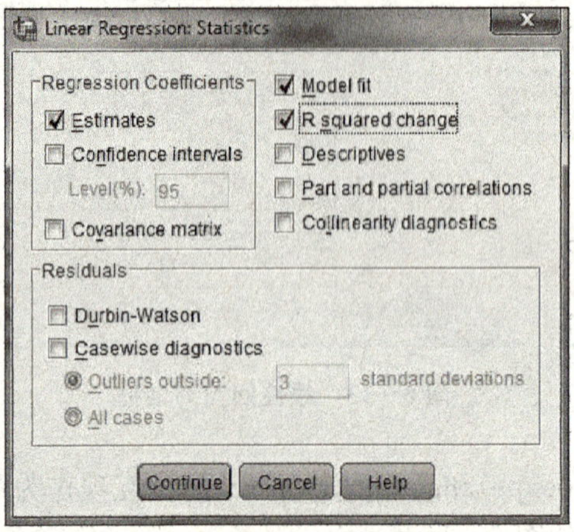

图 6－16　线性回归中的统计量对话框

除了软件默认的 Estimates 和 Model fit，点击 R squared change 将其选中。点击 Continue 回到线性回归对话框，再点击 OK 按钮，就可以得到回归结果，如表 6－12、表 6－13、表 6－14 所示。

表 6－12　　模型汇总表

Model	R	R Square	Adjusted R Square	Std.Error of the Estimate	Change Statistics				
					R Square Change	F Change	df1	df2	Sig.F Change
1	.538[a]	.290	.282	.36494	.290	37.304	2	183	.000
2	.549[b]	.302	.290	.36283	.012	3.138	1	182	.078

a.Predictors:(Constant), cbesc, cstoexpe

b.Predictors:(Constant), cbesc, cstoexpe, bescstoexpe

表 6—12 报告了层次回归的 R^2 值变化情况及其显著性，从该表可知，当我们在方程中引入交互项后，$\Delta R^2=0.012$，$F=3.138(P=0.078)$，这表明交互项对方程的解释力是近似显著的。

表 6—13　　方差分析表[a]

Model		Sum of Squares	df	Mean Square	F	Sig.
1	Regression	9.936	2	4.968	37.304	.000[b]
	Residual	24.373	183	.133		
	Total	34.309	185			
2	Regression	10.350	3	3.450	26.205	.000[c]
	Residual	23.960	182	.132		
	Total	34.309	185			

a. Dependent Variable: cbloyalty

b. Predictors: (Constant), cbesc, cstoexpe

c. Predictors: (Constant), cbesc, cstoexpe, bescstoexpe

表 6—14　　回归系数表[a]

Model		Unstandardized Coefficients		Standardized Coefficients	t	Sig.
		B	Std. Error	Beta		
1	(Constant)	1.110E—016	.027		.000	1.000
	cstoexpe	.501	.075	.418	6.694	.000
	cbesc	.269	.047	.360	5.768	.000
2	(Constant)	.002	.027		.094	2.925
	cstoexpe	.491	.075	.409	6.571	.000
	cbesc	.268	.046	.358	5.777	.000
	bescstoexpe	.258	.146	.110	1.771	.078

a. Dependent Variable: cbloyalty

从表 6—14 模型 2 的系数及其显著性可知，品牌体验和品牌约定的交互项的系数为 0.258($P=0.078$)，是近似显著的。

第七章

聚类分析与市场细分

第一节　聚类分析与市场细分简介

一、聚类分析的概念

聚类分析(Cluster Analysis)也称归类分析，是指把一些具有相似特征的对象归为同一类的一种数据分析方法和技术。

聚类分析属于探索性工具，其目的是把分类对象按一定规则分成若干类，这些类不是事先给定的，而是根据研究者的用途和数据的特征确定的。聚类分析能够用来概括数据而不只是为了寻找“自然的”或“实在的”分类。

聚类分析一般没有事先确知的分类标准可供参考，可以“走着瞧”；聚类分析无需假定数据的概率分布；聚类分析一般不能做显著性测验或统计推断。

聚类的基本统计依据是归在同一类里的对象在某种意义上倾向于彼此相似，即同一类内的个体彼此差异尽量小；而在不同类里的对象倾向于不相似，即不同类间的差异尽量大。

二、聚类分析的意义

聚类分析技术是市场调查中的一种重要的数据分析技术。聚类分析既可以用于对样本个体的分类，也可以用于对变量的分类。聚类分析还常常和其他数据分析方法如因子分析等合用。

STP(即市场细分、目标市场选择和目标市场定位)已经成为营销学中一个关键理论框架。STP 中的 S 和 T 都对应一个特定的市场调研方法。在实施 S(Segmentation，即市场细分)时通常使用聚类分析。而当实施 T(Targeting，即目标市场选择)或 P(Positioning，即目标市场定位)时通常要用判别分析。两种方法都是历史悠久、广为人知且使用频繁的。一般而言，聚类分析排在判别分析之前。这是因为我们通常必须先划分出不同人群，然后才能去描述或定义他们。

第二节　聚类分析实验：HBAT 公司的客户细分

一、数据说明与上机要求

(一)数据说明

HBAT 是一家造纸企业，它的客户包括报纸印刷企业和杂志印刷企业。本次调查对象是采购纸张的采购经理。

本次调查得到如下变量：

X1：客户类型（Customer Type），指客户与 HBAT 关系的持续时间，1 指小于 1 年，2 指 1～5 年，3 指 5 年以上。

X2：行业类型（Industry Type），0 指杂志印刷客户，1 指报纸印刷客户。

X3：企业规范（Firm Size），0 指雇员在 500 人以下，1 指雇员在 500 人以上。

X4：所处区域（Region），0 于北美，1 指北美以外。

X5：渠道类型（Distribution System），0 指间接渠道，1 指直接渠道

X6～X18：是指受访者对 HBAT13 个属性的评价，用 0～10 分进行评价。

X6：Porduct Quality；X7：E-Commerce Activities；X8：Technical Support；X9：Complaint Resolution；X10：Advertising；X11：Product Line；X12：Salesforce Image；X13：Competitive Pricing；X14：Warranty & Claims；X15：New Products；X16：Order & Billing；X17：Price Flexibility；X18：Delivery Speed。

X19：客户满意度（Satisfaction）。

X20：客户推荐意愿（Likely to Recommend）。

X21：客户未来再购买意愿（Likely of Future Purchase）。

X22：采购量水平（Purchase Level）。

针对 13 个客户感知变量的因子分析表明，在 13 个客户感知变量中，可以提取出 4 个因子。下面，我们在每个因子中选择一个代表性变量，分别是 X6（产品质量——产品价值因子）、X8（技术支持——技术支持因子）、X12（销售人员形象——营销因子）和 X18（送货速度——售后服务因子），再加上一个在因子分析时剔除的变量 X15（新产品开发），用这些变量作为聚类变量进行聚类分析，以便于对客户进行细分。

数据文件：HBAT.sav。

（二）上机实验要求

（1）异常值诊断。在聚类分析中，群重心是指某一群中全部成员的变量均值向量。请计算每个对象（Case）到样本重心的欧氏距离，并找出距离超过 5 的对象，将其作为异常值剔除（提示：先计算每个聚类变量的样本均值，才能确定样本重心）。

（2）用分层聚类法（Hierarchical Clustering）对 HBAT 公司的客户进行聚类分析，对象之间的距离采用欧氏距离平方公式计算，聚类方法采用 Ward 氏法。同时，报告聚合过程表、树状图和冰柱图。根据聚合过程表和树状图，选择聚类数。

（3）用快速聚类法（K-means）将 HBAT 公司的客户聚为 4 类，并保存好对象所属的类别。

（4）根据（3）的聚类结果，通过列联表分析技术，了解每个类别（细分客户）在 X1、X2、X3、X4、X5 这些变量上的特征有何不同。

（5）根据（3）的聚类结果，通过多变量方差分析技术（MANOVA），了解每个类别（细分客户）在满意度和忠诚度（X19～X22 这 4 个变量）上的特征有何不同。

二、聚类分析上机步骤

（一）异常值诊断

根据第二章介绍的描述统计分析过程，通过单击 Analyze→Descriptives Statistics→Descriptives 打开 Descriptives 对话框，并将 5 个聚类变量放入右框中，单击 OK，在输出窗口得

描述统计分析输出表(如表 7－1 所示)。

表 7－1　　聚类变量描述统计表

	N	Minimum	Maximum	Mean	Std. Deviation
X6-Product Quality	100	5.0	10.0	7.810	1.3963
X8-Technical Support	100	1.3	8.5	5.365	1.5305
X12-Salesforce Image	100	2.9	8.2	5.123	1.0723
X15-New Products	100	1.7	9.5	5.150	1.4930
X18-Delivery Speed	100	1.6	5.5	3.886	.7344
Valid N (listwise)	100				

从表 7－1 可知每个聚类变量的样本平均数、最小值、最大值和样本标准差。

在数据窗口单击 Transform→Compute Variable，打开 Compute Variable 对话框(如图 7－1 所示)。在对话框左上方的 Target Variable 栏中键入即将生成的新变量的名称 Distance。在右上方的 Numeric Expression 栏中键入计算各个对象到样本重心的欧氏距离公式“sqrt((X6－7.81) ＊ ＊ 2＋(X8－5.365) ＊ ＊ 2＋(X12－5.123) ＊ ＊ 2＋(X15－5.15) ＊ ＊ 2＋(X18－3.886) ＊ ＊ 2)”。点击 OK 按钮，就可以在数据文件中看到，已经生成了一个新变量“Distance”。

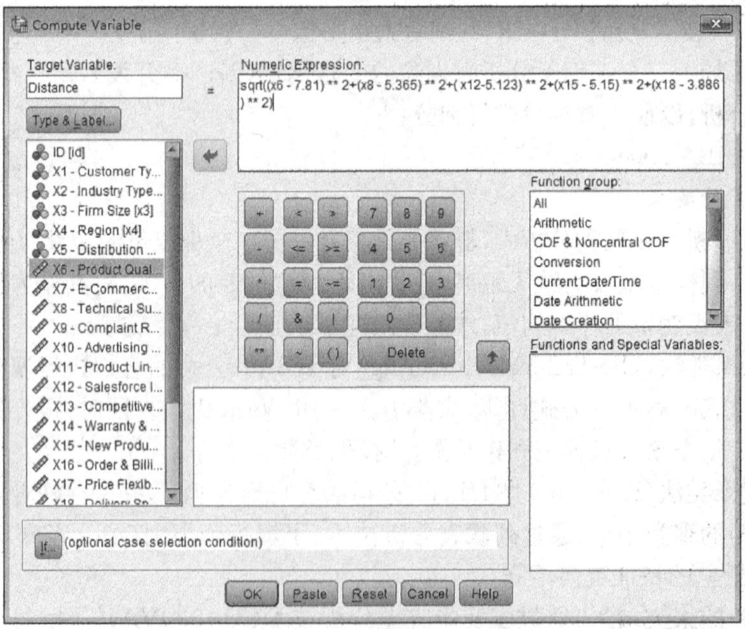

图 7－1　计算变量对话框

给观测量数据排序的命令是 Sort Cases。

在数据窗口单击 Data→Sort Cases，打开 Sort Cases 对话框(如图 7－2 所示)。

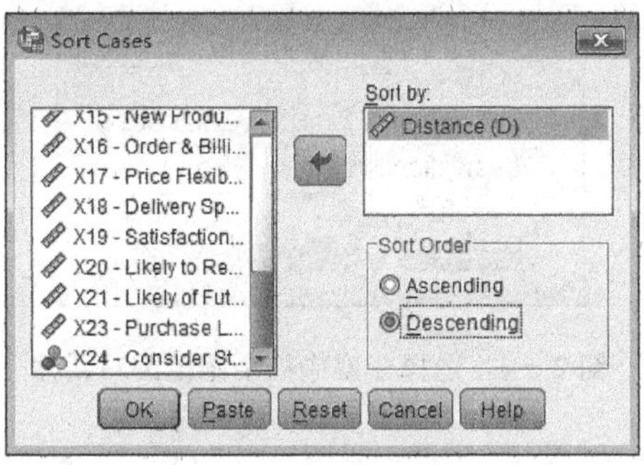

图 7—2　个案排序对话框

从对话框左侧的变量列表中选择排序变量 Distance，点击右箭头按钮加入 Sort by 框中，然后在 Sort Order 栏中选择排序顺序 Descending，即观测个体按照选定的排序变量值降序排列。点击 OK 按钮，就可以在数据文件中看到，所有个体已经按 Distance 的大小按降序排列。通过对数据文件的浏览，我们发现有两个个体的 Distance 值超过 5，其 ID 分别为 87 和 6。

下面我们要将这两个个体剔除出样本，具体是在数据编辑窗口单击 Data→Select Case，打开 Select Cases 对话框（如图 7—3 所示）。

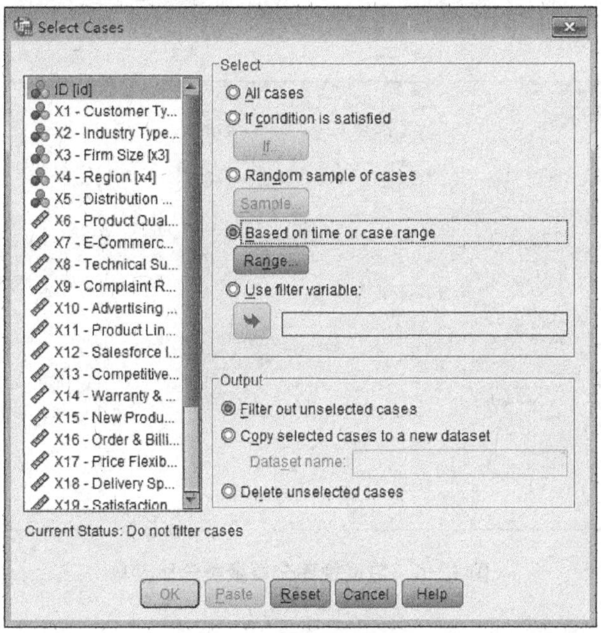

图 7—3　选择个案对话框

在 Select Cases 对话框中，点击 Based on time or case range。单击 Range 按钮，打开 Select Cases：Range 对话框（如图 7—4 所示）。在 First Case 框中输入 3，在 Last Case 中输入 100，点击 Continue 回到 Select Cases 对话框，再点击 OK 按钮即可。

回到数据文件就会发现，已经将 ID 为 78 和 6 的个体剔除出样本，从数据文件的左上角可看出，ID 为 78 和 6 的个体左边分别划了一道斜线（如图 7—5 所示）。

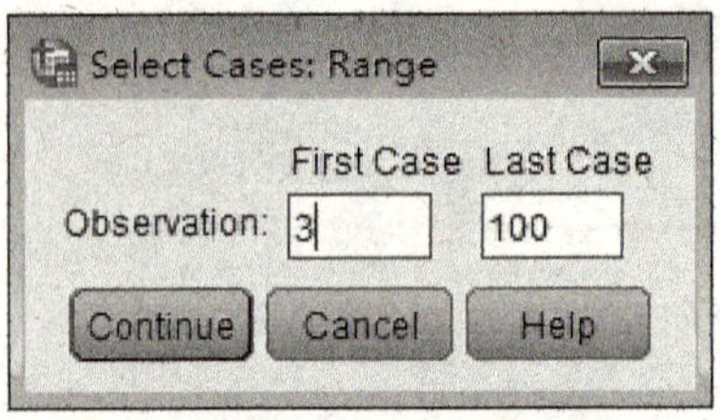

图 7—4　选择个案中的个案范围对话框

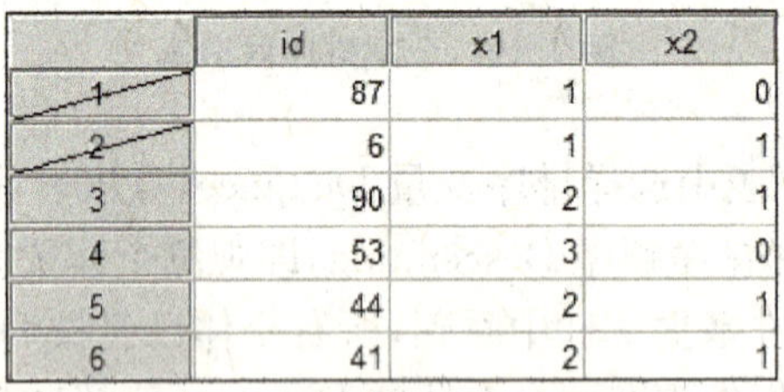

	id	x1	x2
1	87	1	0
2	6	1	1
3	90	2	1
4	53	3	0
5	44	2	1
6	41	2	1

图 7—5　数据视图部分截图

（二）分层聚类法聚类

(1)单击 Analyze→Classify→Hierarchical Clustering，进入 Hierarchical Cluster Analysis 对话框（如图 7—6 所示）。

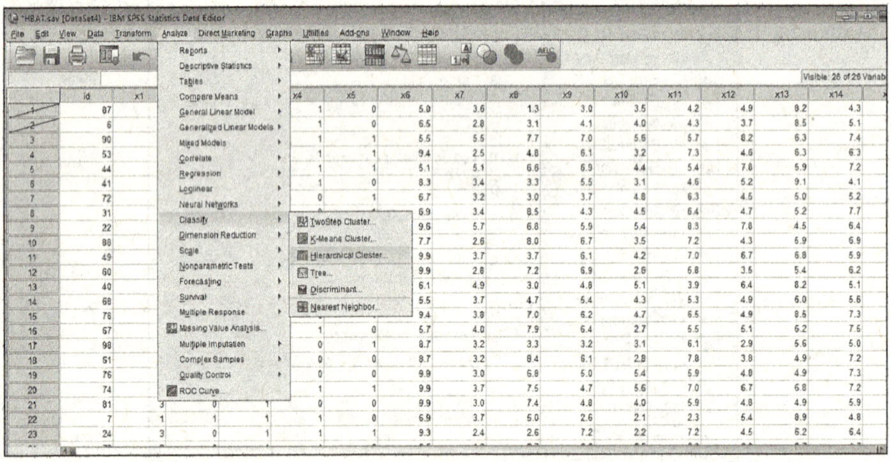

图 7—6　数据视图分层聚类分析菜单

(2)选择具有代表性的 X6，X8，X12，X18 以及因子分析时的剔除变量 X15，作为聚类变量进行聚类分析。具体操作如图 7—7 所示。

(3)在图 7—7 的界面中单击 Method 按钮，出现对话框如图 7—8 所示。在 Cluster Methool 栏中选择 Ward's method，单击 Continue 回到主对话框。

(4)在图 7—7 的界面中单击 Statistics 按钮，出现对话框如图 7—9 所示。选择 Agglomeration schedule，单击 Continue 回到主对话框。

(5)在图 7—7 的界面中单击 Plots 按钮，出现对话框如图 7—10 所示。选择 Dendrogram→All clusters，单击 Continue 回到主对话框。

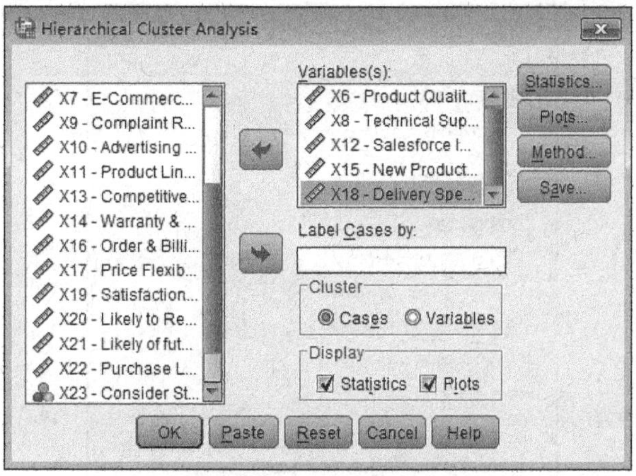

图 7—7 分层聚类分析对话框

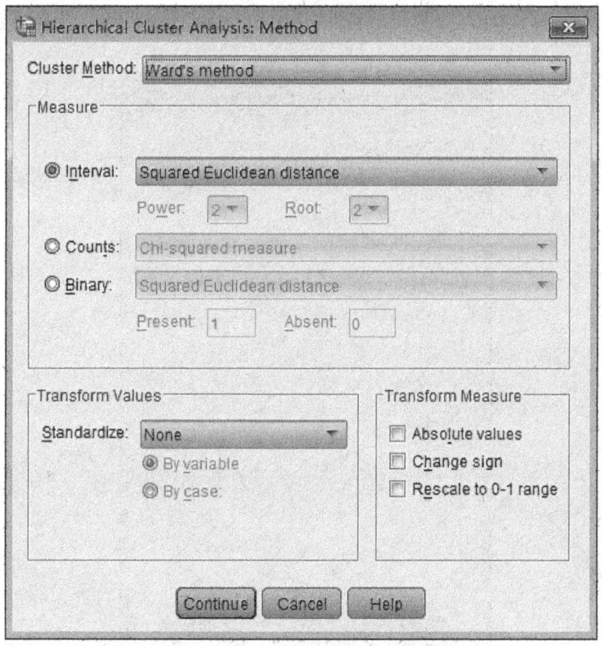

图 7—8 分层聚类分析中的方法对话框

(6)完成以上操作后，回到图 7—7 的界面当中，之后单击 OK 按钮即可。

由于 SPSS 输出结果中的聚合过程表(Agglomeration Schedule)和树状图都很大，这里不再详细列出，笔者截取了聚合过程表的最后 8 行，并补充了两列(如表 7—2 所示)。表中倒数第二列与第一列 Stage 中的数目相对应，样本中共有 98 个个体，当聚到 97 步时，刚好是把所有个体聚为一类，此时类别数为 1。倒数第一列的系数百分比变化根据第四列的 Coefficients 值来计算，代表了类别每少一类，衡量类别间距离的 Coefficients 值的变化程度。

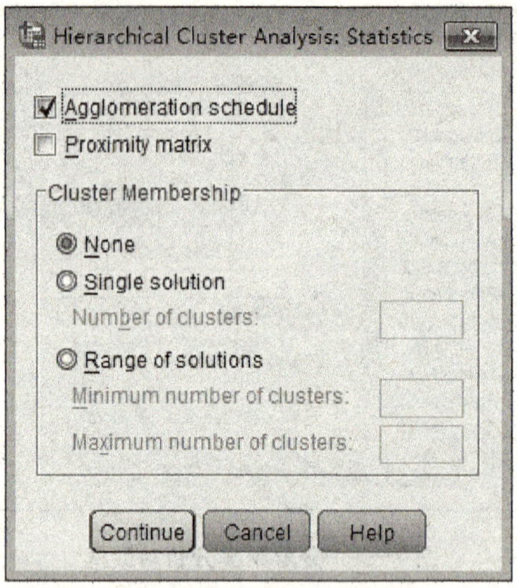

图 7—9　分层聚类分析中的统计量对话框

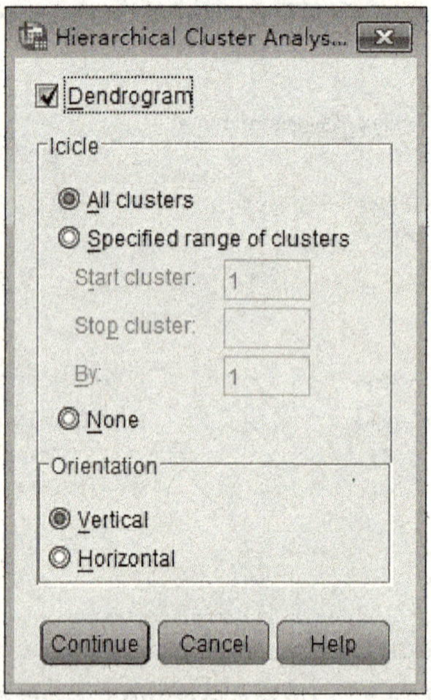

图 7—10　分层聚类分析中的绘图对话框

表 7—2　　　　　　　　　　　聚合过程表(部分)

Agglomeration Schedule							类别数	系数百分比变化(%)
Stage	Cluster Combined		Coefficients	Stage Cluster First Appears		Next Stage		
	Cluster 1	Cluster 2		Cluster 1	Cluster 2			
90	17	23	297.81	74	82	92	8	9.62
91	10	27	326.46	70	85	95	7	11.98

续表

Agglomeration Schedule							类别数	系数百分比变化(%)
Stage	Cluster Combined		Coefficients	Stage Cluster First Appears		Next Stage		
	Cluster 1	Cluster 2		Cluster 1	Cluster 2			
92	8	17	365.56	86	90	94	6	11.44
93	4	13	407.38	88	78	95	5	14.24
94	5	8	465.39	89	92	97	4	15.22
95	4	10	536.24	93	91	96	3	14.46
96	3	4	613.79	87	95	97	2	22.60
97	3	5	752.5	96	94	0	1	

从表 7－2 可知，从 96 到 97 步时 Coefficients 值的变化最大，为 22.6%，如果到 96 步停止凝聚，即样本分为两类，但聚为两类通常导致类别内部的差异太大，不容易进行解释。此外，Coefficients 值变化最大的是 94 步到 95 步，即 4 类并为 3 类时，因此，将样本个体聚为 4 类较为合适。当然，从 93 步到 94 步，即 5 类合并为 4 类时，Coefficients 值也很大，因此，将样本个体聚为 5 类也是一个较好的选择。

(三)用快速聚类法聚类

用快速聚类法将 HBAT 公司的客户聚为 4 类，并保存好对象所属的类别。

(1)单击 Analyze→Classify→K-means Cluster，具体操作如图 7－11 所示。

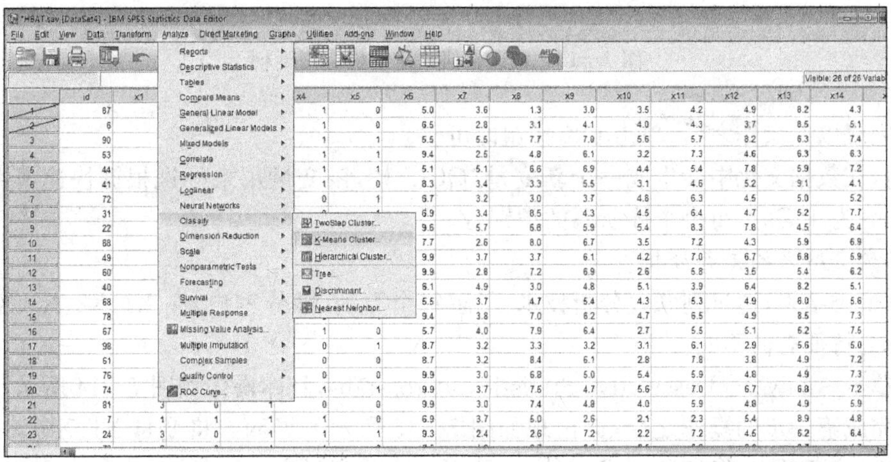

图 7－11 快速聚类菜单

(2)完成前一步的操作之后会出现如图 7－12 所示的界面，之后要导入需要作为聚类的变量 X6、X8、X12、X15、X18。因为选择客户聚类为 4 类，所以在图 7－12 的界面中要将 Numbers of Clusters 之后的数字改为 4。

(3)在图 7－12 的界面中单击 Save 按钮，出现对话框如图 7－13 所示。在 Cluster membership 前面打钩，单击 Continue 回到主对话框。

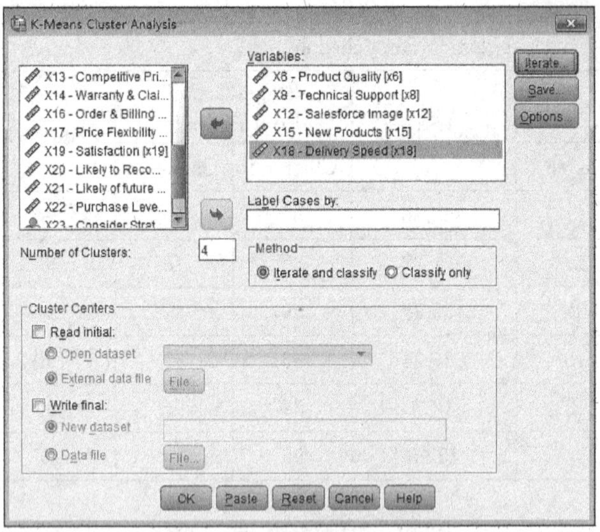

图 7—12　快速聚类法对话框

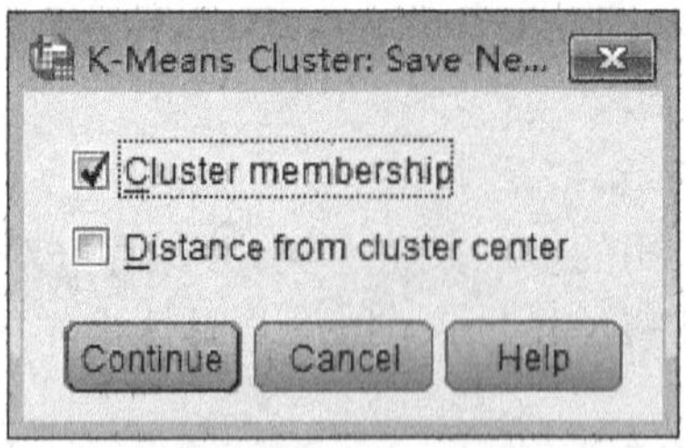

图 7—13　快速聚类法中的保存对话框

(4)完成以上操作之后，单击 OK 按钮即可。

此时，在数据文化中会生成一个新变量“QCL_1”，该变量用来标识根据快速聚类法将样本中个体分为 4 类时，每个个体所属的类别号。

(四)聚类结果的差异分析

根据聚类结果，通过列联表分析技术，了解每个类别(细分客户)在 X1、X2、X3、X4、X5 这些变量上的特征有何不同。

(1)单击 Analyze→Descriptive Statistics→Crosstabs，具体操作如图 7—14 所示。

(2)完成第一步的操作之后，会出现如图 7—15 所示的界面。将变量 X1、X2、X3、X4、X5 放入行(Row)变量中，将变量 QCL_1 放入列(Column)变量中。

(3)在图 7—15 的界面中单击 Statistics 按钮，出现如图 7—16 所示的对话框。点击 Chi-square→Continue。

(4)完成以上操作之后，会回到图 7—15 的界面当中。点击 OK 按钮即可。

从 X1 与 QCL_1 的列联表及卡方检验表可知，这四种类别的客户与 X1 之间有显著的相关关系，即四种类别的客户在与 HBAT 公司的关系持续时间上有显著差别(如表 7—3、表 7—4 所示)。

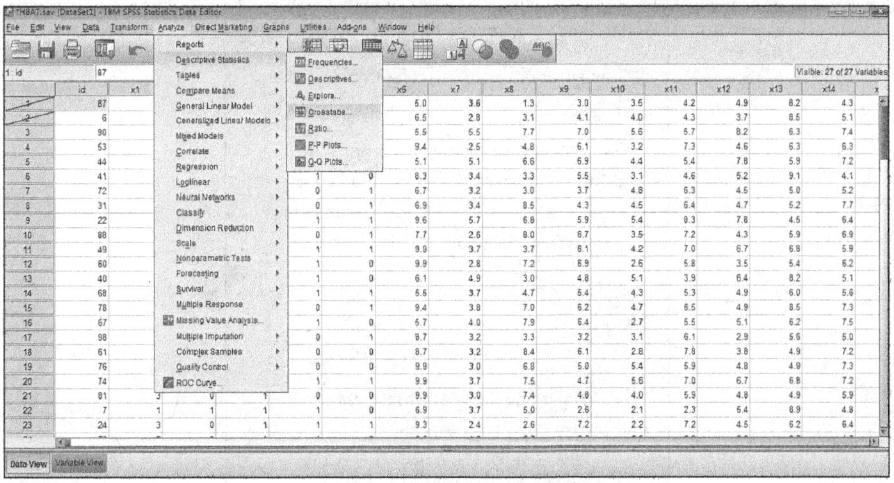

图 7—14　列联表分析菜单

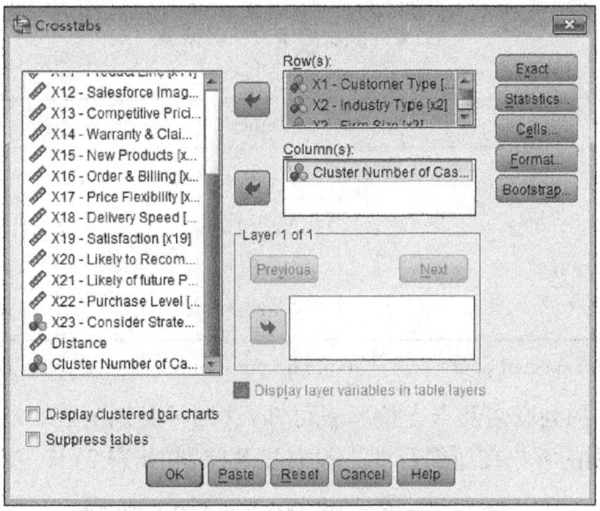

图 7—15　列联表对话框

表 7—3　　　　顾客类型与分类结果的交叉列联表

Count　　　　　　　　　　Crosstab

		Cluster Number of Case				Total
		1	2	3	4	
X1-Customer Type	Less than 1 year	4	8	11	7	30
	1 to 5 years	4	11	10	10	35
	Over 5 years	18	4	0	11	33
Total		26	23	21	28	98

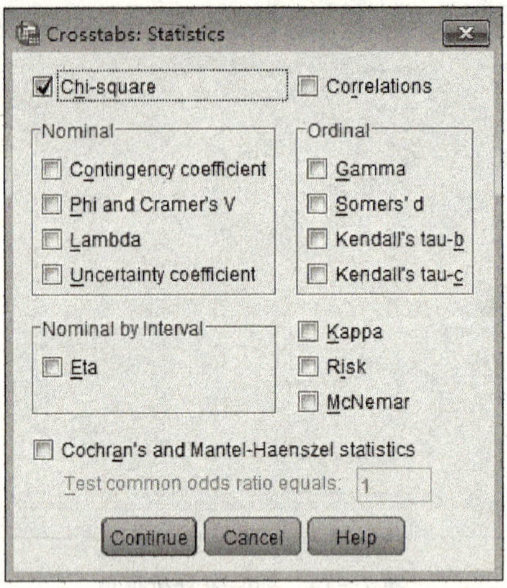

图 7—16 列联表分析中的统计量对话框

表 7—4 交叉列联表的卡方检验结果

Chi-Square Tests

	Value	df	Asymp. Sig. (2-sided)
Pearson Chi-Square	29.332[a]	6	.000
Likelihood Ratio	35.014	6	.000
Linear-by-Linear Association	4.010	1	.045
N of Valid Cases	98		

a. 0 cells (.0%) have expected count less than 5. The minimum expected count is 6.43.

从 X2 与 QCL_1 的列联表及卡方检验表可知，这四种类别的客户与 X2 之间没有显著的相关关系，即四种类别的客户在所属行业上没有显著差别(如表 7—5、表 7—6 所示)。

表 7—5 顾客所在行业类型与分类结果的交叉列联表

Crosstab

Count

		Cluster Number of Case				Total
		1	2	3	4	
X2-Industry Type	Magazine industry	18	14	9	10	51
	Newsprint industry	8	9	12	18	47
Total		26	23	21	28	98

表 7—6 **交叉列联表的卡方检验结果**

Chi-Square Tests

	Value	df	Asymp. Sig. (2-sided)
Pearson Chi-Square	7.497[a]	3	.058
Likelihood Ratio	7.627	3	.054
Linear-by-Linear Association	7.231	1	.007
N of Valid Cases	98		

a. 0 cells (.0%) have expected count less than 5. The minimum expected count is 10.07.

另外三个变量与 QCL_1 的列联表及卡方检验表结果可依此做类似解释。

(五)聚类结果的特征分析

根据聚类结果,通过多变量方差分析技术(MANOVA),了解每个类别(细分客户)在满意度和忠诚度(X19～X22 这 4 个变量)上的特征有何不同。

(1)单击 Analyze→General Liner Model→Multivariate,具体操作如图 7—17 所示。

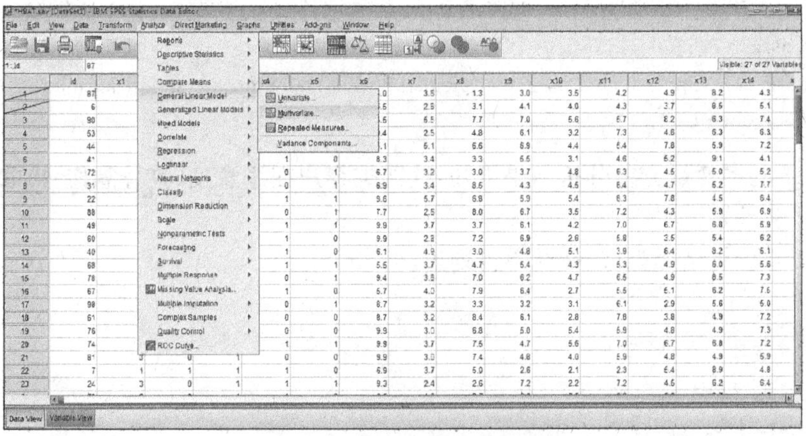

图 7—17 多变量方差分析菜单

(2)完成上一步的操作之后,会得到如图 7—18 所示的界面,将 X19～X22 这 4 个变量选入因变量(Dependent Variables)当中,将 QCL_1 选入因子(Fixed Factor)当中。

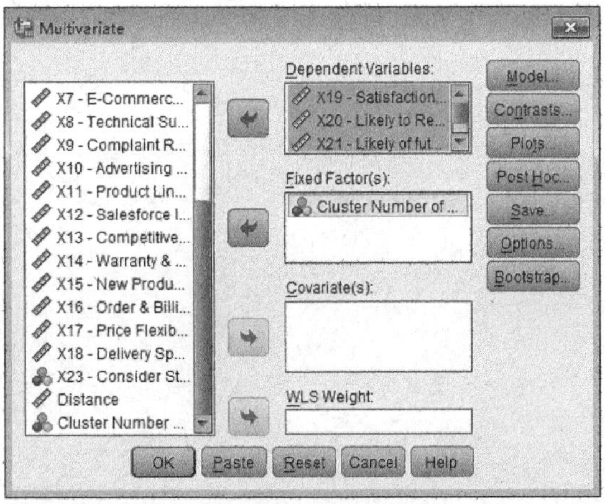

图 7—18 多变量方差分析对话框

(3)在完成以上步骤之后,单击 OK 按钮即可。

表 7—7　　多变量方差分析结果表

Multivariate Tests[c]

Effect		Value	F	Hypothesis df	Error df	Sig.
Intercept	Pillai's Trace	.991	2 586.508[a]	4.000	91.000	.000
	Wilks' Lambda	.009	2 586.508[a]	4.000	91.000	.000
	Hotelling's Trace	113.693	2 586.508[a]	4.000	91.000	.000
	Roy's Largest Root	113.693	2 586.508[a]	4.000	91.000	.000
QCL_1	Pillai's Trace	.422	3.805	12.000	279.000	.000
	Wilks' Lambda	.616	4.044	12.000	241.055	.000
	Hotelling's Trace	.564	4.216	12.000	269.000	.000
	Roy's Largest Root	.426	9.915[b]	4.000	93.000	.000

a. Exact statistic

b. The statistic is an upper bound on F that yields a lower bound on the significance level.

c. Design: Intercept＋QCL_1

从表 7—7 的多变量方差分析结果可知,这四类客户在满意度、推荐意愿、再购买意愿及购买量上均有显著差别。

单变量方差分析结果类似,在此不再列出。

第八章

判别分析

第一节　线性判别分析的含义

一、线性判别分析的概念

线性判别分析是研究如何根据已知归属类型的一批数据来推断未知归属类型的数据中每个个体所属类型的一种多元统计方法。线性判别函数分析(Linear Discriminant Function Analysis,LDFA;以下简称"判别分析")是目标市场定位、数据库营销以及定性因变量回归中常用的分析方法。从统计上说,判别分析是利用一组定距(Interval)或定比(Ratio)尺度自变量的线性组合以最大程度地解释不同组群间的差异。

判别分析的基本步骤可以分为预测和分类两步。第一步的任务是找到最佳自变量组合以建立判别模型,以便根据模型赋予每个个体判别函数值。第二步的任务是根据判别函数值把所有样本个体分配到不同组群或类别中。

二、判别分析与其他分析方法的联系

判别分析和聚类分析在应用方面有很紧密的联系。两者都常用于市场细分、目标市场确定和定位;两者在操作程序上可以形成上下篇:聚类分析发现和找出细分市场,再用判别分析去描述细分市场。不过从统计原理上说,两者的差异不小。首先,判别分析是"有师"分析,而聚类是"无师"分析。这是指是否事先知道实际样本的分组或分类情况。知道者即为"有师",否则是"无师"。其次,判别分析属于描述性研究工具,因为它允许对判别函数进行显著性测验,而聚类分析属于探索性工具,因而不能作显著性测验。再次,判别分析的重点在于发现最具判别作用的变量,而聚类分析的重点在样本个体的归属。最后,判别分析有数据约简的任务或特点,而聚类分析没有。

从统计角度看,判别分析和多元方差分析(Multivariate Analysis of Variance, MANOVA)是奇正相生的姐妹篇:前者用多个连续变量的线性组合描述和预测组群(即样本组群是因变量),后者则用样本组群去预测多个连续变量(即样本组群是自变量)。两者共享大多数统计假设。

第二节　判别分析实验：HBAT 公司的客户类型判别

一、数据说明与上机要求

HBAT 是一家造纸企业，它的客户包括报纸印刷企业和杂志印刷企业。本次调查对象是采购纸张的采购经理。

本次调查得到如下变量：

X1：客户类型(Customer Type)，指客户与 HBAT 关系的持续时间，1 指小于 1 年，2 指 1～5 年，3 指 5 年以上。

X2：行业类型(Industry Type)，0 指杂志印刷客户，1 指报纸印刷客户。

X3：企业规范(Firm Size)，0 指雇员在 500 人以下，1 指雇员在 500 人以上。

X4：所处区域(Region)，0 指北美，1 指北美以外。

X5：渠道类型(Distribution System)，0 指间接渠道，1 指直接渠道。

X6～X18：是指受访者对 HBAT13 个属性的评价。用 0～10 分进行评价。

X6：Porduct Quality；X7：E-Commerce Activities；X8：Technical Support；X9：Complaint Resolution；X10：Advertising；X11：Product Line；X12：Salesforce Image；X13：Competitive Pricing；X14：Warranty & Claims；X15：New Products；X16：Order & Billing；X17：Price Flexibility；X18：Delivery Speed。

X19：客户满意度(Satisfaction)。

X20：客户推荐意愿(Likely to Recommend)。

X21：客户未来再购买意愿(Likely of Future Purchase)。

X22：采购量水平(Purchase Level)。

上机实验要求：

(1)将 HBAT.SAV 和 HBAT_SPLITS.SAV 两个文件合并。

(2)以 X1 为因变量，以 X6～X18 为自变量，建立线性判别函数。请报告判别函数和判别命中率(Hit Ratio)。

(3)以 X1 为因变量，通过逐步判别分析法将 X6～X18 这些自变量逐步引入，留下最为显著的自变量，建立线性判别函数。请报告判别函数和判别命中率。

(4)以 X1 为因变量，以 X6～X18 为自变量，以变量“split60”中取值为 0 的样本为分析样本(Analysis Sample)，相应地，以变量“split60”中取值为 1 的样本为验证样本(Validation Sample)，建立线性判别函数。请报告判别函数、分析样本和验证样本的判别命中率。

二、判别分析上机步骤

(一)文件合并

(1)打开 HBAT.SAV 文件，单击 Data→Merge Files→Add Variables，具体操作如图8－1所示。

(2)进入 Add Variables to HBAT.sav 对话框，点击 An external spss Statistics data file，再点击 Browse(如图 8－2 所示)。

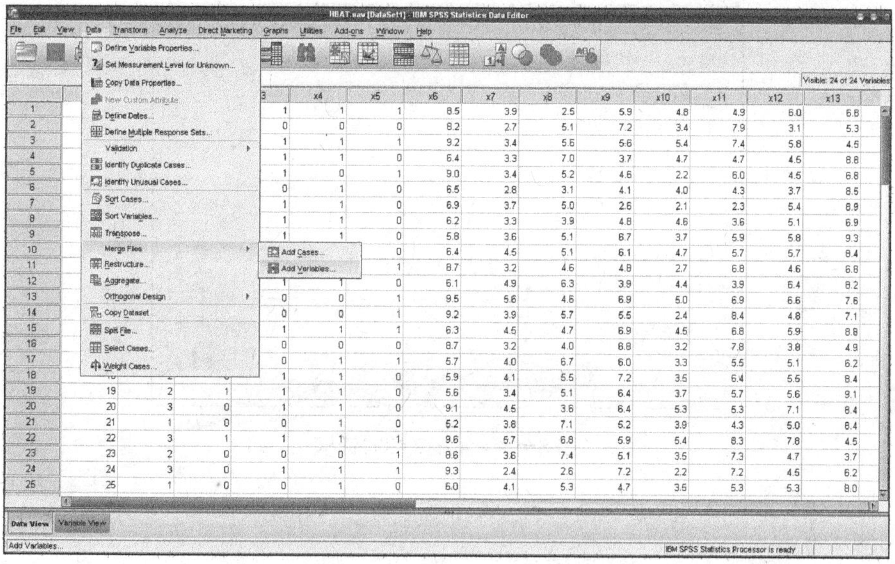

图 8—1　合并文件菜单

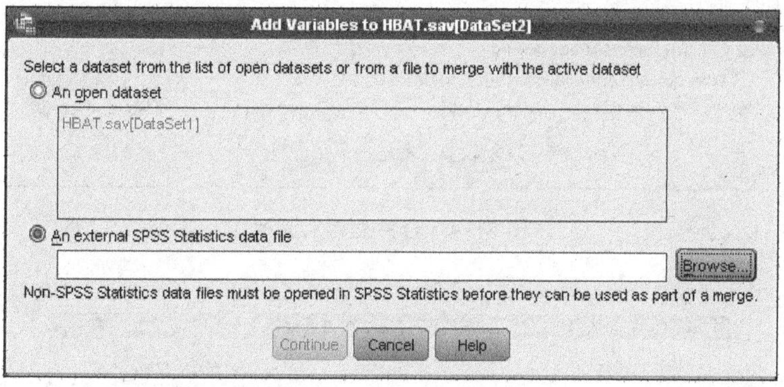

图 8—2　合并文件对话框

(3)进入 Add Variables:Read File 对话框，选择另一个待合并文件 HBAT_SPLITS.sav，并点击 Open(如图 8—3 所示)。

(4)重新回到 Add Variables to HBAT.sav 对话框(如图 8—4 所示)，点击 Continue。

(5)进入如图 8—5 所示的对话框，点击 OK 即可。

回到数据文件，我们看到文件名前加了一个 * 号，代表 HBAT 与 HBAT_SPLITS 合并后的新文件，在数据文件的最后两列，我们看到已经新增两个变量，分别是 split60 和 split50。

(二)判别分析：所有变量进入判别函数

(1)单击 Analyze→Classify→Discriminant，具体操作如图 8—6 所示。

(2)完成第一步的操作之后，会出现如图 8—7 所示的界面，之后将变量 X1 选入 Grouping Variable 栏中，将变量 X6～X18 选入 Independents 栏中。

(3)单击图 8—7 界面中的 Define Range 按钮，出现如图 8—8 所示的界面。在 Minimum 栏中输入 1，在 Maximum 栏中输入 3，点击 Continue 回到主对话框。

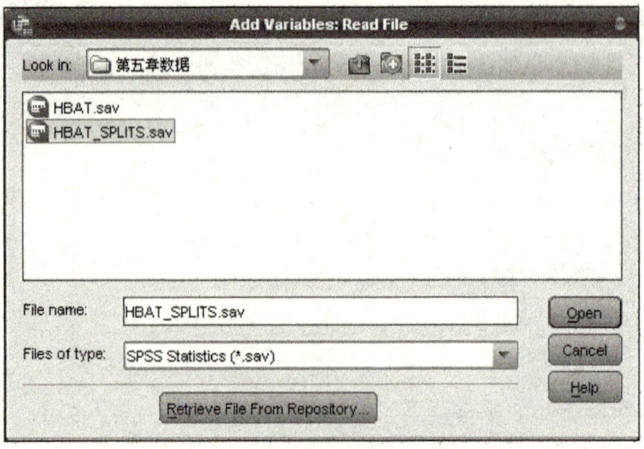

图 8—3　合并文件对话框

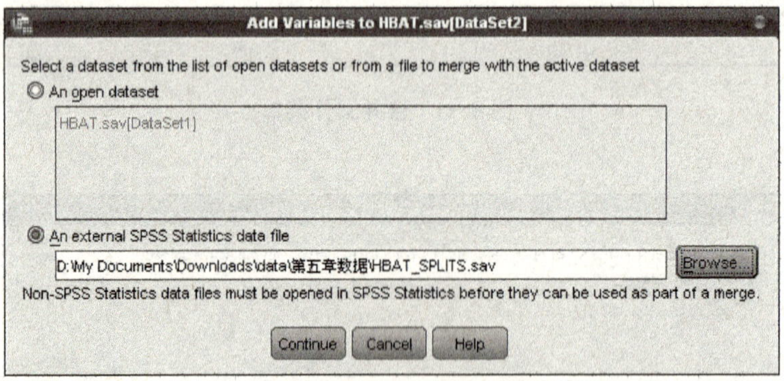

图 8—4　合并文件对话框

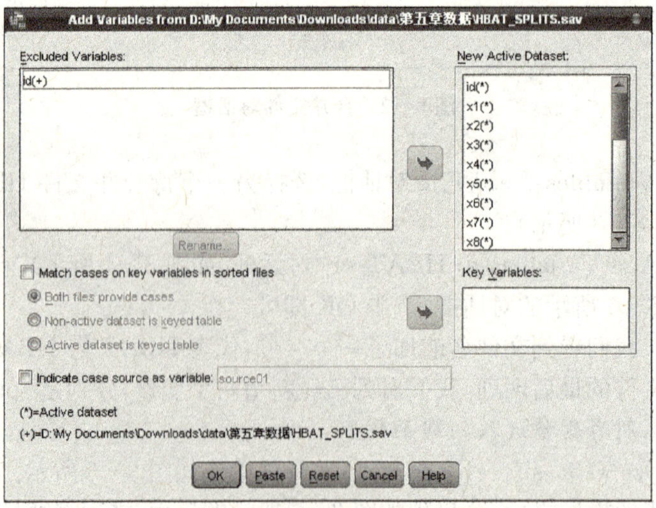

图 8—5　合并文件对话框

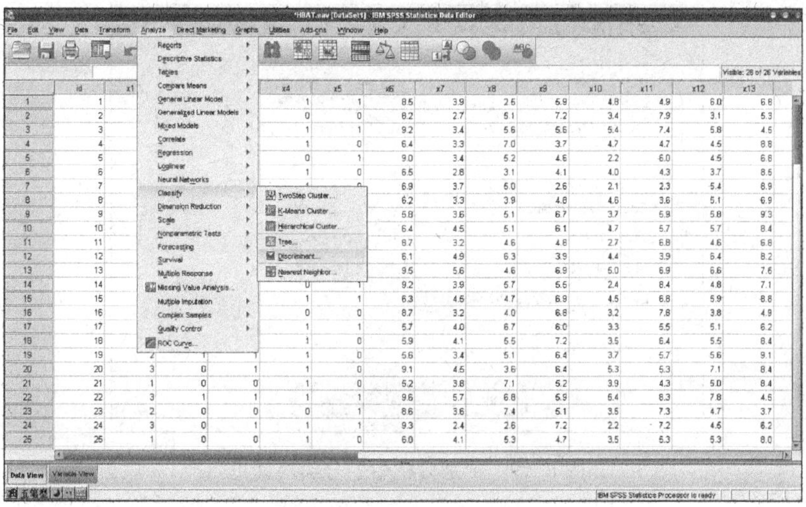

图 8—6　判别分析菜单

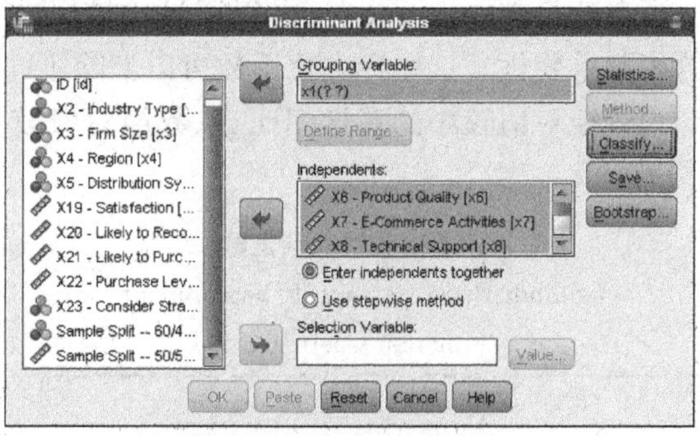

图 8—7　判别分析对话框

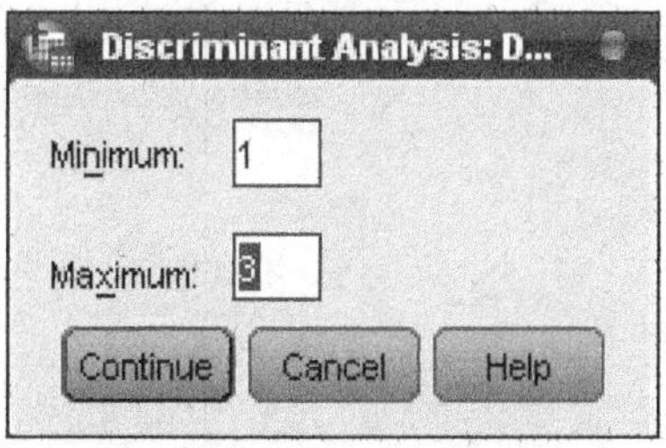

图 8—8　判别分析中定义分组变量取值范围对话框

(4)选择分析方法。

Enter Independent Together:所有变量全部参与判别分析(系统默认)。本例选择此项。

Use Stepwise Method:采用逐步判别法自动筛选变量。

(5)单击图 8—7 界面中的 Classify 按钮,出现如图 8—9 所示的界面。选择 Display 栏中的 Summary table,点击 Continue 回到主对话框。

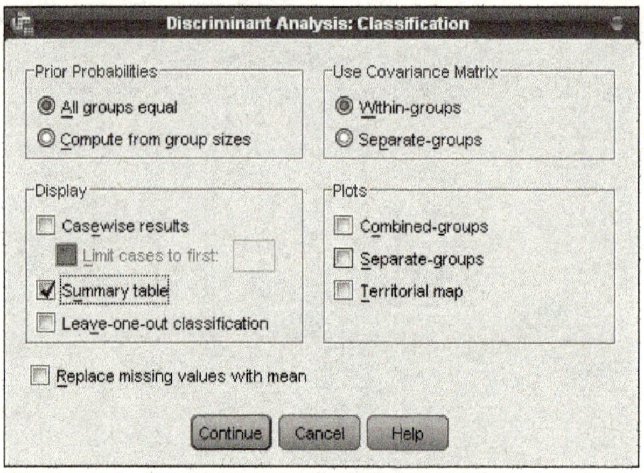

图 8—9 判别分析中的分类对话框

(6)完成以上操作之后，回到图 8—7 的界面，之后只要单击 OK 按钮即可。

表 8—1 的标准化判别函数系数类似于回归模型中的标准回归系数，用于比较自变量对于组间判别的相对重要性。当自变量共线性不强时，可以通过比较标准化的判别函数系数绝对值的大小来确定各变量的相对重要性。这些标准化系数可以消除不同自变量之间测量量表的差异从而增加可比性。与系数绝对值较小的变量相比，系数绝对值较大的变量有着更大的判别能力。

表 8—1　　标准化典型判别函数

Standardized Canonical Discriminant Function Coefficients

	Function	
	1	2
X6-Product Quality	.816	−.133
X7-E-Commerce Activities	−.575	−.401
X8-Technical Support	.000	.544
X9-Complaint Resolution	−.008	−.086
X10-Advertising	−.054	−.024
X11-Product Line	−.140	1.093
X12-Salesforce Image	.591	.384
X13-Competitive Pricing	−.363	.167
X14-Warranty & Claims	.046	−.431
X15-New Products	−.029	−.322
X16-Order & Billing	−.123	.155
X17-Price Flexibility	−.169	1.739
X18-Delivery Speed	1.097	−.871

表 8－2　　**分类结果矩阵**

Classification Results[a]

X1-Customer Type			Predicted Group Membership			Total
			Less than 1 year	1 to 5 years	Over 5 years	
Original	Count	Less than 1 year	27	4	1	32
		1 to 5 years	1	29	5	35
		Over 5 years	0	1	32	33
	%	Less than 1 year	84.4	12.5	3.1	100.0
		1 to 5 years	2.9	82.9	14.3	100.0
		Over 5 years	.0	3.0	97.0	100.0

a. 88.0% of original grouped cases correctly classified.

从表 8－2 可以看出，该判别分析的击中率是 88%。

（三）判别分析：采用逐步判别法选择自变量

（1）单击 Analyze→Classify→Discriminant，具体操作如图 8－10 所示。

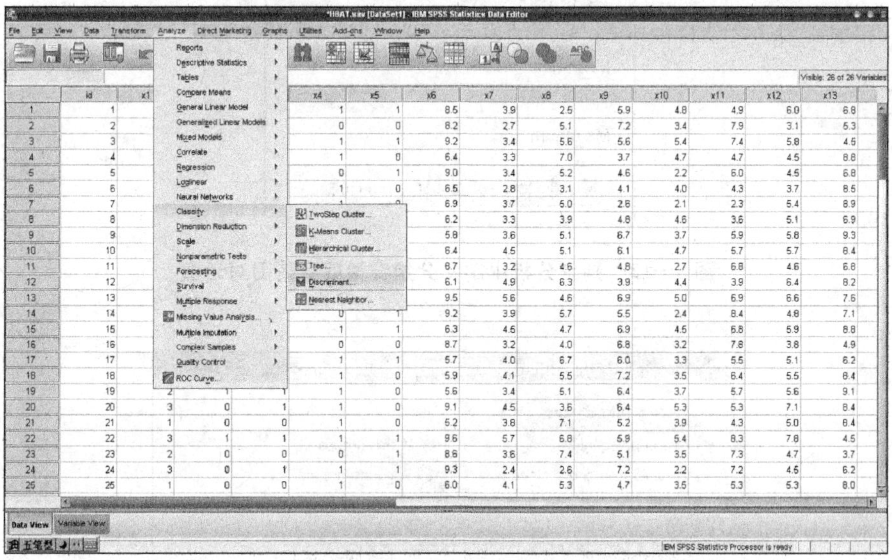

图 8－10　判别分析菜单

（2）完成第一步的操作之后，会出现如图 8－11 所示的界面，之后将变量 X1 选入 Grouping Variable 栏中，将变量 X6～X18 选入 Independents 栏中。

（3）单击图 8－11 界面中的 Define Range 按钮，出现如图 8－12 所示的界面。在 Minimum 栏中输入 1，在 Maximum 栏中输入 3，点击 Continue 回到主对话框。

（4）选择分析方法。

Enter Independent Together：所有变量全部参与判别分析（系统默认）。

Use Stepwise Method：采用逐步判别法自动筛选变量。本例选择此方法。

（5）单击图 8－11 界面中的 Classify 按钮，出现如图 8－13 所示的界面。选择 Display 栏中的 Summary table，点击 Continue。

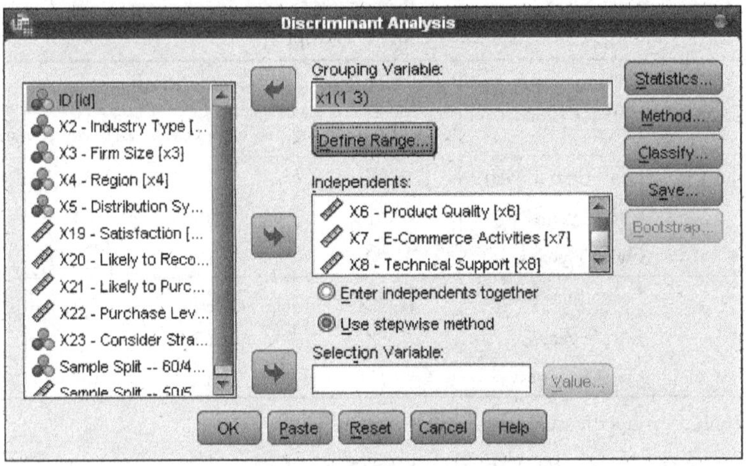

图 8－11　判别分析对话框

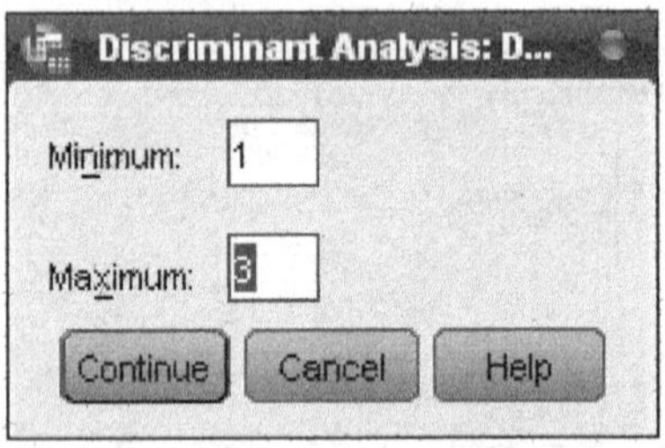

图 8－12　判别分析中定义分组变量取值范围对话框

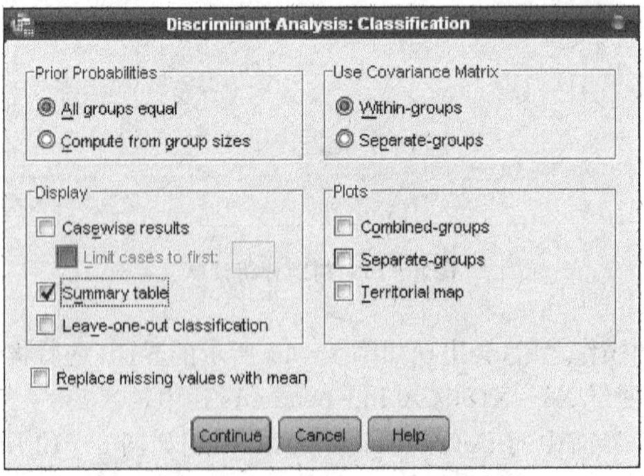

图 8－13　判别分析中分类对话框

(6)完成以上操作之后，会回到图 8－11 的界面中，之后只要单击 OK 按钮即可。

表 8—3　　标准化典型判别函数

Standardized Canonical Discriminant Function Coefficients

	Function	
	1	2
X6-Product Quality	.788	−.123
X17-Price Flexibility	−.259	.787
X18-Delivery Speed	.969	.233

通过 SPSS 软件的自动筛选，最终判别函数模型中只保留表 8—3 中的三个判别变量。

表 8—4　　分类结果矩阵

Classification Results[a]

X1-Customer Type			Predicted Group Membership			Total
			Less than 1 year	1 to 5 years	Over 5 years	
Original	Count	Less than 1 year	24	6	2	32
		1 to 5 years	2	25	8	35
		Over 5 years	0	3	30	33
	%	Less than 1 year	75.0	18.8	6.3	100.0
		1 to 5 years	5.7	71.4	22.9	100.0
		Over 5 years	.0	9.1	90.9	100.0

a.79.0% of original grouped cases correctly classified.

从表 8—4 可知，击中率是 79%。

(四)判别分析：将样本分为分析样本和验证样本

(1)单击 Analyze→Classify→Discriminant，具体操作如图 8—14 所示。

(2)完成第一步的操作之后，会出现如图 8—15 所示的界面，之后将变量 X1 选入 Grouping Variable 栏中，将变量 X6～X18 选入 Independents 栏中。

(3)单击图 8—15 界面中的 Define Range 按钮，出现如图 8—16 所示的界面。在 Minimum 栏中输入 1，在 Maximum 栏中输入 3，点击 Continue。

(4)在图 8—15 中，将变量 Sample Split60 选入 Selection Variable 栏中，单击 Value 按钮，出现如图 8—17 所示的界面。在 Value for Selection Variable 栏中输入 0，点击 Continue 回到主对话框。这一步操作的目的在于将变量 split60 取值为 0 时的样本作为分析样本，将变量 split60 取值为 1 时的样本作为验证样本。

(5)单击图 8—15 界面中的 Classify 按钮，出现如图 8—18 所示的界面。选择 Display 栏中的 Summary table，点击 Continue。

(6)完成以上操作之后，会回到图 8—15 的界面中，之后单击 OK 按钮即可。

得到标准化典型判别函数如表 8—5 所示。

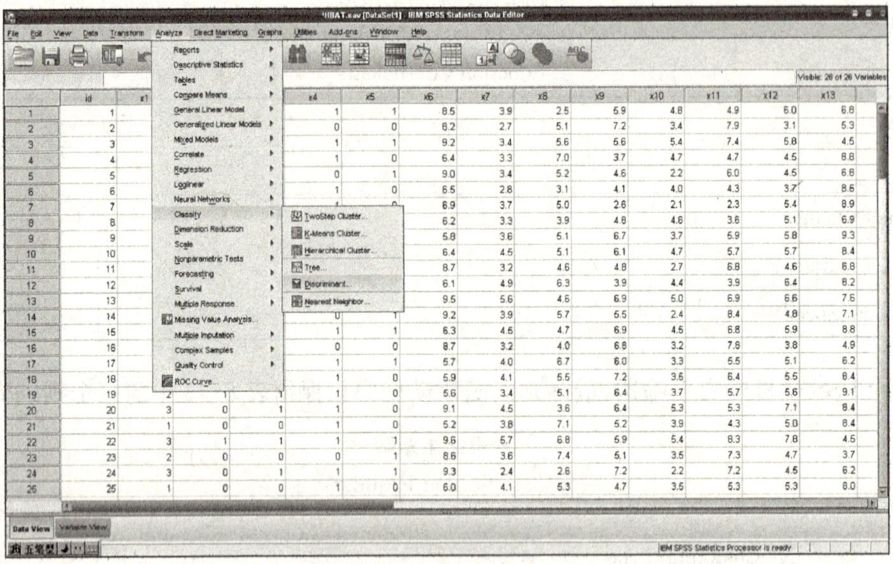

图 8－14　判别分析菜单

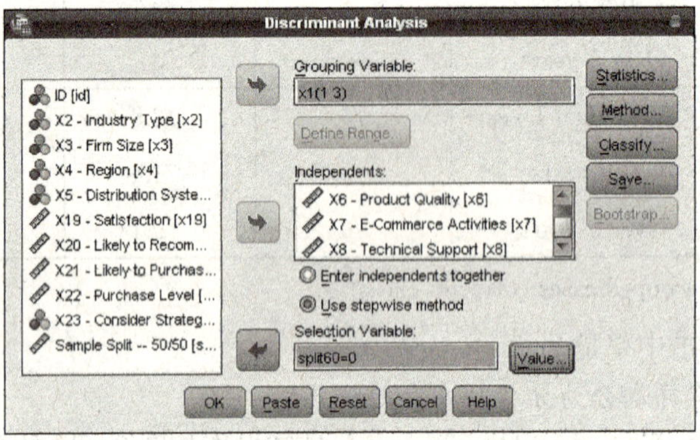

图 8－15　判别分析对话框

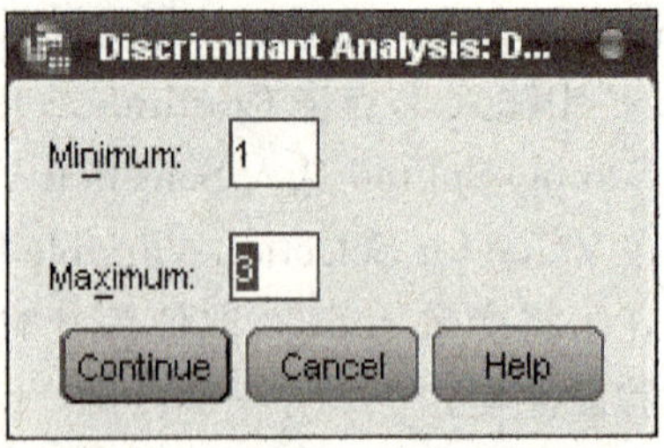

图 8－16　判别分析中定义分组变量取值范围对话框

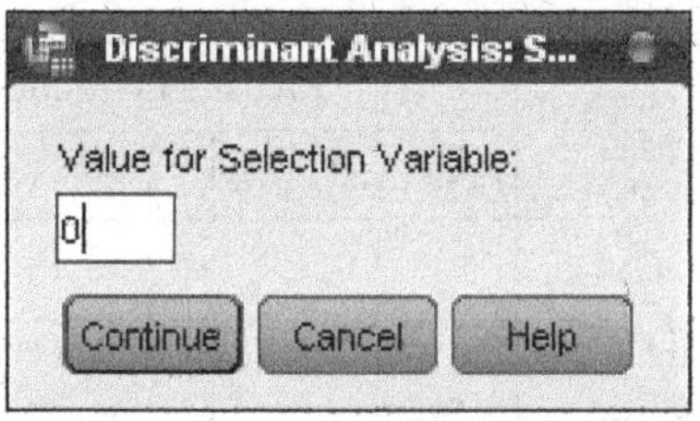

图 8—17 判别分析中选择样本对话框

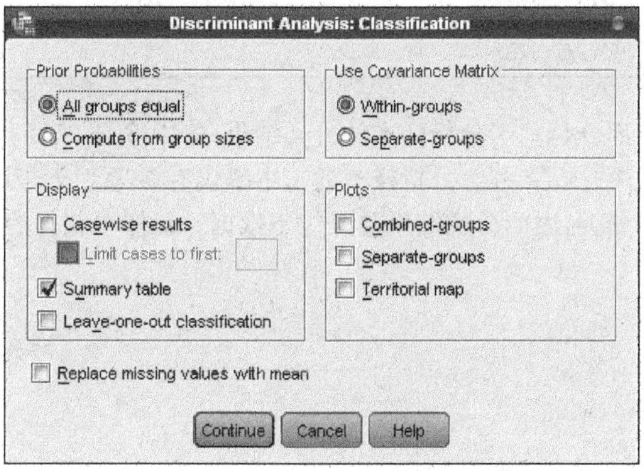

图 8—18 判别分析中分类对话框

表 8—5 标准化典型判别函数

Standardized Canonical Discriminant

Function Coefficients

	Function	
	1	2
X6-Product Quality	.969	.622
X18-Delivery Speed	1.021	−.533

表 8—6 分类结果矩阵

X1-Customer Type			Predicted Group Membership			Total
			Less than 1 year	1 to 5 years	Over 5 years	
Cases Selected	Count	Less than 1 year	21	1	0	22
		1 to 5 years	1	9	3	13
		Over 5 years	0	1	24	25
	%	Less than 1 year	95.5	4.5	.0	100.0
		1 to 5 years	7.7	69.2	23.1	100.0
		Over 5 years	.0	4.0	96.0	100.0

续表

X1-Customer Type			Predicted Group Membership			Total
			Less than 1 year	1 to 5 years	Over 5 years	
Cases Not Selected	Count	Less than 1 year	4	4	2	10
		1 to 5 years	1	11	10	22
		Over 5 years	0	0	8	8
	%	Less than 1 year	40.0	40.0	20.0	100.0
		1 to 5 years	4.5	50.0	45.5	100.0
		Over 5 years	.0	.0	100.0	100.0

表 8—6 中的上半部分是基于分析样本的分类结果，击中率是 90%；下半部分是基于验证样本的分类结果，击中率是 57.5%。分析样本的击中率仅有参考意义，因为分析样本既被用来建立模型，又被用来作分类，因而分类结果总是优于依据验证样本获得的分类结果。

第九章

离散因变量模型

离散因变量模型分为二元选择模型(Binary Choice Models)和多类别选择(反应)模型(Multicategory Choice /Polytomous Response Models)。在多类别选择模型中,根据因变量的反应类别(Response Category)是否排序,又分为无序选择模型(Multinominal Choice Models)和有序选择模型(Ordered Choice Models)。

第一节　二元选择模型简介

二元选择模型常用 Logit 模型或 Probit 模型。本书只介绍 Logit 模型,Probit 模型的原理非常类似。

Logit 模型是离散(分类)因变量模型的常用形式,它采用的是逻辑概率分布函数(Cumulative Logistic Probability Function)$F(Z)=\frac{e^{Z}}{1+e^{Z}}$($e$ 为自然对数的底),逻辑曲线如图 9－1 所示。其中,二元 Logit 模型是掌握多类别 Logit 模型的基础。

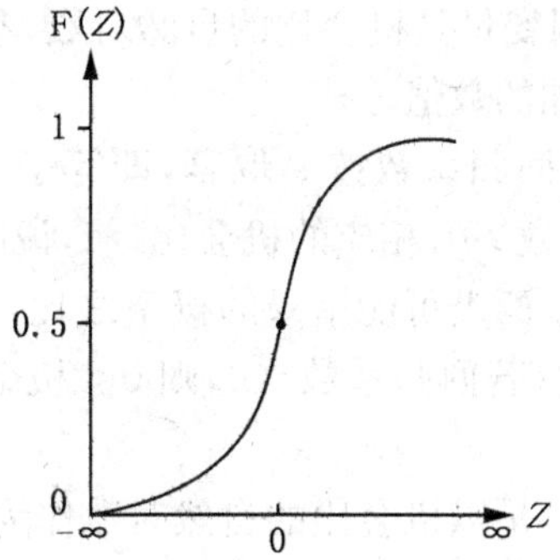

图 9－1　逻辑概率分布函数曲线图

以二元选择问题为例,设因变量 Y 有 0 和 1 两个选择,由自变量 X 来决定选择的结果。为了使二元选择问题的研究成为可能,首先建立随机效用模型:

令 $U_i^1=\alpha^1+\beta^1X_i+\mu_i^1$ 表示个体 i 选择 $y_i=1$ 的效用,$U_i^0=\alpha^0+\beta^0X_i+\mu_i^0$ 表示个体 i 选择 $y_i=0$ 的效用,显然,当 $U_i^1>U_i^0$ 时,选择结果为 1,反之为 0。将两个效用相减,即得随机效用模型:

$$U_i^1-U_i^0=(\alpha^1-\alpha^0)+(\beta^1-\beta^0)X_i+(\mu_i^1-\mu_i^0) \tag{9-1}$$

记为:

$$y_i^*=\alpha+\beta X_i+\varepsilon_i \tag{9-2}$$

当 $U_i^1 > U_i^0$ 时，$y_i^* > 0$，则个体 i 选择 $y_i = 1$ 的概率为：

$$P(y_i=1)=P(y_i^*>0)=P(\alpha+\beta X_i+\varepsilon_i>0)=P(\varepsilon_i>-\alpha-\beta X_i) \tag{9-3}$$

若 ε_i 的概率分布为 Logistic 分布，则有：

$$\begin{aligned}P(y_i=1)&=P(\varepsilon_i>-\alpha-\beta X_i)=1-P(\varepsilon_i\leqslant-\alpha-\beta X_i)\\&=1-F(-\alpha-\beta X_i)=F(\alpha+\beta X_i)=\frac{e^{\alpha+\beta X_i}}{1+e^{\alpha+\beta X_i}}\end{aligned}$$

即：

$$P(y_i=1)=\frac{e^{\alpha+\beta X_i}}{1+e^{\alpha+\beta X_i}} \tag{9-4}$$

式(9－4)即为最常用的二元选择模型——Logit 模型。

二元 Logit 选择模型的参数估计通常使用最大似然估计法，令似然函数 $L=\text{Prob}(y_1)\text{Prob}(y_2)\cdots\text{Prob}(y_n)=\prod_{i=1}^{n}P(y_i=1)^{y_i}[1-P(y_i=1)]^{(1-y_i)}$，再求似然函数 L 的对数值最大时的参数估计量。

对式(9－4)进行适当的变换，得：

$$\log\frac{P(y_i=1)}{1-P(y_i=1)}=\log\frac{\dfrac{e^{\alpha+\beta X_i}}{1+e^{\alpha+\beta X_i}}}{1-\dfrac{e^{\alpha+\beta X_i}}{1+e^{\alpha+\beta X_i}}}=\log^{e\alpha+\beta X_i}=\alpha+\beta X_i \tag{9-5}$$

即：

$$\log\frac{P(y_i=1)}{1-P(y_i=1)}=\alpha+\beta X_i \tag{9-6}$$

式(9－6)与式(9－4)是等价的，而且更易于解释，式中 $\frac{P(y_i=1)}{1-P(y_i=1)}$ 为个体 i 作出选择 1 的机会比(Odds Ratio)，式中的因变量是机会比的自然对数，参数 β 的含义为自变量 X 每增加一个单位，机会比的自然对数增加的数值。

机会比等于对相应自变量的回归系数按 e 取幂，即等于 $e^{回归系数}$，因此常被用来替代回归系数对模型进行解释。若回归系数＞0，相应的机会比＞1，说明自变量增加一个单位导致机会比数值增大，由于机会比是因变量两类可能结果的概率之比，机会比数值增大，说明作为机会比分子的类别出现的可能性增大；若回归系数＜0，则 0＜机会比＜1，说明作为机会比分子的类别出现的可能性减小。

在多类别选择模型中，通常也是以机会比的自然对数作为因变量建立关于自变量 X 的线性模型，统称为 Logistic 回归。

第二节　二元选择模型实验：估计银行客户贷款违约概率

一、数据说明及上机要求

数据文件 bankloan.sav 中有 850 个现有客户和潜在客户的资料，其中前 700 个客户是现有客户，银行已经拥有这些客户的贷款情况和贷款违约信息。

上机要求：

(1)从 700 个现有客户中随机选择 70%的客户用于构建 Logit 模型。

(2)根据上述 Logit 模型，对 700 个现有客户的余下 30%客户进行贷款违约情况的预测，并计算预测的准确率。

(3)根据上述 Logit 模型，对 150 个潜在客户的贷款违约情况进行预测。

二、二元选择模型上机步骤

(1)打开数据文件 bankloan.sav，先创建一个筛选样本的变量，用于将 700 个现有客户分为估计样本和验证样本。在数据窗口单击 Transform→Compute Variable，打开计算变量(Compute Variable)对话框(如图 9—2 所示)。

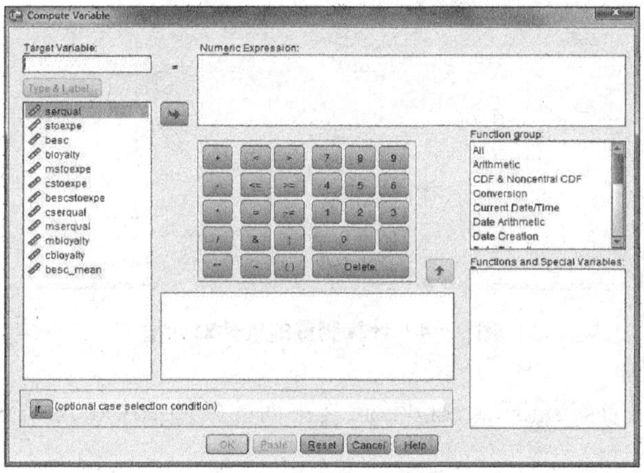

图 9—2　计算变量对话框

(2)在 Target Variable 框中输入目标变量 Select，在 Numeric Expression 框中输入计算式 rv.bernoulli(0.7)(如图 9—3 所示)。

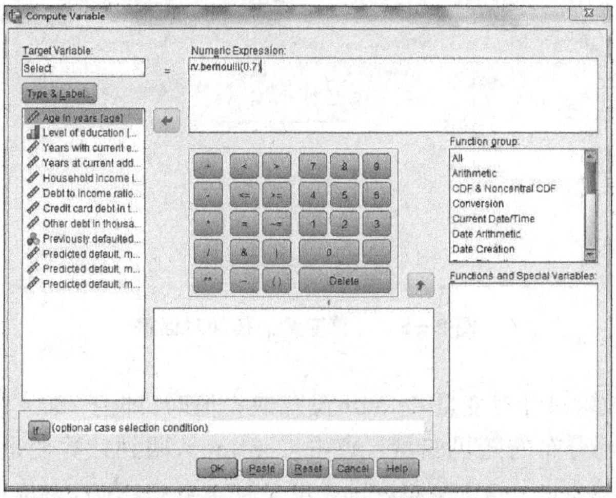

图 9—3　计算变量对话框

(3)该命令将产生一个服从概率为 0.7 的本努利分布的随机变量。由于我们是在前 700 个现有客户中随机选择 70%的样本点用于建模，因此还需对产生随机变量的样本进行设定。

点击计算变量对话框左下角的If按钮，出现对话框如图9－4所示。

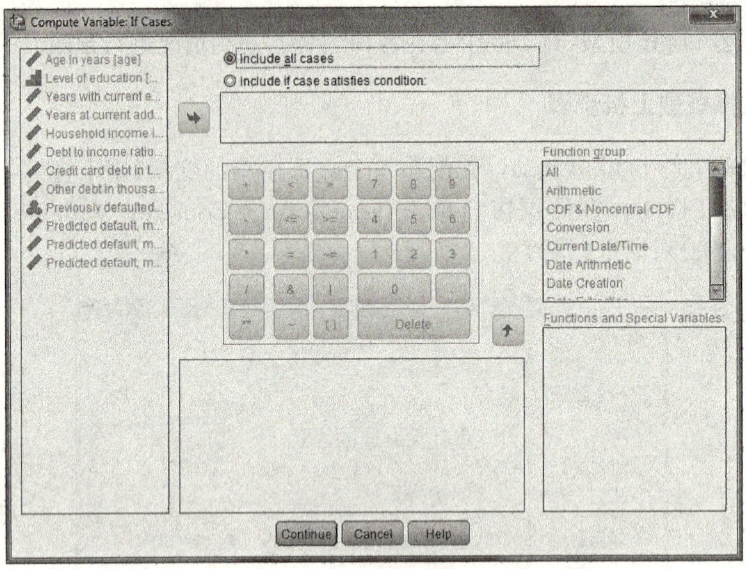

图9－4 计算变量的条件对话框

(4)选择Include if case satisfies condition，在下面的条件框中输入MISSING(default)＝0(如图9－5所示)。

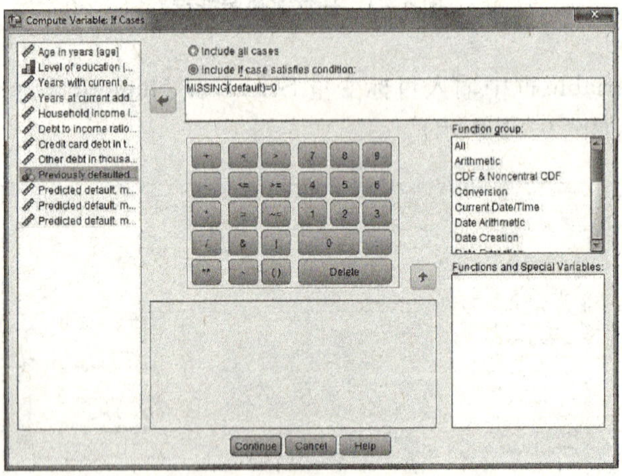

图9－5 计算变量的条件对话框

这个条件的意思是，只针对变量default没有缺失值时，即前700个客户的样本来产生服从概率为0.7的本努利分布的随机变量。点击Continue，回到计算变量对话框，再点击OK，即产生了一个新变量Select。这个变量在前700个样本点中，有70%取值为1，有30%取值为0；在后150个样本点中，取值为空。

(5)点击Analyze→Regression→Binary Logistic进入逻辑回归(Logistic Regression)对话框(如图9－6所示)。

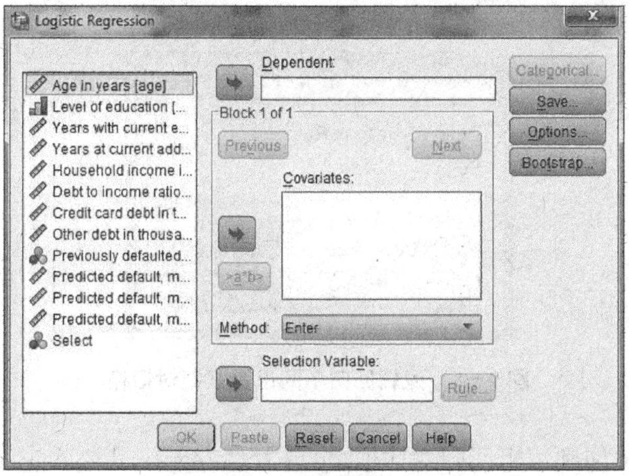

图 9—6　逻辑回归对话框

(6)在左边变量列表中，选择 default 进入 Dependent 框中，选择 Age in years 一直到 Other debt in thousands 8 个变量进入 Covariates 框中(如图 9—7 所示)。

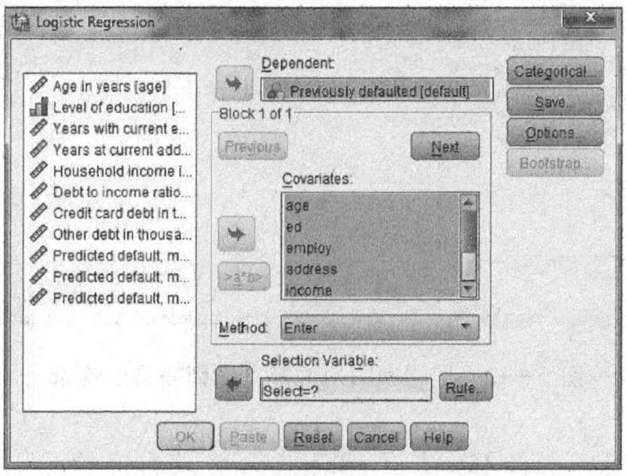

图 9—7　逻辑回归对话框

(7)选择 Select，进入 Selection Variable 框中，点击该框右边的 Rule 按钮，进入设置规则(Set Rule)对话框(如图 9—8 所示)。

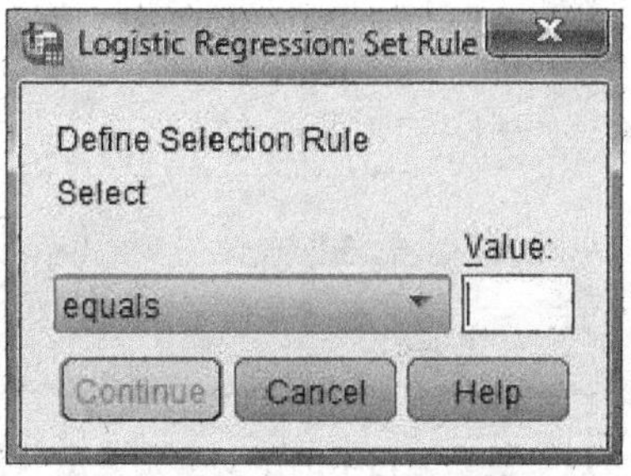

图 9—8　逻辑回归中的设置规则对话框

(8)在 Value 框中输入 1(如图 9—9 所示)。

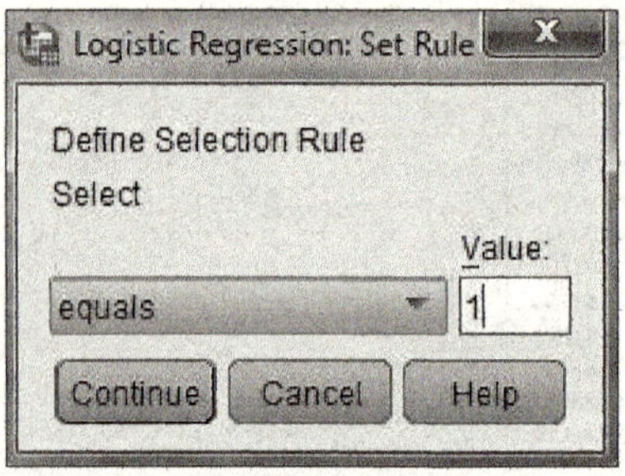

图 9—9 逻辑回归中的设置规则对话框

(9)点击 Continue 回到逻辑回归对话框,再点击 Categorical 进入定义类别变量对话框(如图 9—10 所示)。

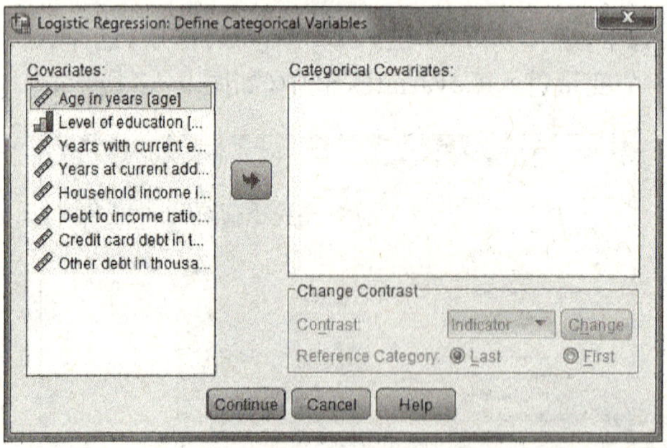

图 9—10 逻辑回归中的定义类别变量对话框

(10)从左边变量列表中选择 Level of education 进入右边的 Categorical Covariates 框中(如图 9—11 所示)。

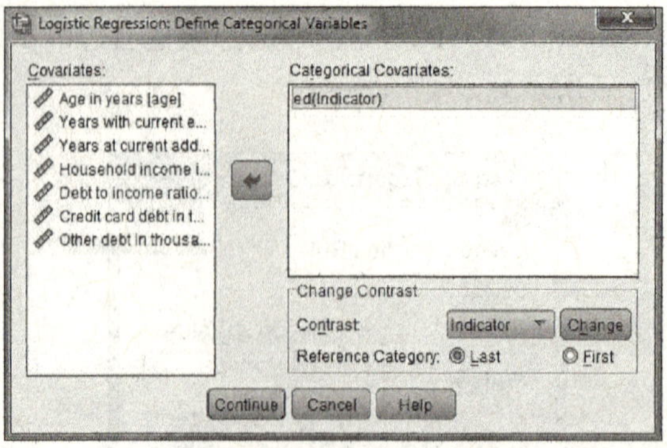

图 9—11 逻辑回归中的定义类别变量对话框

(11)点击 Continue 回到逻辑回归对话框,再点击 Save 进入保存对话框(如图 9—12 所示)。

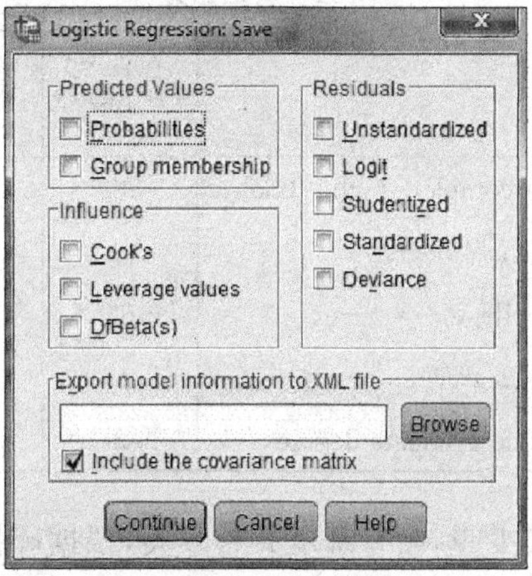

图 9—12　逻辑回归中的保存对话框

(12)点击 Predicted Values 下面的 Probabilities 选项(如图 9—13 所示)。

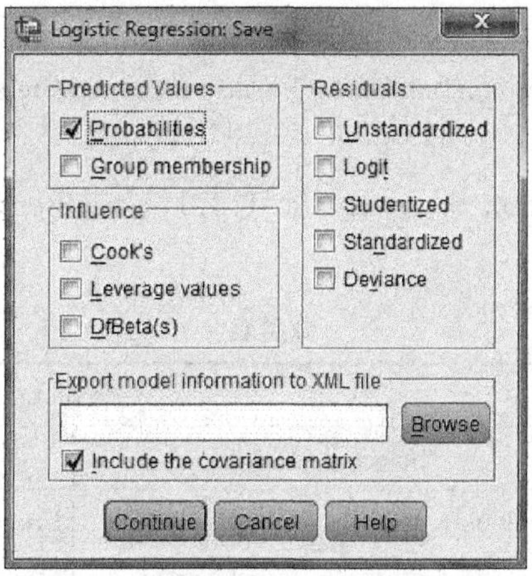

图 9—13　逻辑回归中的保存对话框

(13)点击 Continue 回到逻辑回归对话框。点击 OK，便得到逻辑回归结果如表 9—1、表 9—2、表 9—3、表 9—4、表 9—5 所示。

表 9—1　　案例处理汇总表

Unweighted Cases[a]		N	Percent
Selected Cases	Included in Analysis	489	57.5
	Missing Cases	0	.0
	Total	489	57.5
Unselected Cases		361	42.5
Total		850	100.0

a.If weight is in effect, see classification table for the total number of cases.

从表 9—1 可知，在 850 个客户中，有 489 个被选中作为估计样本，另外 361 个作为验证样本。

表 9—2 **分类变量编码表**

		Frequency	Parameter coding			
			(1)	(2)	(3)	(4)
Level of education	Did not complete high school	269	1.000	.000	.000	.000
	High school degree	134	.000	1.000	.000	.000
	Some college	58	.000	.000	1.000	.000
	College degree	25	.000	.000	.000	1.000
	Post-undergraduate degree	3	.000	.000	.000	.000

从表 9—2 可知，对于分类变量，教育程度共有 5 类，根据虚拟变量的设置规则，这里将其编码为 4 个虚拟变量。

表 9—3 **模型汇总表**

Step	−2 Log likelihood	Cox & Snell R Square	Nagelkerke R Square
1	382.432[a]	.311	.454

a. Estimation terminated at iteration number 20 because maximum iterations has been reached. Final solution cannot be found.

从表 9—3 可知，模型的 Cox & Snell $R^2=0.311$，Nagelkerke $R^2=0.454$。这表明模型有较好的拟合优度。

表 9—4 **分类表[a]**

Observed			Predicted					
			Selected Cases[b]			Unselected Cases[c,d]		
			Previously defaulted		Percentage Correct	Previously defaulted		Percentage Correct
			No	Yes		No	Yes	
Step 1	Previously defaulted	No	336	24	93.3	142	15	90.4
		Yes	55	74	57.4	30	24	44.4
	Overall Percentage				83.8			78.7

a. The cut value is .500

b. Selected cases Select EQ 1

c. Unselected cases Select NE 1

d. Some of the unselected cases are not classified due to either missing values in the independent variables or categorical variables with values out of the range of the selected cases.

表 9—4 报告的是分类结果。因为分析样本既被用来建立模型，又被用来分类，因而分类结果总是好于依据验证样本获得的分类结果。命中率(Hit Ratio)或样本正确分类概率，就是分类矩阵对角线元素之和与总样本数的比例。从表 9—4 可知，分析样本的命中率是 83.8%，验证样本的命中率是 78.7%。对于 150 个潜在用户，由于没有真实的违约记录数据，因此无法计算命中率。

表 9—5　　　　变量系数表

		B	S.E.	Wald	df	Sig.	Exp(B)
Step 1[a]	age	.034	.023	2.240	1	.135	1.035
	ed			1.021	4	.907	
	ed(1)	18.402	21 854.118	.000	1	.999	98 122 321.219
	ed(2)	18.582	21 854.118	.000	1	.999	117 468 201.162
	ed(3)	18.777	21 854.118	.000	1	.999	142 784 203.032
	ed(4)	18.368	21 854.118	.000	1	.999	94 857 282.625
	employ	−.260	.039	43.515	1	.000	.771
	address	−.093	.028	10.682	1	.001	.911
	income	−.005	.009	.285	1	.593	.995
	debtinc	.073	.034	4.489	1	.034	1.076
	creddebt	.615	.131	22.160	1	.000	1.849
	othdebt	.025	.092	.074	1	.786	1.025
	Constant	−19.993	21 854.118	.000	1	.999	.000

a. Variable(s) entered on step 1: age, ed, employ, address, income, debtinc, creddebt, othdebt.

表 9—5 报告的是回归系数及其显著性。从表 9—5 可知，变量 employ(当前雇主工作年限)，address(当前住址居住年限)，debtinc(债务收入比)和 creddebt(信用卡负债额)对客户贷款违约概率均有显著影响。由于 Logit 模型系数的经济意义不如线性回归系数那么直观，上表最后一列还报告了 Exp(B)，即以 e 为底，以系数为幂的值。Exp(B)表示自变量每变化一单位，机会比变化的数值。例如，address 的 Exp(B)值为 0.911，也就是说，客户在当前住址的居住年限每增加 1 年，其债务违约的机会比是原来的 91.1%，即债务违约的概率是下降的。

第三节　基准类别 Logit 模型(Baseline-Category Logit Model)

对于非排序选择问题，通常用基准类别 Logit 模型来研究。

设离散因变量 Y 有 r 类可能结果，令 $j=1,2,\cdots,r$ 代表 r 个不同的结果类别，各类结果之间相互独立，不存在等级排序关系，定义 $y_{ij}=j$ 代表个体 i 选择结果 j，则个体 i 的可能选择 $y_i=(y_{i1},y_{i2},\cdots,y_{ir})=(1,2,\cdots,r)$；$X=(X_1,X_2,\cdots,X_k)$为 k 个影响因变量选择结果的自变量；定义 π_{ij} 为个体 i 选择结果 j 的概率，即 $\pi_{ij}=P(y_i=j)$，则个体 i 作出各类选择的概率 $\pi_i=(\pi_{i1},\pi_{i2},\cdots,\pi_{ir})$，$\sum_{j=1}^{r}\pi_{ij}=1$。以 j^* 作为基准类别，可定义 $r-1$ 个机会比的自然对数(Log-odds) $\log\frac{\pi_{ij}}{\pi_{ij^*}}(j=1\cdots r, j\neq j^*)$，引入自变量 X，则可得基准类别 Logit 模型如下：

$$\log\frac{\pi_{ij}}{\pi_{ij^*}}=\boldsymbol{\alpha}_j+\boldsymbol{X}_i\boldsymbol{\beta}_j \qquad (j=1\cdots r, j\neq j^*) \tag{9—7}$$

式中，$X_i=(X_{i1},X_{i2},\cdots,X_{ik})$；$i=1,2,\cdots,n$；$n$ 为样本容量；k 为自变量个数。

$\beta_j=(\beta_{j1},\beta_{j2},\cdots,\beta_{jk})^T$；$j=1,2,\cdots r$；$r$ 为离散因变量结果分类的个数。

可见，式(9－7)中包括 $r-1$ 个方程，有 $(r-1)\times(k+1)$ 个待估参数。

与式(9－7)等价的是各类结果出现的概率函数，当 j 为非基准类别，即 $j\neq j^*$ 时：

$$\pi_{ij}=\frac{e^{(\alpha_j+X_i\beta_j)}}{1+\sum_{j\neq j^*}e^{(\alpha_j+X_i\beta_j)}} \tag{9-8}$$

当 j 为基准类别，即 $j=j^*$ 时：

$$\pi_{ij^*}=\frac{1}{1+\sum_{j\neq j^*}e^{(\alpha_j+X_i\beta_j)}} \tag{9-9}$$

式(9－7)、式(9－8)、式(9－9)是等价的，同样可以用最大似然估计法进行参数估计，通过 $y_{ij}(i=1\cdots n,j=1\cdots r)$ 的联合概率函数导出似然函数：

$$L=\prod_{i=1}^{n}\prod_{j=1}^{r}(\pi_{ij})^{I_{ij}} \tag{9-10}$$

其中，$I_{ij}=1$，如果个体 i 选择结果 j；反之，$I_{ij}=0$。把式(9－8)和式(9－9)代入式(9－10)并取对数得对数似然函数 $\log L=\log\prod_{i=1}^{n}\prod_{j=1}^{r}(\pi_{ij})^{I_{ij}}$，再通过对数似然函数最大化的一阶条件求解模型参数。

式(9－6)的参数 β_{jk} 表示当其他自变量保持不变时，自变量 X_k 每变化一个单位，个体 i 的选择落入第 j 类的概率对比落入第 j^* 类的概率得到的机会比对数变化 β_{jk} 个单位。

对于基准类别 Logit 模型而言，任何一个类别都可被选作基准类别，不会影响模型的拟合，只是式(9－7)的参数估计值及其解释发生变化，模型的对数似然函数值和因变量各个类别的概率预测值都不会改变。

基准类别 Logit 模型非常灵活，通过式(9－7)可以求个体 i 的选择落入任意两个类别的机会比对数，如要求结果 j 对比结果 m 的机会比对数，有：

$$\log\frac{\pi_{ij}}{\pi_{im}}=\log\frac{\dfrac{\pi_{ij}}{\pi_{ij^*}}}{\dfrac{\pi_{im}}{\pi_{ij^*}}}=\log\frac{\pi_{ij}}{\pi_{ij^*}}-\log\frac{\pi_{im}}{\pi_{ij^*}}=(\alpha_j-\alpha_m)+X_i(\beta_j-\beta_m)\quad (j,m=1\cdots r,j\neq j^*,m\neq j^*) \tag{9-11}$$

第四节　基准类别 Logit 模型实验：找出早餐食品目标消费者的特征

一、数据说明与上机要求

一家快速消费品公司为了研究消费者对早餐的偏好，抽样调查了 880 个消费者，调查得到消费者的年龄、性别、婚姻状况和生活方式。同时，让每个消费者品尝了 3 种早餐食物(Breakfast Bar，Oatmeal，Cereal)，让消费者选择其最喜欢的早餐食物。调查数据见 cereal.sav。

上机要求：用多项逻辑回归(Multinomial Logistic)模型找出每一种早餐食物目标市场的消费者特征。

二、基准类别 Logit 模型上机步骤

(1)点击 Analyze→Regression→Multinomial Logistic 进入多项逻辑回归(Multinomial

Logistic Regression)对话框(如图 9—14 所示)。

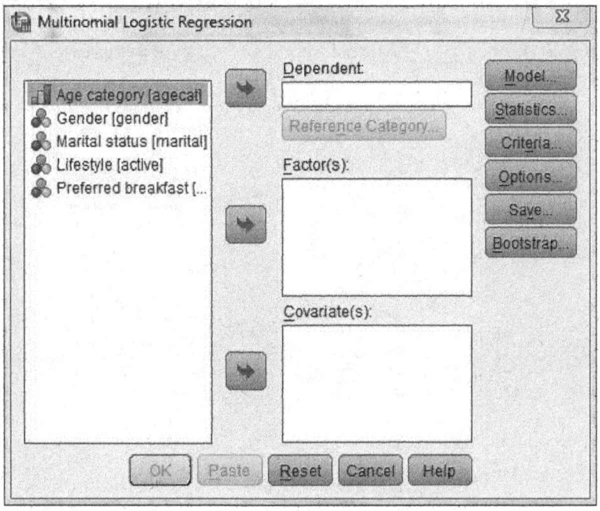

图 9—14 多项逻辑回归对话框

(2)在左边变量列表中,选择 Preferred breakfast 进入 Dependent 框中,选择 Age category,Gender 和 Lifestyle 3 个变量进入 Factor(s)框中(如图 9—15 所示)。

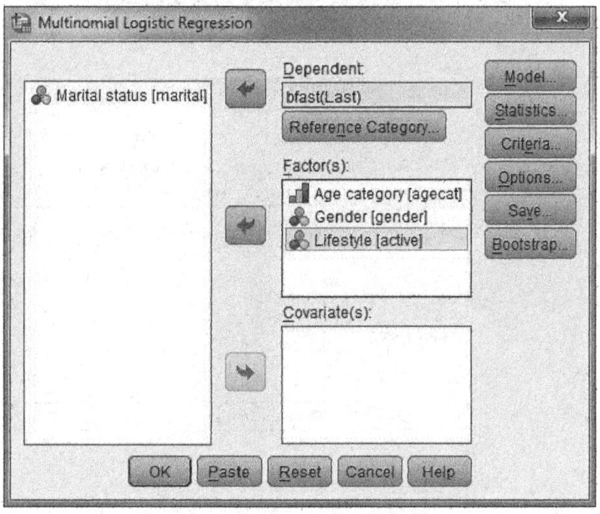

图 9—15 多项逻辑回归对话框

(3)点击 Multinomial Logistic Regression 对话框的 Model 按钮,进入模型(Model)对话框(如图 9—16 所示)。

(4)点击 Custom/Stepwise,在 Build Terms 下方的下拉框中选择 Main effects,将左边变量列表中的 active 和 agecat 两个变量通过箭头选入右边的 Forced Entry Terms 框中(如图 9—17所示)。

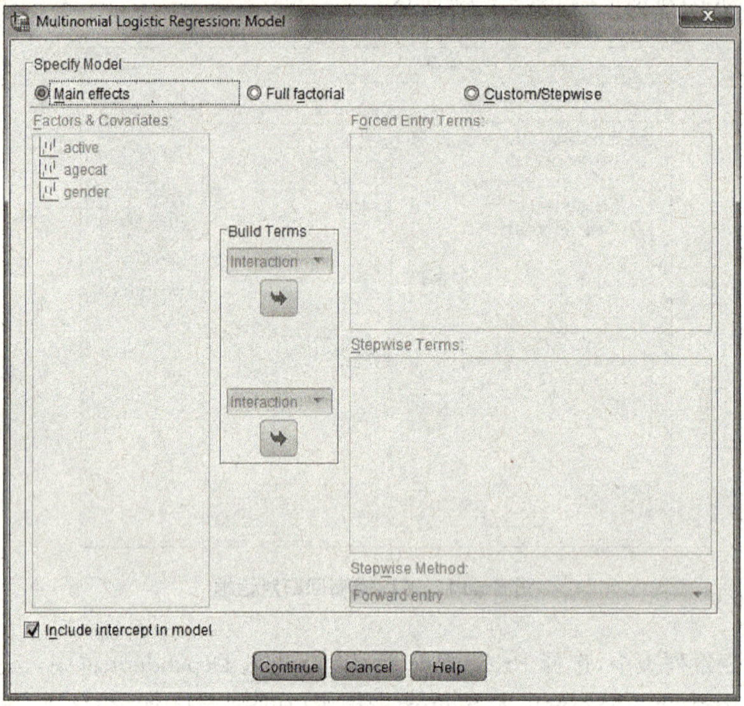

图 9—16　多项逻辑回归中的模型对话框

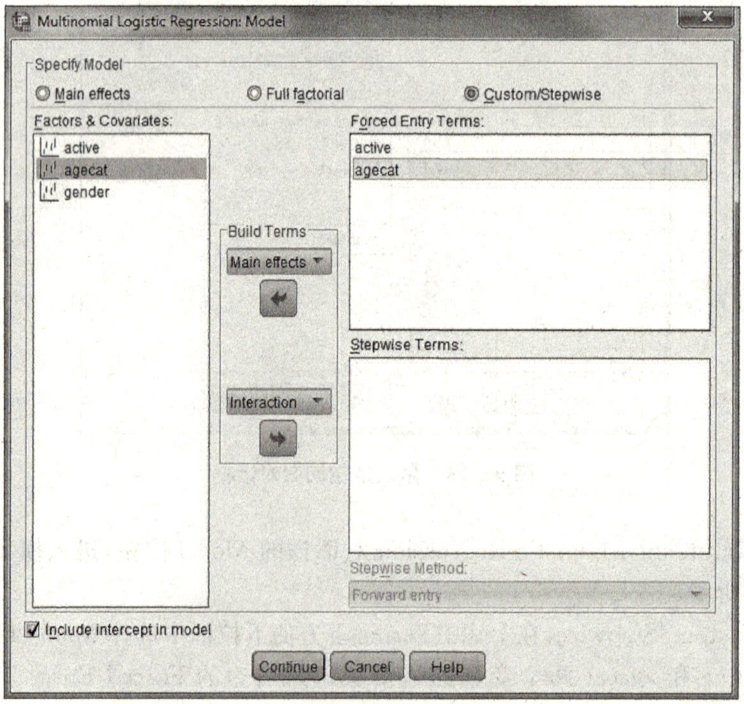

图 9—17　多项逻辑回归中的模型对话框

(5)点击 Continue 回到多项逻辑回归对话框，再点击 Statistics 进入统计量(Statistics)对话框。除了默认的选项，将 Cell probablities，Classification table 和 Goodness-of-fit 三个选项选中(如图 9—18 所示)。

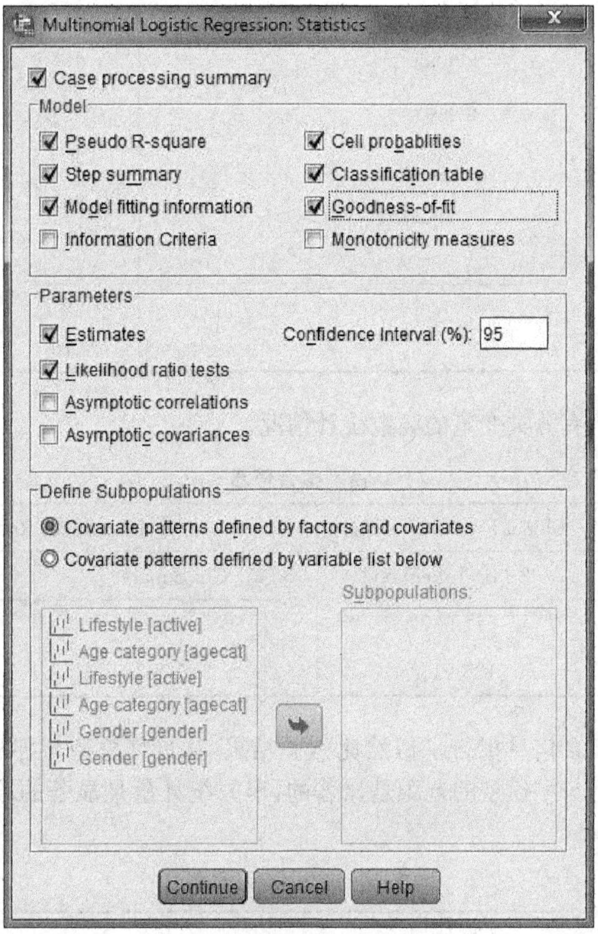

图 9—18　多项逻辑回归中的统计量对话框

(6)点击 Continue 回到多项逻辑回归对话框，点击 OK 得到分析结果如表 9—6 至表 9—13 所示。

表 9—6　　案例处理汇总表

		N	Marginal Percentage
Preferred breakfast	Breakfast Bar	231	26.2%
	Oatmeal	310	35.2%
	Cereal	339	38.5%
Age category	Under 31	181	20.6%
	31—45	206	23.4%
	46—60	231	26.2%

续表

		N	Marginal Percentage
	Over 60	262	29.8%
Gender	Male	424	48.2%
	Female	456	51.8%
Lifestyle	Inactive	474	53.9%
	Active	406	46.1%
Valid		880	100.0%
Missing		0	
Total		880	
Subpopulation		16	

从表 9—6 可知所有分类变量的频数统计情况。

表 9—7　　　　模型拟合信息

Model	Model Fitting Criteria	Likelihood Ratio Tests		
	−2 Log Likelihood	Chi-Square	df	Sig.
Intercept Only	511.637			
Final	135.915	375.722	8	.000

表 9—7 的模型拟合信息报告了似然比检验结果，从最终模型与零模型(Intercept Only)的比较可知，最终模型与零模型的差距是显著的，卡方统计量是显著的，这表明最终模型要显著优于零模型。

表 9—8　　　　拟合优度

	Chi-Square	df	Sig.
Pearson	19.075	22	.641
Deviance	21.801	22	.472

表 9—8 报告了两个检验模型拟合优度的统计量。这两个检验的原假设均是模型与样本数据是一致的。从表 9—8 的检验结果可知，两个检验统计量结果均是接受原假设，也就是说，样本数据与模型假设是一致的(拟合估度统计量根据表 9—9 观测频率与预测频率表计算)。

表 9—9　　　　伪 R^2

Cox and Snell	.348
Nagelkerke	.392
McFadden	.197

表 9—9 报告的是模型的伪 R^2 值。

表 9—10 **似然比检验**

Effect	Model Fitting Criteria	Likelihood Ratio Tests		
	−2 Log Likelihood of Reduced Model	Chi-Square	df	Sig.
Intercept	135.915[a]	.000	0	.
active	160.949	25.034	2	.000
agecat	451.066	315.151	6	.000

The chi-square statistic is the difference in −2 log−likelihoods between the final model and a reduced model. The reduced model is formed by omitting an effect from the final model. The null hypothesis is that all parameters of that effect are 0.

a. This reduced model is equivalent to the final model because omitting the effect does not increase the degrees of freedom.

表 9—10 通过似然比的变化报告了每一个因子对模型的贡献，表中的卡方值等于剔除该因子后的模型的似然比与最终模型似然比的差值。从表 9—10 可知，卡方值是统计显著的，这表明两个因子均对因变量有显著影响。

表 9—11 **参数估计表**

Preferred breakfast[a]		B	Std. Error	Wald	df	Sig.	Exp(B)	95% Confidence Interval for Exp(B)	
								Lower Bound	Upper Bound
Breakfast Bar	Intercept	−.744	.287	6.707	1	.010			
	[active=0]	−.786	.181	18.945	1	.000	.456	.320	.649
	[active=1]	0[b]	.	.	0	.	.	.	.
	[agecat=1]	.938	.313	8.989	1	.003	2.555	1.384	4.719
	[agecat=2]	1.047	.311	11.333	1	.001	2.848	1.549	5.239
	[agecat=3]	.263	.332	.629	1	.428	1.301	.679	2.494
	[agecat=4]	0[b]	.	.	0	.	.	.	.
Oatmeal	Intercept	1.022	.195	27.478	1	.000			
	[active=0]	.178	.187	.902	1	.342	1.195	.828	1.724
	[active=1]	0[b]	.	.	0	.	.	.	.
	[agecat=1]	−4.256	.533	63.770	1	.000	.014	.005	.040
	[agecat=2]	−2.461	.275	80.174	1	.000	.085	.050	.146
	[agecat=3]	−1.115	.208	28.727	1	.000	.328	.218	.493
	[agecat=4]	0[b]	.	.	0	.	.	.	.

a. The reference category is: Cereal.

b. This parameter is set to zero because it is redundant.

表 9—11 报告了每个影响因子对因变量的影响系数及其显著性。根据虚拟变量的设置规则，如果模型中有截距项，则因子的类别为 m 时，只需引入 $m-1$ 个变量即可。如果设定参数

假设检验的显著性水平为 0.5，则参数的 Sig 值小于 0.5，即表明其显著不为零。在本例中，因变量的参考组是 Cereal，以第二行为例，Active=0 的系数显著为负，这表明，生活方式消极的人比生活方式积极的人选择 Breakfast Bar 的概率相对于其选择 Cereal 的概率要显著低。

表 9—12 **分类表**

Observed	Predicted			
	Breakfast Bar	Oatmeal	Cereal	Percent Correct
Breakfast Bar	118	34	79	51.1%
Oatmeal	14	251	45	81.0%
Cereal	96	116	127	37.5%
Overall Percentage	25.9%	45.6%	28.5%	56.4%

分类表是模型预测结果与实际观测结果的列联表。表中对角线元素是正确分类频数，非对角线元素是错误分类频数。命中率或样本正确分类概率，就是分类矩阵对角线元素之和与总样本数的比例。表 9—12 显示模型得到正确分类的概率是 56.4%。从第一行可知，对选择 Breakfast Bar 的样本正确分类的概率是 51.1%。

表 9—13 **观测频率和预测频率**

Lifestyle	Gender	Age category	Preferred breakfast	Frequency			Percentage	
				Observed	Predicted	Pearson Residual	Observed	Predicted
Inactive	Male	Under 31	Breakfast Bar	12	11.063	.348	37.5%	34.6%
			Oatmeal	0	.941	−.985	0.0%	2.9%
			Cereal	20	19.996	.001	62.5%	62.5%
		31～45	Breakfast Bar	16	13.955	.666	37.2%	32.5%
			Oatmeal	6	6.416	−.178	14.0%	14.9%
			Cereal	21	22.629	−.497	48.8%	52.6%
		46—60	Breakfast Bar	8	7.724	.106	12.3%	11.9%
			Oatmeal	28	29.857	−.462	43.1%	45.9%
			Cereal	29	27.418	.397	44.6%	42.2%
		Over 60	Breakfast Bar	1	4.581	−1.714	1.0%	4.8%
			Oatmeal	71	70.262	.170	74.0%	73.2%
			Cereal	24	21.158	.700	25.0%	22.0%
	Female	Under 31	Breakfast Bar	14	13.137	.294	36.8%	34.6%
			Oatmeal	2	1.118	.847	5.3%	2.9%
			Cereal	22	23.745	−.585	57.9%	62.5%
		31～45	Breakfast Bar	14	14.929	−.292	30.4%	32.5%
			Oatmeal	6	6.864	−.357	13.0%	14.9%
			Cereal	26	24.208	.529	56.5%	52.6%
		46—60	Breakfast Bar	8	8.794	−.285	10.8%	11.9%
			Oatmeal	38	33.991	.935	51.4%	45.9%
			Cereal	28	31.215	−.757	37.8%	42.2%

续表

Lifestyle	Gender	Age category	Preferred breakfast	Frequency			Percentage	
				Observed	Predicted	Pearson Residual	Observed	Predicted
		Over 60	Breakfast Bar	5	3.817	.620	6.2%	4.8%
			Oatmeal	57	58.551	−.392	71.2%	73.2%
			Cereal	18	17.631	.099	22.5%	22.0%
Active	Male	Under 31	Breakfast Bar	28	28.553	−.152	52.8%	53.9%
			Oatmeal	0	.927	−.971	0.0%	1.7%
			Cereal	25	23.520	.409	47.2%	44.4%
		31～45	Breakfast Bar	23	28.208	−1.419	42.6%	52.2%
			Oatmeal	8	4.948	1.440	14.8%	9.2%
			Cereal	23	20.845	.602	42.6%	38.6%
		46～60	Breakfast Bar	13	11.730	.427	27.1%	24.4%
			Oatmeal	16	17.297	−.390	33.3%	36.0%
			Cereal	19	18.974	.008	39.6%	39.5%
		Over 60	Breakfast Bar	3	3.684	−.378	9.1%	11.2%
			Oatmeal	26	21.560	1.624	78.8%	65.3%
			Cereal	4	7.755	−1.542	12.1%	23.5%
	Female	Under 31	Breakfast Bar	30	31.247	−.328	51.7%	53.9%
			Oatmeal	2	1.014	.987	3.4%	1.7%
			Cereal	26	25.739	.069	44.8%	44.4%
		31−45	Breakfast Bar	37	32.909	1.032	58.7%	52.2%
			Oatmeal	4	5.772	−.774	6.3%	9.2%
			Cereal	22	24.319	−.600	34.9%	38.6%
		46−60	Breakfast Bar	10	10.752	−.264	22.7%	24.4%
			Oatmeal	15	15.855	−.269	34.1%	36.0%
			Cereal	19	17.393	.496	43.2%	39.5%
		Over 60	Breakfast Bar	9	5.917	1.344	17.0%	11.2%
			Oatmeal	31	34.627	−1.047	58.5%	65.3%
			Cereal	13	12.456	.176	24.5%	23.5%

The percentages are based on total observed frequencies in each subpopulation.

从表 9−13 第一行可知，生活方式不活跃的年龄在 31 岁以下的男士，其早餐食品偏好 Breakfast Bar。表 9−13 第一列的 Observed 是指样本中观测到的符合条件的频数，第二列的 Predicted 是指根据模型预测的符合条件的频数，第三列的 Pearson Residual 是观测频数与预测频数的差距，Pearson Residual 越大，表明模型拟合优度越差。

第五节　比例优势累积 Logit 模型
(Proportional-Odds Cumulative Logit Model)

比例优势模型(Proportional Odds Model，简称 POM)也称累积 Logit 模型(Cumulative Logit Model)，最早由麦克莱(McCullagh)提出，是排序 Logistic 回归中最常用的模型。目前，POM 被广泛应用在社会经济统计学和生物医学统计领域。与相邻级别(Adjacent-Category)

Logit 模型相比，POM 更适合研究自变量的变化对因变量等级变化的影响效应，即自变量数值的增加或减少是否有助于因变量级别的提高或降低。

POM 假设排序因变量 Y 的类别等级受不可观测的潜变量 y^* 的影响，并且存在 $r-1$ 个未知的潜在分割点（cutpoint 或 threshold）$c_1<c_2<\cdots<c_{r-1}$，将 Y 分为 r 个等级[1]。

即：

$$Y=\begin{cases}1, & \text{如果 } y^*<c_1\\ 2, & \text{如果 } c_1<y^*<c_2\\ \vdots & \\ r-1, & \text{如果 } c_{r-2}<y^*<c_{r-1}\\ r, & \text{如果 } c_{r-1}<y^*\end{cases}$$

若 y^* 是自变量 X 的线性函数，则 $y^*=\beta X+\varepsilon$，$X=(X_1,X_2,\cdots X_k)^T$ 代表 k 个自变量 $\beta=(\beta_1,\beta_2,\cdots,\beta_k)$，设 ε 服从 Logistic 分布 $F(Z)=\frac{e^Z}{1+e^Z}$，则可得 Y 的累积概率函数：

$$\begin{aligned}P(Y\leqslant j)&=P(y^*\leqslant c_j)\\&=P(\beta X+\varepsilon\leqslant c_j)\\&=P(\varepsilon\leqslant c_j-\beta X)\\&=F(c_j-\beta X)\qquad j=1,2,\cdots,r-1\\&=\frac{e^{cj-\beta X}}{1+e^{cj-\beta X}}\end{aligned}\tag{9-12}$$

比例优势模型（POM）就是使用累积概率来定义机会比（Odds）：

$$odds=\frac{P(Y>j)}{P(Y\leqslant j)}=\frac{P(Y>j)}{1-P(Y>j)}\quad j=1,2,\cdots,r-1\tag{9-13}$$

式(9－13)表示 Y 的等级大于 j 的概率与 Y 的等级小于或等于 j 的概率之比，odds 数值越大，说明 Y 的等级大于 j 的可能性越大。相应的机会比对数为(log-odds)：

$$\log\left(\frac{P(Y>j)}{P(Y\leqslant j)}\right)=\log\left(\frac{1-P(Y\leqslant j)}{P(Y\leqslant j)}\right)\quad j=1,2,\cdots,r-1$$

将式(9－12)代入机会比对数，得比例优势模型（POM）：

$$\log\left(\frac{P(Y>j)}{P(Y\leqslant j)}\right)=-c_j+\beta X=\alpha_j+\beta X$$

$$\alpha_1>\alpha_2>\cdots>\alpha_{r-1},\quad j=1,2,\cdots,r-1\tag{9-14}$$

式(9－14)包括 $r-1$ 个方程，每个方程的截距项不同（注意 POM 的截距项与潜在分割点的符号相反），但所有方程中 X 的回归系数是相同的，这就是比例优势模型的重要假定（The Proportional Odds Assumption）：对于任意一个等级 j，Y 高于该等级与低于该等级的机会比对数受 X 变动的影响是相同的，即不论我们选择哪个等级，X 变动一个单位，机会比对数都变动 β 个单位。根据式(9－14)，可得等价模型：

$$P(Y>j)=\frac{e^{\alpha j+\beta X}}{1+e^{\alpha j+\beta X}}\tag{9-15}$$

容易看出，若 β 为正，意味着 X 的提高总是有助于 Y 等级的提高，并且，相同的 β 表示对任何 j，$P(Y>j)$ 的形态是相同的，图 9－19 表现了比例优势模型（POM）中 X 和 Y 的这种关系。

根据式(9－12)，可计算 Y 的各个等级出现的概率：

---

[1] 可以把二元 Logit 模型看作是 POM 的特例，对于两个级别 0 和 1，存在分割点 $c=0$，使得：$Y=0$，$if\ y^*<0$；$y=1$，$if\ y^*>0$，与式(4－1)的随机效用模型推导的结论相同。

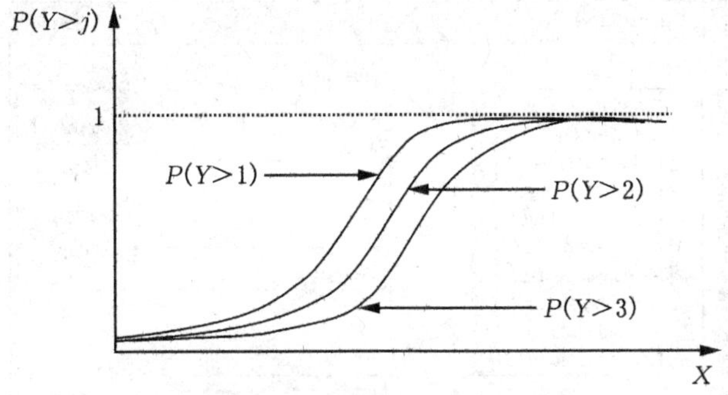

图 9－19 比例优势模型(POM)图示(β>0)

$$P(Y=j)=P(Y\leqslant j)-P(Y\leqslant j-1) \qquad j=1,2,\cdots,r-1$$
$$=F(c_j-\beta X)-F(c_{j-1}-\beta X)$$
$$=\frac{e^{cj-\beta X}}{1+e^{cj-\beta X}}-\frac{e^{cj-1-\beta X}}{1+e^{cj-1-\beta X}}$$
$$P(Y=r)=1-F(c_{r-1}-\beta X) \qquad (9-17)$$

令 $\pi_i=(\pi_{i1},\pi_{i2},\cdots,\pi_{ir})$代表个体 i 各个等级出现的概率，则相应的对数似然函数 $\log L=\sum_{i=1}^{n}\sum_{j=1}^{r}I_{ij}\log\pi_{ij}$(其中，$I_{ij}=1$，如果个体 i 出现等级 j；反之，$I_{ij}=0$)，模型的参数(包括 c_j 和β)估计量可通过最大化对数似然函数求得。

值得强调的一点，比例优势模型式(9－14)中的每一个方程都可以看做是一个二元 Logit 模型，此时，对每一个 j，令 $Y>j$ 时用 1 表示，$Y\leqslant j$ 时用 0 表示。

第六节 比例优势累积 Logit 模型实验：客户信用风险的评估

一、数据说明与上机要求

一家银行希望通过客户的个人特征和财务特征来判断其信用风险。从现有的客户数据库中，可以获得客户的账户状态(信用风险)，账户状态有 5 个等级：no debt history，no current debt，debt payments current，debt payments past due 和 critical account。潜在的自变量包括客户年龄、住房类型等。数据文件见 german_credit.sav。

上机目标：构建比例优势累积 Logit 模型，并对客户的信用风险进行估计。

上机实验要求：

(1)以 Complementary Log-log 为连接函数，估计比例优势累积 Logit 模型。

(2)以 Cauchit 为连接函数，估计比例优势累积 Logit 模型。

二、比例优势累积 Logit 模型上机步骤

(1)点击 Analyze→Regression→Ordinal 进入有序回归(Ordinal Regression)主对话框(如图 9－20 所示)。

(2)从左边变量列表中选择 Account status 移至 Dependent 框中，选择 # of existing credits，Other installment debts 和 Housing 移至 Factor(s)框中，选择 Age in years 和 Dura-

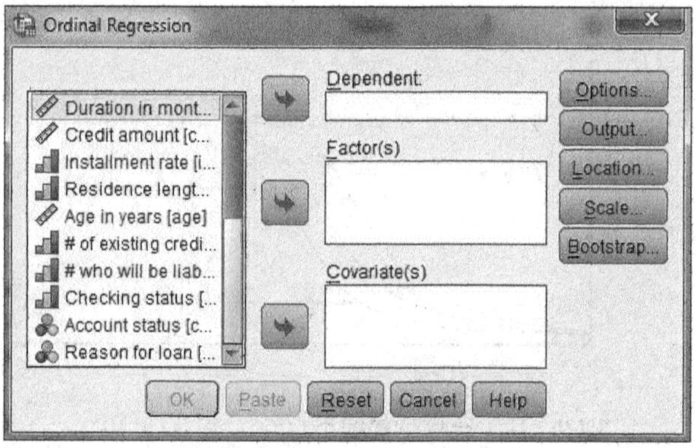

图 9—20　有序回归对话框

tion in months 移至 Covariate(s)框中(如图 9—21 所示)。

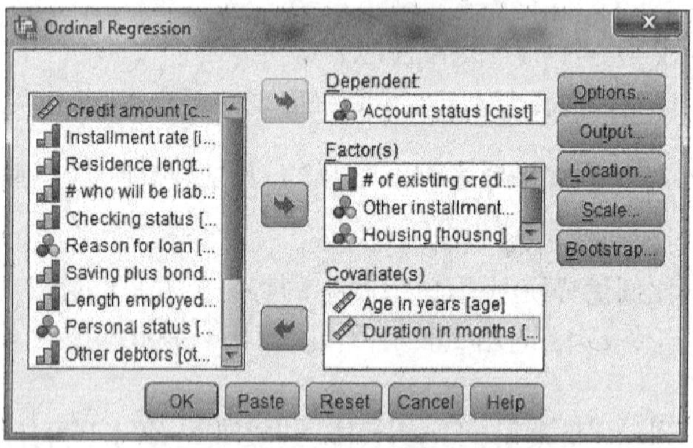

图 9—21　有序回归对话框

(3)在有序回归对话框中,点击 Options,进入选项(Options)对话框(如图 9—22 所示)。

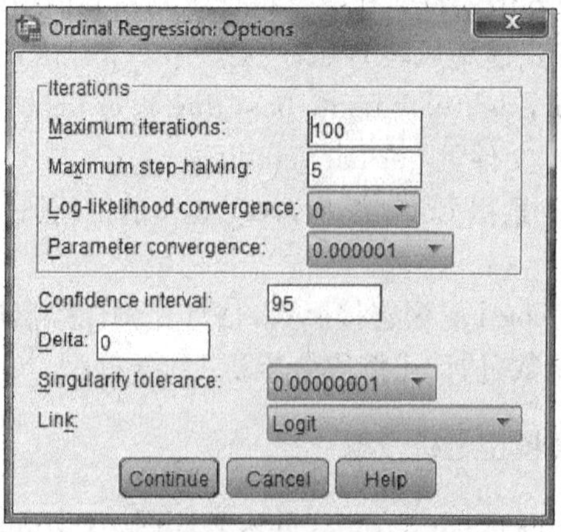

图 9—22　有序回归中的选项对话框

(4)在 Link 下拉框中,选择 Complementary Log-log 作为模型的连接函数(如图 9—23 所示)。

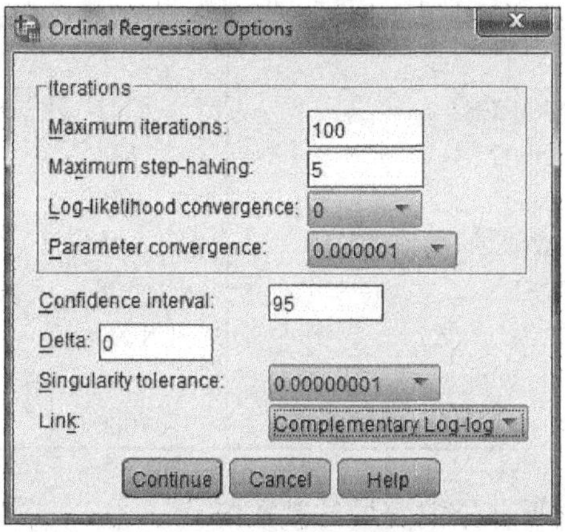

图 9—23　有序回归中的选项对话框

(5)点击 Continue 回到有序回归对话框。点击 Output，进入输出(Output)对话框。在输出对话框中，除了默认选项，把 Test of parallel lines 和 Predicted category 选中(如图 9—24 所示)。

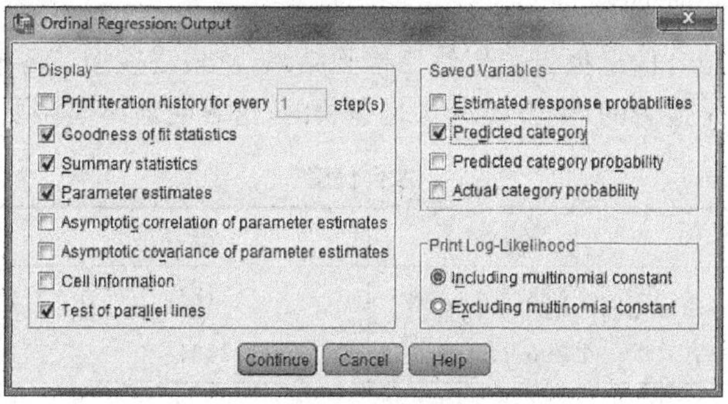

图 9—24　有序回归中的输出对话框

(6)点击 Continue 回到有序回归对话框。点击 OK，得到分析结果如表 9—14 至表 9—19 所示。

表 9—14　　案例处理汇总表

		N	Marginal Percentage
Account status	No debt history	40	4.0%
	No current debt	49	4.9%
	Payments current	530	53.0%
	Payments delayed	88	8.8%
	Critical account	293	29.3%
# of existing credits	1.00	633	63.3%
	2.00	333	33.3%
	3.00	28	2.8%
	4.00	6	0.6%
	BANK	139	13.9%

续表

		N	Marginal Percentage
Other installment debts	STORES	47	4.7%
	NONE	814	81.4%
Housing	RENT	179	17.9%
	OWN	713	71.3%
	FREE	108	10.8%
Valid		1000	100.0%
Missing		0	
Total		1000	

表 9—14 给出了分析中所有分类变量的频数统计。

表 9—15 **模型拟合信息**

Model	−2 Log Likelihood	Chi-Square	df	Sig.
Intercept Only	2 249.888			
Final	1 896.552	353.336	9	.000

Link function: Complementary Log-log.

表 9—15 的模型拟合信息报告了似然比检验结果，从最终模型与零模型的比较可知，最终模型与零模型的差距是显著的，卡方统计量是显著的，这表明最终模型要显著优于零模型。

表 9—16 **拟合优度**

	Chi-Square	df	Sig.
Pearson	4 688.724	3131	.000
Deviance	1 796.915	3131	1.000

Link function: Complementary Log-log.

表 9—16 报告了两个检验模型拟合优度的统计量。这两个检验原假设的模型与样本数据是一致的。当模型中的变量均是分类变量时，表 9—16 中的两个统计量是有效的。本例中自变量有连续变量，这会影响这两个统计量的有效性，所以在此对这两个统计量的检验结果要持谨慎态度。

表 9—17 **伪 R^2**

Cox and Snell	.298
Nagelkerke	.328
McFadden	.149

Link function: Complementary Log-log.

表 9—17 报告的是模型的伪 R^2 值。

表 9—18 **参数估计表**

		Estimate	Std. Error	Wald	df	Sig.	95% Confidence Interval	
							Lower Bound	Upper Bound
Threshold	[chist = 1.00]	−3.549	.667	28.323	1	.000	−4.856	−2.242
	[chist = 2.00]	−2.720	.656	17.167	1	.000	−4.006	−1.433
	[chist = 3.00]	−.137	.649	.044	1	.833	−1.408	1.135
	[chist = 4.00]	.199	.649	.094	1	.759	−1.072	1.471
Location	age	.015	.004	15.128	1	.000	.007	.023
	duration	−.002	.003	.379	1	.538	−.009	.005
	[numcred=1.00]	−1.134	.594	3.645	1	.056	−2.298	.030
	[numcred=2.00]	.367	.598	.376	1	.540	−.805	1.538
	[numcred=3.00]	.981	.711	1.902	1	.168	−.413	2.374
	[numcred=4.00]	0[a]	.	.	0	.	.	.
	[othnstal=1.00]	−.397	.118	11.389	1	.001	−.627	−.166
	[othnstal=2.00]	−.469	.193	5.913	1	.015	−.848	−.091
	[othnstal=3.00]	0[a]	.	.	0	.	.	.
	[housng=1.00]	−.082	.165	.249	1	.617	−.406	.241
	[housng=2.00]	.132	.139	.897	1	.344	−.141	.404
	[housng=3.00]	0[a]	.	.	0	.	.	.

Link function: Complementary Log-log.

a. This parameter is set to zero because it is redundant.

表 9—18 给出了系数和分割点的估计值。Age 的系数显著为正，这表明，年龄越大，贷款风险越高。

表 9—19 **平行线检验[a]**

Model	−2 Log Likelihood	Chi-Square	df	Sig.
Null Hypothesis	1896.552			
General	1588.614[b]	307.938[c]	27	.000

The null hypothesis states that the location parameters (slope coefficients) are the same across response categories.

a. Link function: Complementary Log-log.

b. The log-likelihood value cannot be further increased after maximum number of step-halving.

c. The Chi-Square statistic is computed based on the log-likelihood value of the last iteration of the general model. Validity of the test is uncertain.

由于比例优势累积 Logit 模型假设所有方程中 X 的回归系数是相同的，现实中这一假设是否成立，可以通过表 9—19 中的平行线检验来验证。表 9—19 中的零假设是不论因变量处于哪个类别，所有 X 的回归系数均是相同的，即比例优势累积 Logit 模型，备择假设是对于因变量的不同类别，X 的回归系数均是不同的。从表 9—19 的结果可知，卡方检验是拒绝原假设的。但导致这一结果的原因很多，并不能就此断定本例中的样本数据不适合用比例优势累积 Logit 模型。导致上述结果的原因有可能是使用了不正确的连接函数造成的，也有可能是因变量取值的排序方式造成的。例如，本例中，一个账户状态是 No debt history 的客户被定义为风险最小，但也许这类客户的风险更大一些。

理论上并没有清晰的标准来告诉我们该如何选择连接函数，如果初始的模型不令人满意，研究者通常可以试试别的连接函数以寻找更好的模型。

本例中，由于因变量呈现右偏分布，理论上以 Cauchit 分布为连接函数更合适。为了重新估计模型，只需在选项对话框中，在 Link 下拉框中选择 Cauchit 作为模型的连接函数（如图 9—25 所示）。

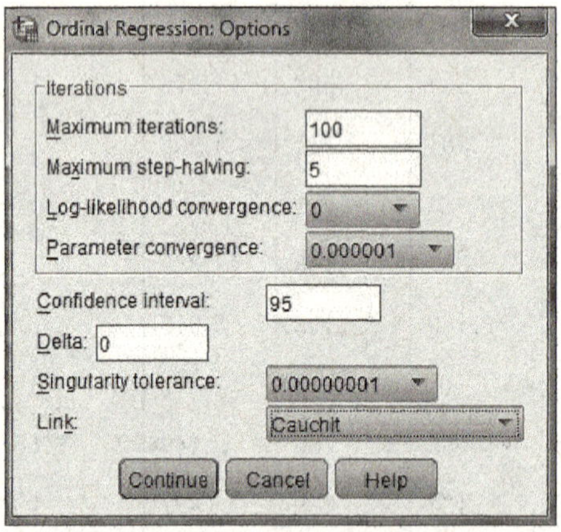

图 9—25 有序回归中的选项对话框

表 9—20 **模型拟合信息**

Model	−2 Log Likelihood	Chi-Square	df	Sig.
Intercept Only	2249.888			
Final	1790.028	459.860	9	.000

Link function：Cauchit.

从表 9—20 可知，相对于以 Complementary Log-log 为连接函数，以 Cauchit 为连接函数得到的模型的卡方值更大、更显著，这表明本例以 Cauchit 为连接函数更好。

第十章

探索性因子分析

第一节　探索性因子分析简介

一、探索性因子分析的含义

因子分析是一种非常重要的处理数据降维的方法。它是将具有错综复杂关系的变量(或样品)综合为少数几个因子,以再现原始变量与因子之间的相互关系,同时根据不同因子还可以对变量进行分类。它实际上就是一种用来检验潜在结构是怎样影响观测变量的方法。因子分析主要有两种基本形式:探索性因子分析(Exploratory Factor Analysis)和验证性因子分析(Confirmatory Factor Analysis)。探索性因子分析(EFA)致力于找出事物内在的本质结构;而验证性因子分析(CFA)是用来检验已知的特定结构是否按照预期的方式产生作用。

因子分析的基本思想是通过对变量的相关系数矩阵内部结构的研究,找出能控制所有变量的少数几个随机变量去描述多个变量之间的相关关系,但在这里,这少数几个随机变量是不可观测的,通常称为因子。然后根据相关性的大小将变量分组,使得同组内的变量之间相关性较高,但不同组的变量之间相关性较低。

探索性因子分析是在事先不知道影响因素的基础上,完全依据资料数据,利用统计软件以一定的原则进行因子分析,最后得出因子的过程。而验证性因子分析充分利用了先验信息,在已知因子的情况下检验所收集的数据资料是否按事先预定的结构方式产生作用。因此,探索性因子分析主要是为了找出影响观测变量的因子个数,以及各个因子和各个观测变量之间的相关程度;而验证性因子分析的主要目的是决定事前定义因子的模型拟合实际数据的能力。

二、探索性因子分析的步骤

(一)收集观测变量

由于总体的复杂性和统计基本原理的保证,为了达到研究目的,我们通常采用抽样的方法收集数据。因此,我们必须按照实际情况收集观测变量,并对其进行观测,获得观测值。

(二)获得协方差阵(或相似系数矩阵)

我们所有的分析都是从原始数据的协方差阵(或相似系数矩阵)出发的,这样使我们分析得到的数据具有可比性,所以,首先要根据资料数据获得变量协方差阵(或相似系数矩阵)。

(三)确定因子个数

有时候我们有具体的假设,它决定了因子的个数;但更多的时候没有这样的假设,我们仅仅希望最后得到的模型能用尽可能少的因子解释尽可能多的方差。如果我们有 k 个变量,我

们最多只能提取 k 个因子。通过检验数据来确定最优因子个数的方法有很多。Kaiser 准则要求因子个数与相关系数矩阵的特征根个数相等；而 Scree 检验要求把相关系数矩阵的特征根按从小到大的顺序排列，绘制成图，然后来确定因子的个数。究竟采用哪种方法来确定因子个数，具体操作时可以视情况而定。

（四）提取因子

因子的提取方法也有多种，主要有主成分方法、不加权最小平方法、极大似然法等，我们可以根据需要选择合适的因子提取方法。其中，主成分方法是一种比较常用的提取因子的方法，它将变量的线性组合中能产生最大样品方差的那些组合（称主成分）作为公共因子来进行分析。

（五）因子旋转

由于因子载荷阵的不唯一性，可以对因子进行旋转，而正是由于这一特征，使得因子结构可以朝我们可以合理解释的方向趋近。我们用一个正交阵右乘已经得到的因子载荷阵（由线性代数可知，一次正交变化对应坐标系的一次旋转），使旋转后的因子载荷阵结构简化。旋转的方法也有多种，如正交旋转、斜交旋转等，最常用的是方差最大化正交旋转。

（六）解释因子结构

我们最后得到的简化的因子结构是使每个变量仅在一个公共因子上有较大载荷，而在其余公共因子上的载荷比较小，至多是中等大小。这样我们就能知道我们所研究的这些变量到底是由哪些潜在因素（也就是公共因子）影响的，哪些因素是起主要作用的，而哪些因素的作用较小，甚至可以不用考虑。

（七）因子得分

因子分析的数学模型是将变量表示为公共因子的线性组合，由于公共因子能反映原始变量的相关关系，用公共因子代表原始变量时，有时更利于描述研究对象的特征，因此往往需要反过来将公共因子表示为变量的线性组合，即因子得分。

第二节　探索性因子分析实验：HBAT 公司的客户感知变量的降维

一、数据说明与上机要求

HBAT 是一家造纸企业，它的客户包括报纸印刷企业和杂志印刷企业。本次调查对象是采购纸张的采购经理。

本次调查得到如下变量：

X1：客户类型（Customer Type），指客户与 HBAT 关系的持续时间，1 指小于 1 年，2 指 1～5 年，3 指 5 年以上。

X2：行业类型（Industry Type），0 指杂志印刷客户，1 指报纸印刷客户。

X3：企业规范（Firm Size），0 指雇员在 500 人以下，1 指雇员在 500 人以上。

X4：所处区域（Region），0 指北美，1 指北美以外。

X5：渠道类型（Distribution System），0 指间接渠道，1 指直接渠道。

X6～X18：是指受访者对 HBAT13 个属性的评价。用 0～10 分进行评价。

X6：Porduct Quality；X7：E-Commerce Activities；X8：Technical Support；X9：Complaint Resolution；X10：Advertising；X11：Product Line；X12：Salesforce Image；X13：Competitive

Pricing;X14:Warranty & Claims;X15:New Products;X16:Order & Billing;X17:Price Flexibility;X18:Delivery Speed。

X19:客户满意度(Satisfaction)。

X20:客户推荐意愿(Likely to Recommend)。

X21:客户未来再购买意愿(Likely of Future Purchase)。

X22:采购量水平(Purchase Level)。

调查数据见 HBAT.sav。

上机目标:将 13 个客户感知变量(X6～X18)降维成少数几个综合性变量。

上机实验要求:

(1)数据诊断。计算 13 个变量的反映象相关矩阵,从中找出每个变量的 MSA 值,逐一剔除 MSA 值小于 0.5 的变量,直至所有变量的 MSA 值超过 0.5。

(2)用主成分法进行探索性因子分析,根据特征值大于 1 的标准选择因子数目。

(3)通过方差最大法进行因子旋转,如果某个变量两个或两个以上的因子载荷较高,则将其剔除。对最终提取的因子进行解释和命名。

(4)将样本一分为二(前 50 个对象为样本一,后 50 个对象为样本二),分别用(3)的方法进行因子分析,比较两个子样本的因子分析结果是否相似。

(5)使用 SPSS 自带的方法计算因子得分。并用 X4(X4=0 代表处于北美地区,X4=1 代表处于非北美地区)作为分组变量,比较因子得分在不同地区间的差异是否显著。

二、探索性因子分析上机步骤

(一)探索性因子分析的数据诊断

(1)单击 Analyze→Dimension Reduction→Factor,具体操作如图 10－1 所示。

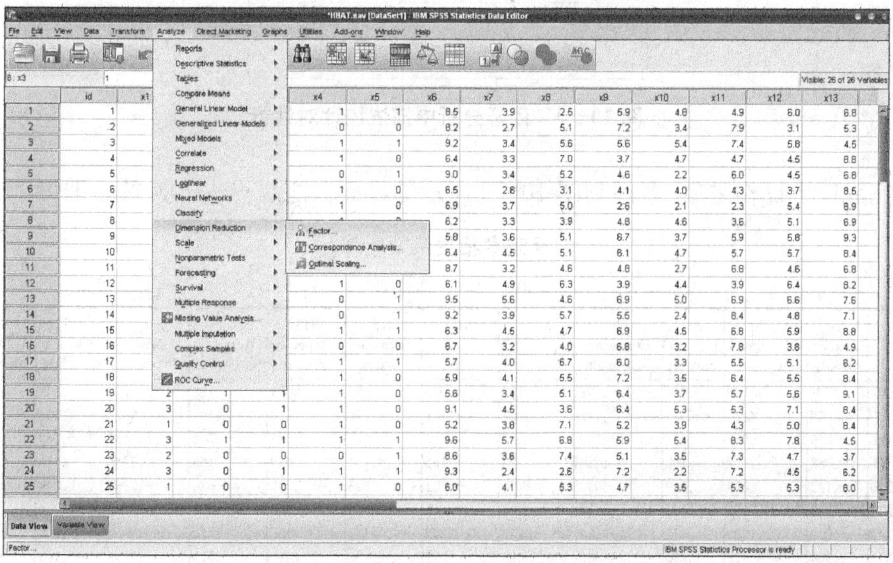

图 10－1　因子分析菜单

(2)完成第一步的操作之后,会出现如图 10－2 所示的界面,将 13 个客户感知变量(X6～X18)导入到变量列表中。

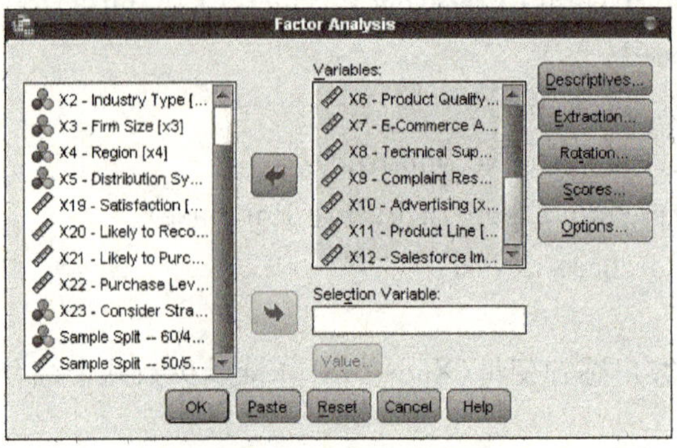

图 10—2　因子分析对话框

(3)在图 10—2 的界面当中,单击 Descriptives 按钮,出现如图 10—3 所示的界面,选择 Anti-image,点击 Continue。

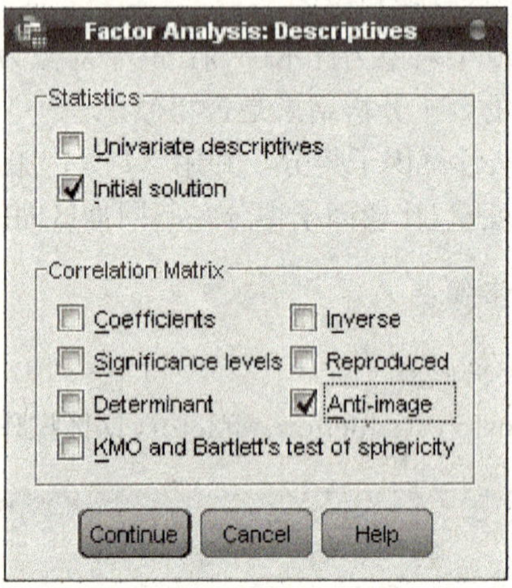

图 10—3　因子分析中描述统计对话框

(4)完成以上操作之后,会回到图 10—2 所示的界面。之后点击 OK 按钮即可。

表 10—1　　反映象相关系数矩阵

Anti-image Matrices

		X6-Product Quality	X7-E-Commerce Activities	X8-Technical Support	X9-Complaint Resolution	X10-Advertising	X11-Product Line	X12-Salesforce Image	X13-Competitive Pricing	X14-Warranty & Claims	X15-New Products	X16-Order & Billing	X17-Price Flexibility	X18-Delivery Speed
Anti-image Correlation	X6	.873[a]	.038	−.049	−.082	−.122	−.023	−.006	.054	.124	−.076	−.189	.135	.013
	X7	.038	.620[a]	−.060	.117	.002	−.157	−.729	−.018	.091	.091	−.105	−.134	.136
	X8	−.049	−.060	.527[a]	−.150	.049	.067	.077	.125	−.792	.143	.160	.031	−.028
	X9	−.082	.117	−.150	.890[a]	.092	−.152	−.154	.049	.123	.061	−.312	−.143	−.081
	X10	−.122	.002	.049	.092	.807[a]	−.101	−.333	.090	−.020	−.026	.044	−.151	.064
	X11	−.023	−.157	.067	−.152	−.101	.448[a]	.273	−.088	−.103	−.118	.044	.953	−.941
	X12	−.006	−.729	.077	−.154	−.333	.273	.586[a]	−.138	−.172	−.054	.100	.241	−.254
	X13	.054	−.018	.125	.049	.090	−.088	−.138	.879[a]	−.019	.015	.106	−.212	.126
	X14	.124	.091	−.792	.123	−.020	−.103	−.172	−.019	.529[a]	−.138	−.250	−.029	.070
	X15	−.076	.091	.143	.061	−.026	−.118	−.054	.015	−.138	.314[a]	.031	−.137	.090
	X16	−.189	−.105	.160	−.312	.044	.044	.100	.106	−.250	.031	.859[a]	−.037	−.109
	X17	.135	−.134	.031	−.143	−.151	.953	.241	−.212	−.029	−.137	−.037	.442[a]	−.922
	X18	.013	.136	−.028	−.081	.064	−.941	−.254	.126	.070	.090	−.109	−.922	.533[a]

a. Measures of Sampling Adequacy(MSA)

从表 10－1 的反映象相关系数矩阵可知，X11、X15 和 X17 这三个变量的 MSA 值均小于 0.5。首先剔除 MSA 值最小的 X15，再按前述步骤计算剩余 12 个变量的反映象相关系数矩阵，此时发现，X11 和 X17 的 MSA 值均小于 0.5。剔除 MSA 值最小的 X17，再按前述步骤计算剩余 11 个变量的反映象相关系数矩阵，此时发现所有变量的 MSA 值均大于 0.5。后续的探索性因子分析就用剩余的 11 个变量进行分析。

（二）用主成分法进行探索性因子分析

（1）前两步操作方法与探索性因子分析数据诊断中的前两步操作方法一致。

（2）完成了前两步的操作之后，会出现如图 10－4 所示的界面，单击 Extraction 按钮，出现如图 10－5 所示的界面，将 Eigenvalues greater than 之后的数字改为 1，点击 Continue。

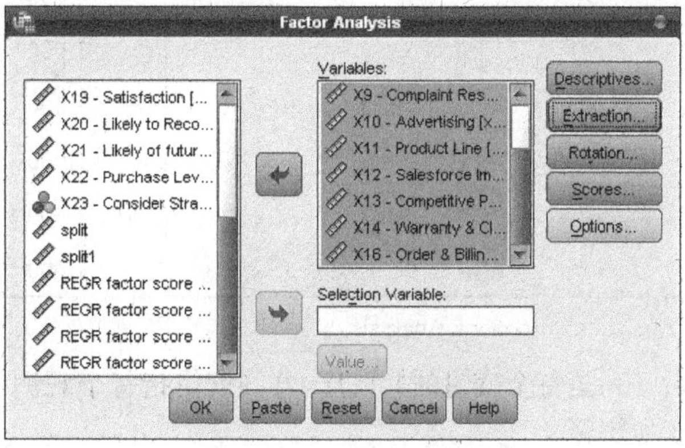

图 10－4　因子分析对话框

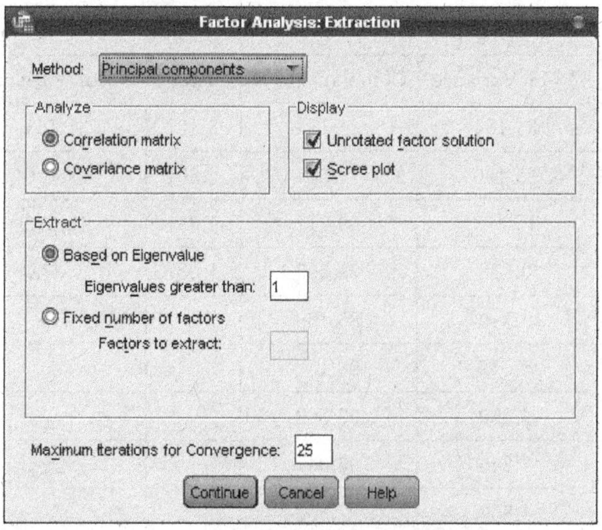

图 10－5　因子分析中的抽取对话框

（3）在完成以上的操作步骤之后，会回到如图 10－4 所示的界面当中。之后点击 OK 按钮即可。

表 10—2 **变量共同度**

Communalities

	Initial	Extraction
X6-Product Quality	1.000	.768
X7-E-Commerce Activities	1.000	.777
X8-Technical Support	1.000	.893
X9-Complaint Resolution	1.000	.881
X10-Advertising	1.000	.576
X11-Product Line	1.000	.787
X12-Salesforce Image	1.000	.859
X13-Competitive Pricing	1.000	.641
X14-Warranty & Claims	1.000	.892
X16-Order & Billing	1.000	.766
X18-Delivery Speed	1.000	.914

Extraction Method:Principal Component Analysis.

表 10—2 中的最后一列是每个变量的共同度,共同度是指每个观测变量有多少比例的方差可以被提取出的因子所解释。

表 10—3 **方差解释比例表**

Total Variance Explained

Component	Initial Eigenvalues			Extraction Sums of Squared Loadings		
	Total	% of Variance	Cumulative(%)	Total	% of Variance	Cumulative(%)
1	3.427	31.154	31.154	3.427	31.154	31.154
2	2.551	23.190	54.344	2.551	23.190	54.344
3	1.691	15.373	69.717	1.691	15.373	69.717
4	1.087	9.878	79.595	1.087	9.878	79.595
5	.609	5.540	85.135			
6	.552	5.017	90.152			
7	.402	3.650	93.802			
8	.247	2.245	96.047			
9	.204	1.850	97.898			
10	.133	1.208	99.105			

表 10—3 的最后一列表明,如果根据特征值大于 1 的标准提取 4 个因子,则这 4 个因子可以解释原始 11 个变量方差总和的 79.595%。

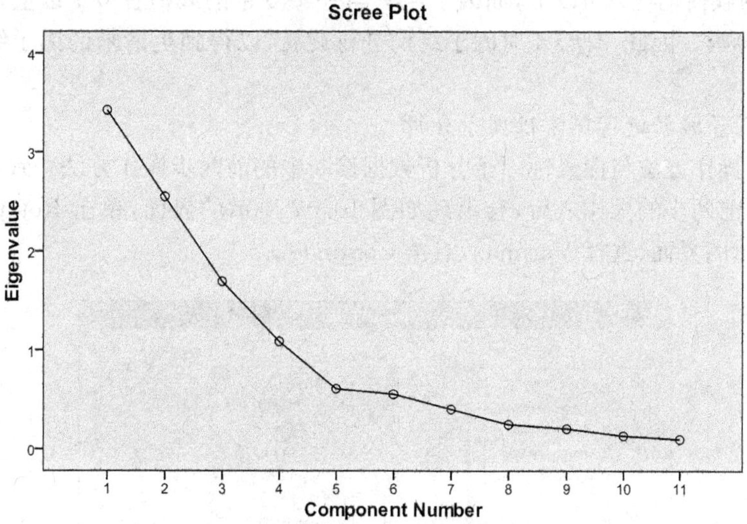

图 10—6 碎石图

图 10—6 以因子数目为横轴，特征值为纵轴。当特征值停止下降或下降坡度变得平缓时，会有一个转折点或拐点。该拐点对应的因子数目即需提取的因子数目。本例中，拐点出现在第 5 个因子处，但结合前面的特征值变动情况，第 5 个因子的特征值是 0.609，离 1 的标准较远，因此，本例适合提取 4 个因子。

表 10—4 **因子载荷矩阵**

Component Matrix[a]

	Component			
	1	2	3	4
X6-Product Quality	.248	−.501	−.081	.670
X7-E-Commerce Activities	.307	.713	.306	.284
X8-Technical Support	.292	−.369	.794	−.202
X9-Complaint Resolution	.871	.031	−.274	−.215
X10-Advertising	.340	.581	.115	.331
X11-Product Line	.716	−.455	−.151	.212
X12-Salesforce Image	.377	.752	.314	.232
X13-Competitive Pricing	−.281	.660	−.069	−.348
X14-Warranty & Claims	.394	−.306	.778	−.193
X16-Order & Billing	.809	.042	−.220	−.247
X18-Delivery Speed	.876	.117	−.302	−.206

Extraction Method：Principal Component Analysis.

a.4 components extracted.

因子载荷是指因子与观测变量间的相关系数。从表 10—4 可知，因子 2 与超过一半的变量(6 个变量)的载荷均在 0.4 以上,而因子 4 只与一个变量的载荷在 0.4 以上,这不利于研究者对变量进行分类。因此,有必要对因子结构进行旋转,以得到更清晰的因子结构,便于对因子进行解释。

(三)通过因子旋转进行探索性因子分析

(1)前两步操作方法与探索性因子分析数据诊断中的前两步操作方法一致。

(2)完成了前两步的操作之后,会出现如图 10—7 所示的界面,单击 Rotation 按钮,出现如图 10—8 所示的界面,选择 Varimax,点击 Continue。

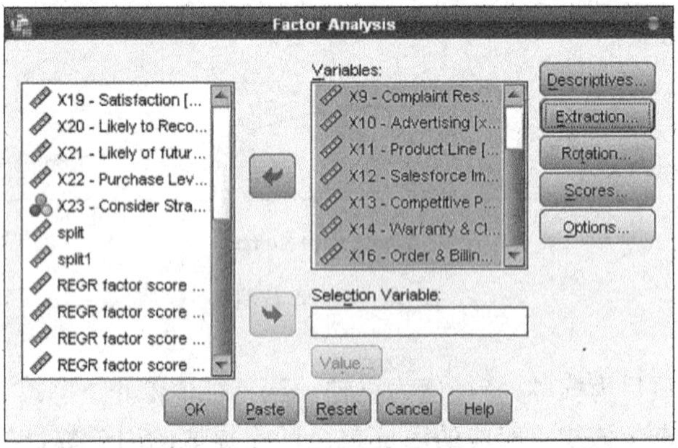

图 10—7 因子分析对话框

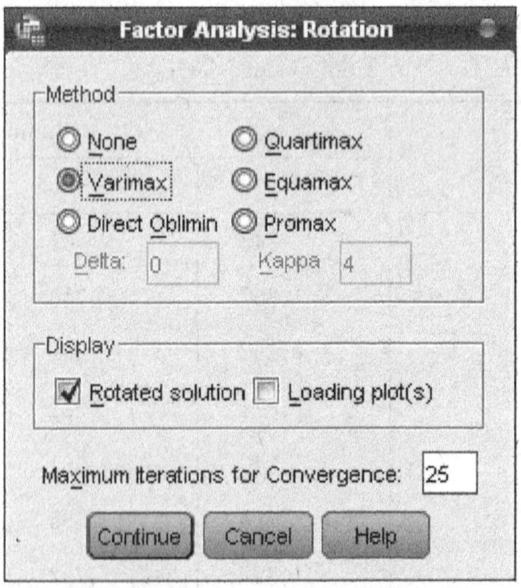

图 10—8 因子分析中的因子旋转对话框

(3)在完成以上的操作步骤之后,会回到图 10—7 所示的界面当中。之后点击 OK 按钮即可。

SPSS 输出结果大部分与探索性因子分析的输出结果相同,同时多了一个旋转后的因子载荷矩阵(如表 10—5 所示)。

表 10－5 **旋转后因子载荷表**

Rotated Component Matrix[a]

	Component			
	1	2	3	4
X6-Product Quality	.002	－.013	－.033	.876
X7-E-Commerce Activities	.057	.871	.047	－.117
X8-Technical Support	.018	－.024	.939	.101
X9-Complaint Resolution	.926	.116	.048	.091
X10-Advertising	.139	.742	－.082	.015
X11-Product Line	.591	－.064	.146	.642
X12-Salesforce Image	.133	.900	.076	－.159
X13-Competitive Pricing	－.085	.226	－.246	－.723
X14-Warranty & Claims	.110	.055	.931	.102
X16-Order & Billing	.864	.107	.084	.039
X18-Delivery Speed	.938	.177	－.005	.052

Extraction Method: Principal Component Analysis.

Rotation Method: Varimax with Kaiser Normalization.

a. Rotation converged in 5 iterations.

从表 10－5 可知，X9、X11、X16、X18 在因子 1 上载荷较高；X7、X10、X12 在因子 2 上载荷较高；X8、X14 在因子 3 上载荷较高；X6、X11、X13 在因子 4 上载荷较高。由于 X11 在因子 1 和因子 4 上载荷均较高，出现了交叉载荷，这不利于对因子进行解释。由于 X11 在因子 1 上的载荷是 0.591，在因子 4 上的载荷是 0.642，数值相等且较大，无法进行取舍。如果直接删除因子 4，由于因子 4 对整体的方差贡献率达到 16.1％，不妥当。最后只能剔除变量 X11。

剔除变量 X11 后，我们重复上述步骤，做了探索性因子分析，结果得到如表 10－6 所示的旋转后因子载荷矩阵。

表 10－6 **旋转后因子载荷表**

Rotated Component Matrix[a]

	Component			
	1	2	3	4
X6-Product Quality	.029	－.014	－.022	.892
X7-E-Commerce Activities	.057	.868	.049	－.141
X8-Technical Support	.017	－.025	.940	.097
X9-Complaint Resolution	.933	.105	.057	.076
X10-Advertising	.156	.743	－.085	.043
X12-Salesforce Image	.138	.898	.076	－.168
X13-Competitive Pricing	－.104	.228	－.255	－.730
X14-Warranty & Claims	.103	.054	.933	.082
X16-Order & Billing	.886	.098	.087	.069
X18-Delivery Speed	.931	.167	.005	.005

Extraction Method: Principal Component Analysis.

Rotation Method: Varimax with Kaiser Normalization.

a. Rotation converged in 5 iterations.

从表 10－6 来看，可以对 4 个因子命名如下：因子 1，售后服务因子，主要影响 X9 抱怨处理、X18 送货速度、X16 订单和票据处理三个变量；因子 2，营销因子，主要影响 X12 销售人员形象、X7 电子商务表现、X10 广告三个变量；因子 3，技术支持因子，主要影响 X8 技术支持、X14 担保和声明两个变量；因子 4，产品价值因子，主要影响 X6 产品质量、X13 有竞争力的价格两个变量。

（四）分样本进行探索性因子分析

（1）首先通过 Transform→Recode Into Different Variables 进入如图 10－9 所示的页面，将 numberic Variable id 导入到 Numberic Varible 方框中，并将新生成的虚拟变量命名为 spilt，点击 Old and New Values 按钮进入下一个页面，操作过程如图 10－10 所示。

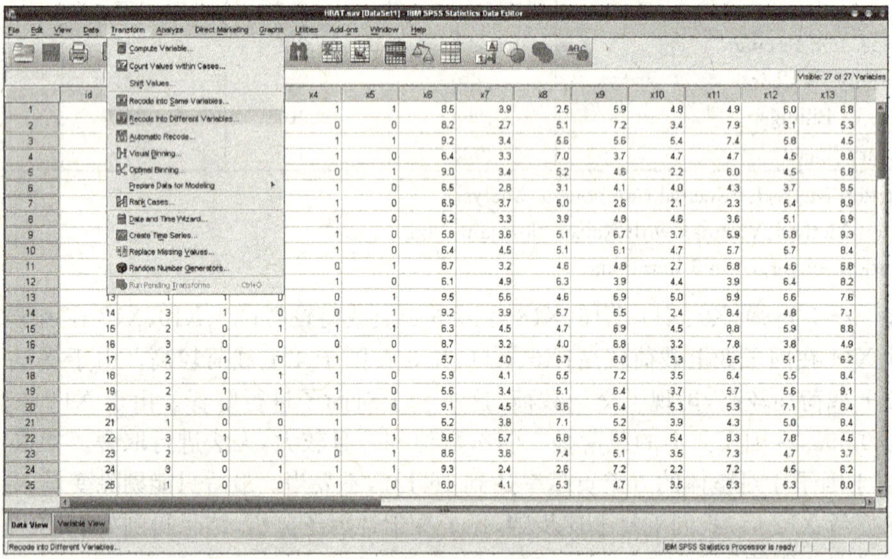

图 10－9　变量重新编码菜单

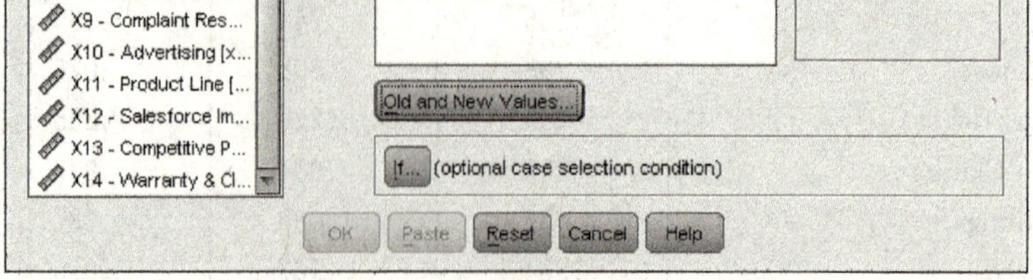

图 10－10　变量重新编码对话框

(2)输入 Range 0 through 50,同时在 New Value 中的 Value 中输入数字 0,点击 Add,得到如图 10－11 所示的页面。

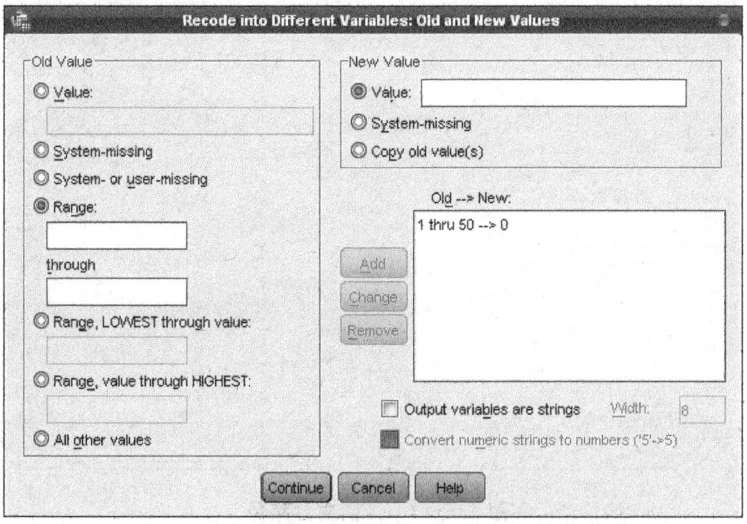

图 10－11　变量重新编码中旧值新值关系对话框

(3)按照同样的方法,点击 Range,value through HIGHEST,输入 51,在 New Value 栏中输入数字 1,点击 Add,得到如图 10－12 所示的页面,此时单击 Contiue 按钮,返回如图 10－9 所示的页面,点击 OK 即可。

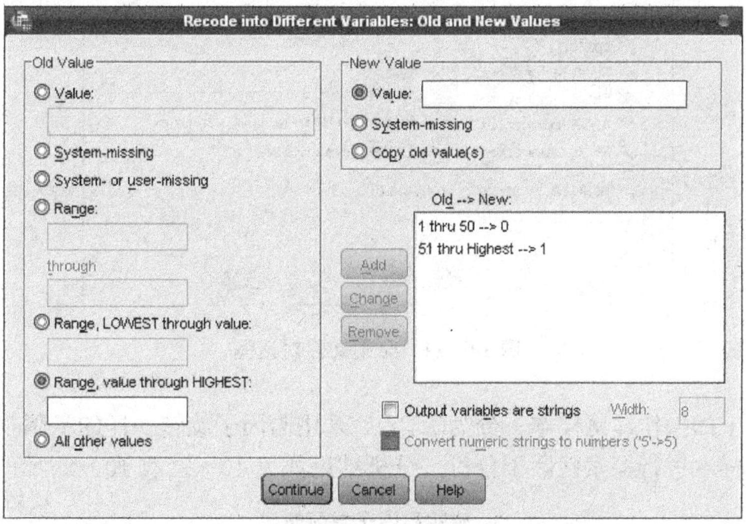

图 10－12　变量重新编码中旧值新值关系对话框

(4)单击 Data→Split file,具体操作如图 10－13 所示。

(5)完成上述操作后,会得到如图 10－14 所示的界面。选择 Organize output by groups,将 split 导入 Groups Based on 的方框当中,点击 OK 按钮。

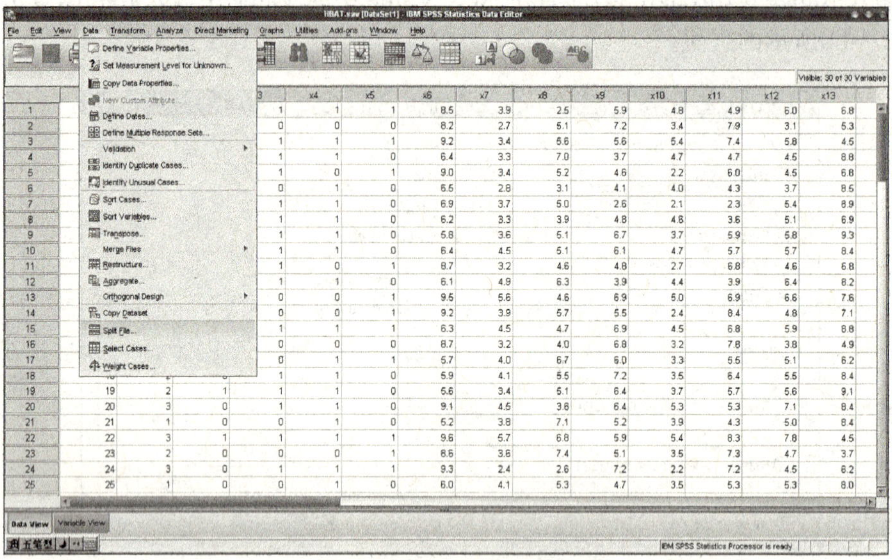

图 10－13　分割文件菜单

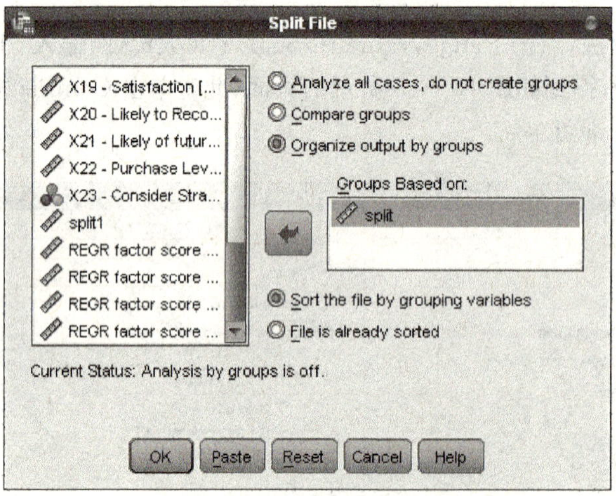

图 10－14　分割文件对话框

(6)完成以上的操作即将样本一分为二，之后采用与因子旋转一样的步骤，分别对前 50 个样本和后 50 个样本进行探索性因子分析。分析结果如表 10－7、表 10－8 所示。

表 10－7　　　　旋转后因子载荷表

Rotated Component Matrix[a,b]

	Component			
	1	2	3	4
X6-Product Quality	.058	－.066	－.222	.895
X7-E-Commerce Activities	.001	.935	.078	.032
X8-Technical Support	－.107	－.017	.924	－.020

续表

	Component			
	1	2	3	4
X9-Complaint Resolution	.920	.111	−.016	.100
X10-Advertising	.191	.650	−.083	−.189
X12-Salesforce Image	.071	.912	−.032	−.089
X13-Competitive Pricing	−.126	.177	−.367	−.774
X14-Warranty & Claims	.087	−.004	.923	.042
X16-Order & Billing	.860	.032	.011	.085
X18-Delivery Speed	.928	.124	−.007	−.009

Extraction Method: Principal Component Analysis.

Rotation Method: Varimax with Kaiser Normalization.

a. split=.00

b. Rotation converged in 5 iterations.

表 10−8　　旋转后因子载荷表

Rotated Component Matrix[a,b]

	Component			
	1	2	3	4
X6-Product Quality	.005	.038	.210	.817
X7-E-Commerce Activities	.115	.765	.076	−.374
X8-Technical Support	.116	−.040	.935	.198
X9-Complaint Resolution	.932	.093	.114	.094
X10-Advertising	.150	.850	−.125	.226
X12-Salesforce Image	.208	.870	.178	−.239
X13-Competitive Pricing	−.164	.291	−.116	−.671
X14-Warranty & Claims	.132	.110	.923	.128
X16-Order & Billing	.898	.124	.178	.030
X18-Delivery Speed	.926	.205	.011	.047

Extraction Method: Principal Component Analysis.

Rotation Method: Varimax with Kaiser Normalization.

a. split=1.00

b. Rotation converged in 6 iterations.

从上述表 10−7 和表 10−8 的比较可知，无论是前 50 个样本点，还是后 50 个样本点，因子结构均相同，这说明将 10 个感知变量综合为 4 个因子的结构是稳健的。

（五）计算因子得分

（1）单击 Analyze→Dimension Reduction→Factor，具体操作如图 10−15 所示。

（2）完成第一步的操作之后，会出现如图 10−16 所示的界面，将 10 个客户感知变量（X6～X10、X12～X14、X16、X18）导入变量列表中。

（3）单击 Scores 按钮，出现如图 10−17 所示的界面，选择 Save as variables，点击 Continue。

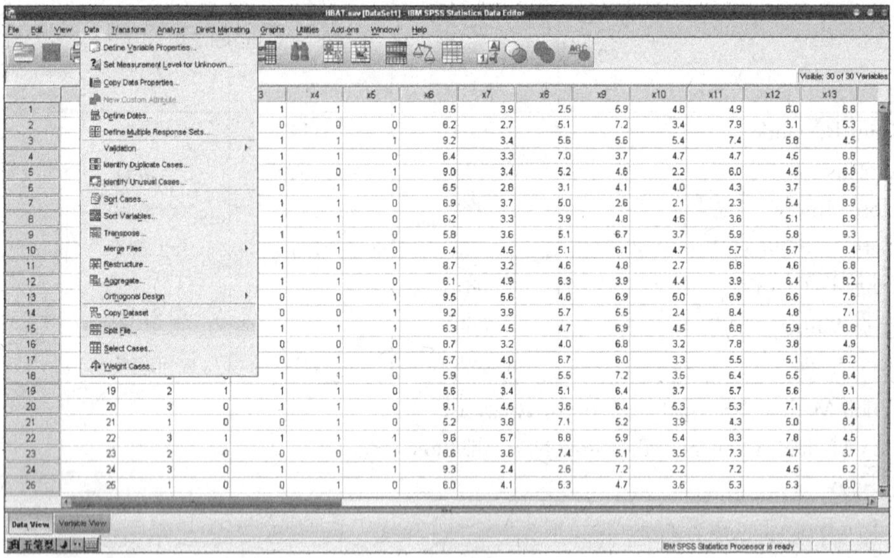

图 10－15 因子分析菜单

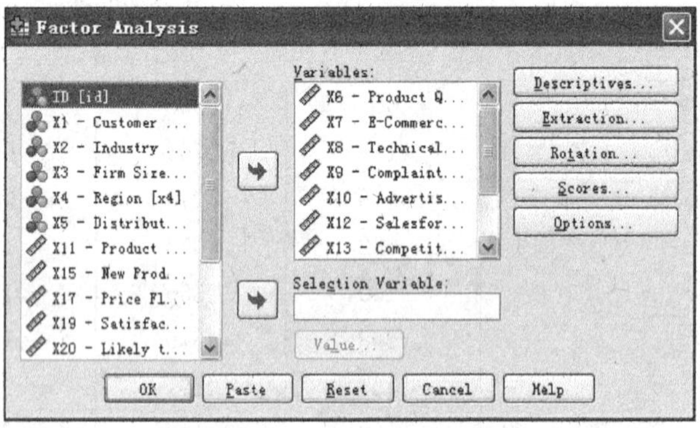

图 10－16 因子分析对话框

(4)完成以上的操作步骤之后,会回到如图 10－16 所示的界面当中。之后再单击 OK 按钮,回到 Data View。我们可以看到出现 4 个新变量,名称是 FAC1_1、FAC2_1、FAC3_1、FAC4_1,这四个变量分别是 4 个因子的得分。

(5)用两个独立样本 t 检验法对因子得分在不同地区间的差异进行检验。

①单击 Analyze→Compare Means→Independent-sample T Test,打开 Independent-sample T Test 主对话框(如图 10－18 所示)。

②选择要检验的变量,将四个因子得分变量放入右边 Test Variable(s)框中。

③选择分组变量 X4 进入分组框中,然后单击 Define Groups 按钮,打开分组对话框(如图 10－19 所示),输入分组值 0 和 1 后,点击 Continue 返回主对话框。

④点击 OK 可得输出结果(如表 10－9 所示)。

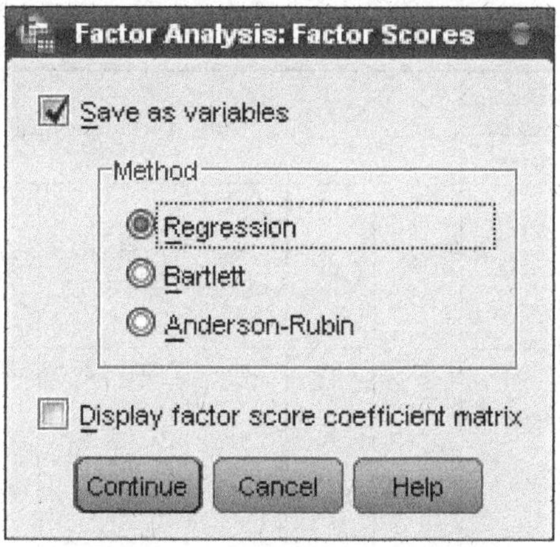

图 10－17　因子分析中因子得分对话框

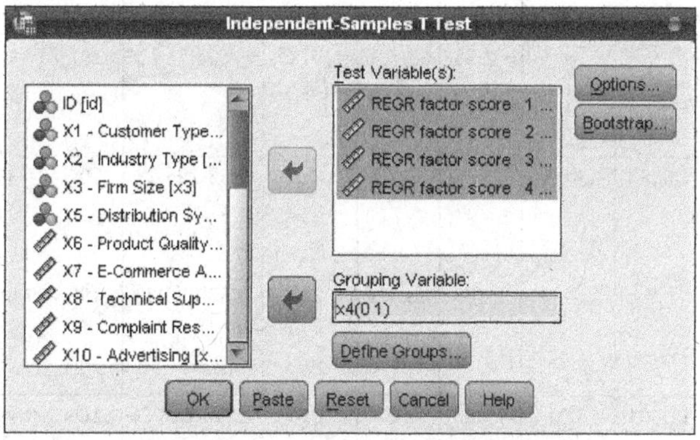

图 10－18　独立样本 t 检验对话框

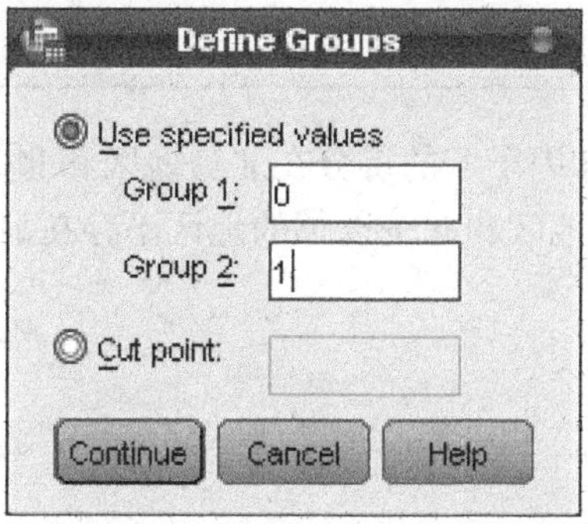

图 10－19　独立样本 t 检验 Define Groups 对话框

表 10－9 **独立样本 *t* 检验结果表**

Independent Samples T Test

		Levene's Test for Equality of Variances		t-test for Equality of Means						
		F	Sig.	t	df	Sig. (2-tailed)	Mean Difference	Std.Error Difference	95% Confidence Interval of the Difference Lower	Upper
REGR factor score 1 for analysis 1	Equal variances assumed	2.469	.119	－.248	98	.805	－.051 025 67	.206 002 00	－.459 829 93	.357 778 59
	Equal variances not assumed			－.261	93.640	.795	－.051 025 67	.195 580 64	－.439 375 05	.337 323 71
REGR factor score 2 for analysis 1	Equal variances assumed	.004	.953	－2.528	98	.013	－.504 745 53	.199 659 00	－.900 962 32	－.108 528 74
	Equal variances not assumed			－2.553	83.737	.012	－.504 745 53	.197 714 40	－.897 940 30	－.111 550 75
REGR factor score 2 for analysis 1	Equal variances assumed	.528	.469	1.234	98	.220	.252 296 23	.204 484 39	－.153 496 40	.658 088 85
	Equal variances not assumed			1.269	88.494	.208	.252 296 23	.198 759 68	－.142 666 17	.647 258 62
REGR factor score 2 for analysis 1	Equal variances assumed	11.604	.001	7.343	98	.000	1.215 258 26	.165 509 72	.886 809 61	1.543 706 91
	Equal variances not assumed			8.178	97.492	.000	1.215 258 26	.148 604 13	.920 339 01	1.510 177 51

从表 10－9 可知，因子 2 和因子 4 的得分在北美地区和北美以外的地区存在显著差异，而因子 1 和因子 3 的得分在北美地区和北美以外的地区不存在显著差异。

第十一章

对应分析

第一节 对应分析简介

对应分析(Correspondence Analysis)又称相应分析，是一种旨在揭示变量和样品之间或者定性变量资料中变量与其类别之间的相互关系的多元统计分析方法。

根据分析资料类型的不同，对应分析分为定性资料(分类资料)的对应分析和连续性资料的对应分析(基于均数的对应分析)。其中，根据分析变量个数的多少，定性资料的对应分析又分为简单对应分析和多重对应分析。对两个分类变量进行的对应分析称为简单对应分析，对两个以上分类变量进行的对应分析称为多重对应分析。

对应分析实际是在 R 型因子分析和 Q 型因子分析的基础上发展起来的一种方法。因子分析可以用最少的几个公共因子去提取研究对象的绝大部分信息，既减少了因子的数目，又把握住了研究对象间的相互关系。因子分析有 R 型因子分析和 Q 型因子分析两种类型，R 型因子分析是将变量转换为变量因子，其实质是对变量进行降维和消除相关性，变量因子的个数小于或等于变量的个数，并且变量因子之间不相关；Q 型因子分析是将样品转换为样品因子，其实质是对样品进行降维和消除相关性，样品因子的个数小于或等于样品的个数，并且样品因子之间不相关。

对应分析的关键是利用一种数据变换，使含有 p 个变量 n 个样品的原始数据矩阵变换成为一个过渡矩阵 Z，并通过矩阵 Z 将 R 型因子分析和 Q 型因子分析有机地结合起来。具体来说，首先给出进行 R 型因子分析时变量点的协差阵 $A=Z'Z$ 和进行 Q 型因子分析时样品点的协差阵 $B=ZZ'$，由于 $Z'Z$ 和 ZZ' 有相同的非零特征根，记为：

$$\lambda_1 \geqslant \lambda_2 \geqslant \cdots \geqslant \lambda_m, 0 < m \leqslant \min(p, n) \tag{11-1}$$

依据证明，如果 A 的特征根 λ_i 对应的特征向量为 U_i，则 B 的特征根 λ_i 对应的特征向量就是 $ZU_i \triangleq V_i$。根据这个结论，可以很方便地借助 R 型因子分析得到 Q 型因子分析的结果。求出 A 的特征根和特征向量后很容易地写出变量点协差阵对应的因子载荷矩阵，记为 F，则：

$$F=\begin{pmatrix} u_{11}\sqrt{\lambda_1} & u_{12}\sqrt{\lambda_2} & \cdots & u_{1m}\sqrt{\lambda_m} \\ u_{21}\sqrt{\lambda_1} & u_{22}\sqrt{\lambda_2} & \cdots & u_{2m}\sqrt{\lambda_m} \\ \vdots & \vdots & & \vdots \\ u_{p1}\sqrt{\lambda_1} & u_{p2}\sqrt{\lambda_2} & \cdots & u_{pm}\sqrt{\lambda_m} \end{pmatrix} \tag{11-2}$$

这样，利用关系式 $ZU_i \triangleq V_i$ 也很容易写出样品点协差阵 B 对应的因子载荷阵，记为 G，则：

$$G=\begin{pmatrix} v_{11}\sqrt{\lambda_1} & v_{12}\sqrt{\lambda_2} & \cdots & v_{1m}\sqrt{\lambda_m} \\ v_{21}\sqrt{\lambda_1} & v_{22}\sqrt{\lambda_2} & \cdots & v_{2m}\sqrt{\lambda_m} \\ \vdots & \vdots & & \vdots \\ v_{n1}\sqrt{\lambda_1} & v_{n2}\sqrt{\lambda_2} & \cdots & v_{nm}\sqrt{\lambda_m} \end{pmatrix} \tag{11-3}$$

从分析结果的展示上看，由于 A 和 B 具有相同的非零特征根，而这些特征根正是公共因子的方差，因此，可以用相同的因子轴同时表示变量点和样品点，即把变量点和样品点同时反映在具有相同坐标轴的因子平面上，以便显示出变量点和样品点之间的相互关系，并且可以一并考虑进行分类分析。

第二节　对应分析实验：HBAT 公司及其主要竞争对手的品牌知觉图

一、数据说明与上机要求

HBAT 是一家造纸企业，它的客户包括报纸印刷企业和杂志印刷企业。本次调查对来自 18 家不同企业的中层管理者进行了深度访谈，得到每个受访者对 HBAT 公司以及 HBAT 的竞争企业（A～I）的评价，评价从 8 个属性展开，受访者只需提供 0～1 变量，即判断某家企业是否具有某种属性。某个受访者的填写结果如表 11—1 所示。

表 11—1　　单个受访者调查结果

	HBAT	A	B	C	D	E	F	G	H	I
X6-Product Quality	1	0	1	1	0	1	1	0	1	0
X8-Technical Support	0	1	0	0	1	1	1	0	1	0
X10-Advertising	1	1	1	1	0	1	1	1	1	0
X12-Salesforce Image	1	0	0	1	1	0	0	1	0	0
X13-Competitive Pricing	1	0	0	0	0	1	1	1	1	0
X14-Warranty & Claims	0	1	1	0	1	0	1	0	0	1
X16-Order & Billing	1	1	1	0	1	1	1	0	1	1
X18-Delivery Speed	1	1	0	1	1	1	1	1	0	0

18 位受访者访谈结果的汇总表如表 11—2 所示。

表 11—2　　所有受访者调查结果汇总表

	HBAT	A	B	C	D	E	F	G	H	I
X6-Product Quality	6	6	14	10	11	8	7	4	14	4
X8-Technical Support	15	18	9	2	3	15	16	7	8	8
X10-Advertising	15	16	15	11	11	14	16	12	14	14
X12-Salesforce Image	4	3	1	13	9	6	3	18	2	10
X13-Competitive Pricing	15	14	6	4	4	15	14	13	7	13

续表

	HBAT	A	B	C	D	E	F	G	H	I
X14-Warranty & Claims	7	18	13	4	9	16	14	5	4	16
X16-Order & Billing	14	14	10	11	11	14	12	13	10	14
X18-Delivery Speed	16	13	8	13	9	17	15	16	6	12

上机目标：画出 HBAT 及其竞争者的品牌知觉图。

上机要求：

(1)设置变量 frequency 为权数；

(2)运用对应分析法绘制品牌知觉图，并对上机结果加以解释。

二、对应分析上机步骤

(一)设置变量 Frequency 为权数

(1)打开数据 HBAT.SAV 数据，点击菜单栏 data，点击 Weight Cases(如图 11－1 所示)。

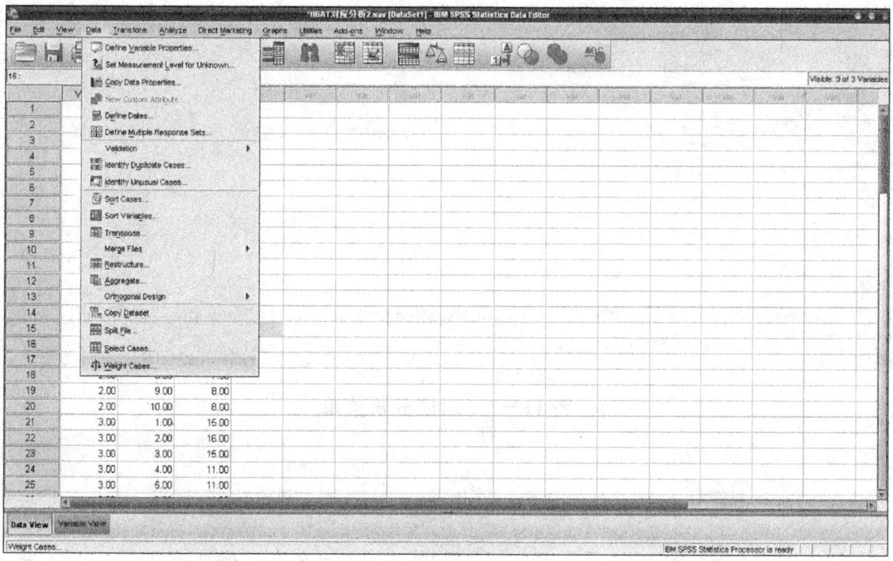

图 11－1　设置权数菜单

(2)打开设置权数的对话框(如图 11－2 所示)，选择 Weight cases by，将 Frequency 加入到右边的对话框中，单击 OK 即可。

(二)绘制品牌知觉图

(1)单击 Analysis，选择 Dimension Reduction 中的 Correspondence Analysis(如图 11－3 所示。

(2)打开 Correspondence Analysis 对话框，将 Variable 作为横轴，Firm 作为纵轴(如图 11－4 所示)。

(3)设置变量的范围。点击 Define Range，分别设置 Variable 和 Firm 的变量范围。由于一共选择了 10 家 Firm，并有 8 个 Variable，因此将范围分别设为 1～10 和 1～8，点击 Update，

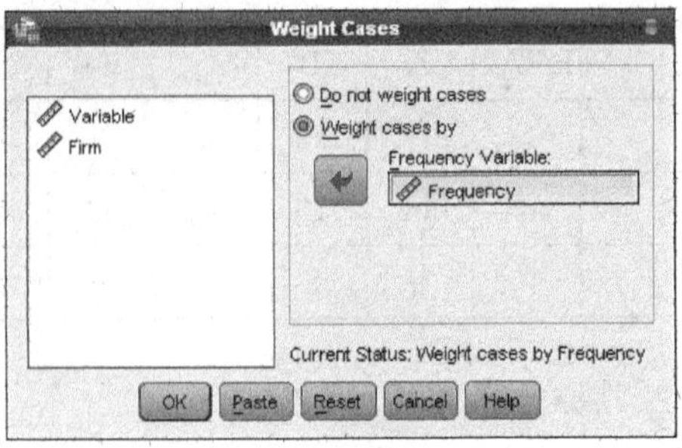

图 11—2　设置权数对话框

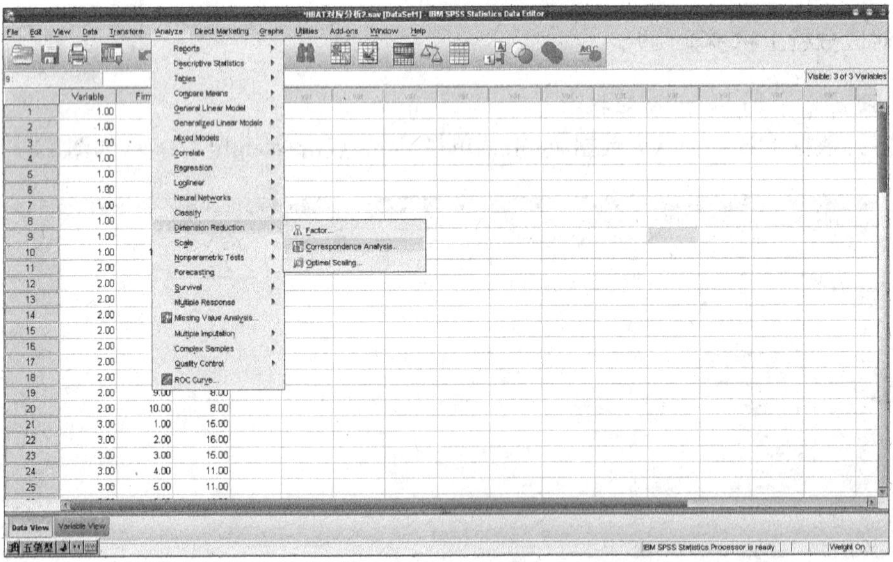

图 11—3　对应分析菜单

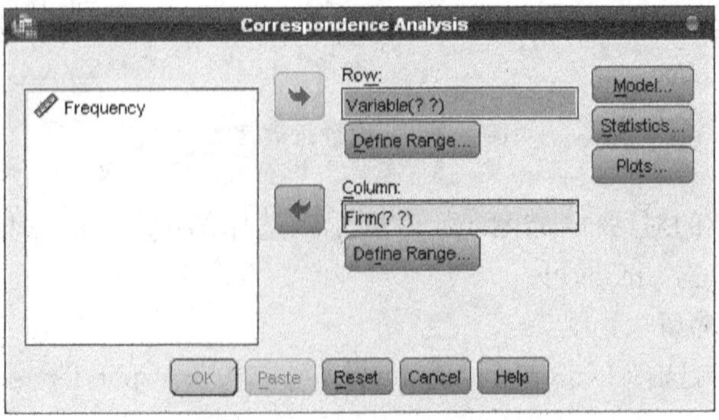

图 11—4　对应分析对话框

最后点击 Continue(如图 11—5、图 11—6 所示)。

(4)完成以上步骤后，将返回 Correspondence Analysis 主界面，直接点击 OK 即可(如图 11—7 所示)。

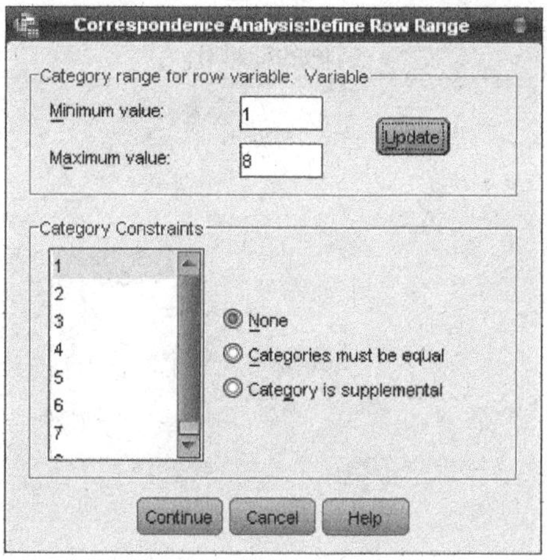

图 11－5　对应分析中定义变量取值范围对话框

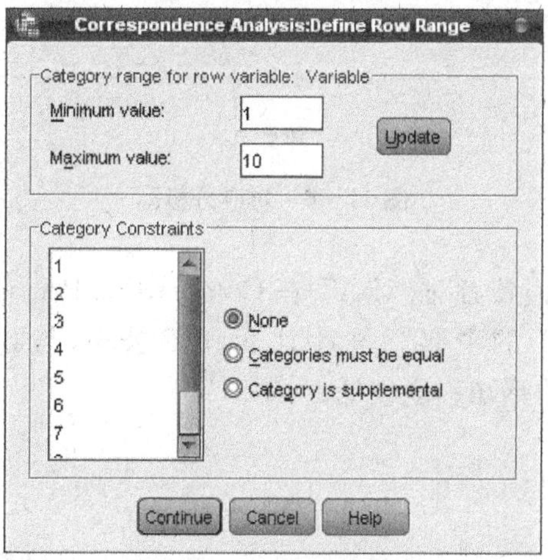

图 11－6　对应分析中定义变量取值范围对话框

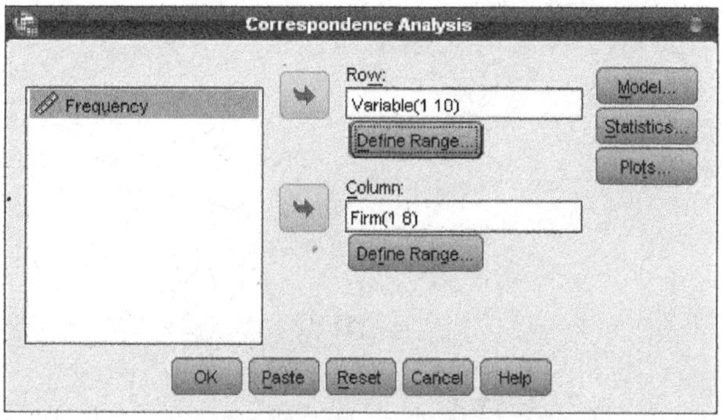

图 11－7　对应分析对话框

(5)结果分析。完成上述步骤后,将得到如图 11－8 所示的品牌感知图,该图给出了消费者对各个公司在各个属性上的主观评价。

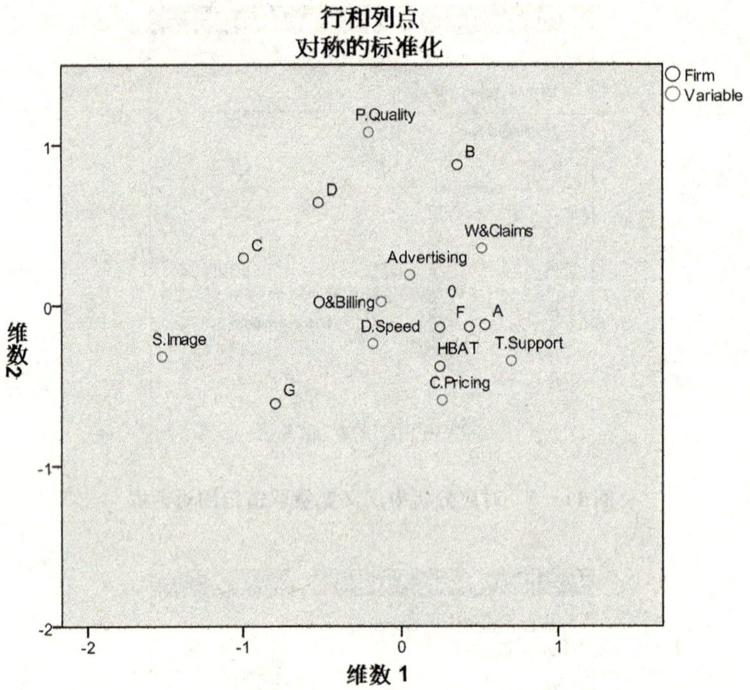

图 11－8　对应分析图

从图 11－8 可以得出，消费者对 HBAT 在 Competitive Pricing 和 T.Support 方面的感知程度高，在这些方面，HBAT 的主要竞争者为 A 和 F 公司，与此同时，消费者对 HBAT 在 P.Quality和 S.Image 方面的感知程度较低。

附　录

SPSS 函数

SPSS 函数有十类、一百多个，根据不同版本函数的数量有所增减。这些函数用符号或者字母表示出函数类型。

函数的表示方法：函数的一般表达方式是在函数关键字后面的括号中写入函数自变量。

函数自变量：函数自变量可以是单值、变量名或算术表达式的形式。如果使用变量名或带有变量名的表达式作为自变量，则必须在使用该函数之前对这些变量赋值，使函数类型为数值型。

下面将重点介绍算术函数和统计函数，并对一些常用的 SPSS 函数给出一般性的解释。

1.Arithmetic Functions 算术函数

算术函数是最常用的函数，可以满足对变量进行的一般运算，主要有：

函数名	自变量含义	函数类型	函数功能及说明
ABS(numexpr)	(算术表达式) *	数值型函数	求绝对值。例如，ABS(Y－850)：将分别计算变量 Y 的每个数据与 20 的差的绝对值
ARSIN(numexpr)	(角度；弧度单位)	数值型函数	求反正弦值。例如，ARSIN(1)＝ $\pi/2$
ARTAN(numexpr)	(角度；弧度单位)	数值型函数	求反正切值。例如，ARTAN(1)＝$\pi/4$
COS(radians)	(角度；弧度单位)	数值型函数	求余弦值。例如，COS(π)＝－1
EXP(numexPr)	(算术表达式)	数值型函数	求 e 的指数幂值。例如，Exp(4)＝e^4＝54.60。注意：若函数值太大，其结果会超出 SPSS 的计算范围
LG10(numexp)	(算术表达式)	数值型函数	求以 10 为底的对数值。例如，Ln(Y)：分别计算变量 Y 中每个数据的以 10 为底的对数值
LN(numexpr)	(算术表达式)	数值型函数	求以 e 为底的对数。例如，Ln(Y)：分别计算变量 Y 中每个数据的自然对数值
MOD(numexpr, modulus)	[算术表达式；摸数(常数)]	数值型函数	求算术表达式除以模数的余数。例如，Mod(10,3)：函数值＝1
SIN(radians)	(角度；弧度单位)	数值型函数	求正弦值。例如，Sin(π)＝0
SQRT(numexpr)	(正数)	数值型函数	求平方根。例如，Sqrt(9)＝3
RND(numexpr)	(算术表达式)	数值型函数	求算术表达式的值四舍五入后的整数。例如，RND(2.72)＝3

续表

函数名	自变量含义	函数类型	函数功能及说明
TRUNC(numexpr)	(算术表达式)	数值型函数	求算术表达式的值被截去小数部分的整数。例如,Trunc(2.72)=2

"*":算术表达式也包括单值与变量名的情况。

2.Statistical Functions 统计函数

统计函数也是统计分析中常用的函数之一,主要反映变量的数据特征、时间序列的滞后期变量等,具体函数有:

函数名	自变量含义	函数类型	函数功能及说明
CFVAR(numexpr, numexpr,...)	(变量名,变量名,...)	数值型函数	求出多个变量值的变异系数(标准差/均值)。例如,Cfvar(数学,物理,化学):分别计算每个学生三门成绩的变异系数
LAG(variable)	(变量名)	数值型函数或字符型函数	返回滞后一期的变量数据。对第一个观测量来说,将返回系统缺失值,如果指定的变量是字符型,则返回空格
LAG(variable, ncases)	(变量名,自然数 *n*)	数值型函数	返回滞后 *n* 期的变量数据。对第前 *n* 个观测量来说,将返回系统缺失值,如果指定的变量是字符型,则返回空格
MAX(ivalue,value [,...])	(变量名,变量名,…)	数值型函数	求多个变量值中的最大值。例如,MAX(数学,物理,化学):分别计算每个学生三门成绩中的最高分
MEAN(numexpr, numexpr,...)	(变量名,变量名,…)	数值型函数	求多个变量值的平均值。例如,MEAN(数学,物理,化学):分别计算每个学生三门成绩的平均值
MIN(value,value [,...])	(变量名,变量名,…)	数值型函数	求多个变量值中的最小值。例如,Min(数学,物理,化学):分别计算每个个案三门成绩中的最低分
NVALID(variable, variable,...)	(变量名,变量名,…)	数值型函数	求出变量的(不包括缺失值)的数量
SD(numexpr, numexpr,...)	(变量名,变量名,…)	数值型函数	求多个变量值的标准差。例如,SD(数学,物理,化学):分别计算每个学生三门成绩的标准差
SUM(numexpr, numexpr,...)	(变量名,变量名,…)	数值型函数	求多个变量值的和。例如,Sum(数学,物理,化学):分别计算每个个案三门成绩的总和
VARIANCE (numexpr, numexpr,...)	(变量名,变量名,…)	数值型函数,	求多个变量值的方差。例如,Variance(数学,物理,化学):分别计算每个学生三门成绩的方差

3.Logical Functions 逻辑函数

(1)ANY(test,valu,value,…) 逻辑型函数,自变量为(变量名,x1,x2,…),函数功能是判断变量值是否是 x1、x2…中的一个。例如,Any(数学,80,90,70):分别对每条个案判断其数学成绩是否为 80 或 90 或 70 分。

(2)RANGE(test,lo,hi[,10,hi,…])逻辑型函数变量必须都为数值型或都为字符型,自变量为(变量名,x1,x2),其中:x1≤x2,函数功能是判断某变量值是否在 x1 至 x2 之间。例如,RANGE (数学,80,90):分别对每条个案判断其数学成绩是否在 80 至 90 分之间。

4.DateandTimeFunctions 日期和时间函数

(1)DATE.DMY (day,month,year)SPSS 日期型格式的数值函数,返回与指定的日、月、年相应的日期值。要正确显示这个值,必须将变量赋予 DATE 格式。自变量必须为整数。day 的范围在 1～31,month 的范围在 1～12,year 的范围在 4 位数时要大于 1582,2 位数时应是该世纪的后两位年代数值。

(2)DATE.YRDAY(year,daynum)SPSS 格式日期型数值函数,返回与指定的天数、年相应的日期值。要正确显示这个值,必须赋予其 DATE 格式。Daynum 取值范围在 1～366。

(3)XDATE.DATE(datevalue)SPSS 日期格式的数值型函数,从具有 SPSS 的日期格式的自变量数值返回一个日期,自变量数值由 DATE. ×××函数产生或按 DATEs 输入格式读取。该函数用于将日期的数值格式转换为日期格式,因此要想按日期格式显示必须再在 Variable View 中定义一种日期格式,否则会按 SPSS 日期的数值格式显示。此函数无 2000 年问题,21 世纪的日期也能正确显示。

(4)XDATE.HOUR(datevalue)数值型函数,从 DATE.×××函数产生或按一种 DATE 格式读入的 SPSS 日期格式的数值,返回一个小时数(0～23)。

(5)XDATE.JDAY(datevalue)数值型函数,通过 DATE.×××产生或由 DATE 输入格式读入 SPSS 日期格式的数值,返回一年的天数(1～366)。

(6)XDATE.MDAY(datevalue)数值型函数,从一个 SPSS 日期格式的数值通过 DATE.×××函数产生或由 DATE 输入格式读入,返回一个月的天数(1～31)。

(7)XDATE.MINUTE(datevalue)数值型函数,通过 DATE.×××产生或由 DATE 输入格式读入 SPSS 日期格式的数值,返回分钟数(0～59)。

(8)XDATE.MONTH(datevalue)数值型函数,通过 DATE.×××产生或由 DATE 输入格式读入 SPSS 日期格式的数值,返回一年中的月数(1～12)。

(9)XDATE.TDAY(timevalue)数值型函数,自变量是由 TIME.×××函数产生或由 TIME 输入格式读取的 SPSS 时间间隔格式的数值,返回整天数(正整数)。

(10)XDATE.TIME(datevalue)SPSS 时间间隔格式的数值型函数,把自变量的值看作从午夜开始的秒数,返回一天中的时间(小时、分、秒)。自变量是 SPSS 日期格式的数值,可以是由 DATE.×××函数产生的或由 DATE 输入格式读入的。由该函数建立的变量应该给定一个合适的显示格式。在 VariableView 中,赋予它一个时间显示格式,将变量值显示成小时和分。

(11)XDATE.WEEK(datevalue)数值型函数,由一个 SPSS 日期格式数值(由 DATE.×××函数产生或由一种 DATE 输入格式读入),返回周数(1～53 整数)。

(12)XDATE.WKDAY(datevalue)数值型函数,由一种通过 DATE.×××函数产生或用 DATE 格式读入的 SPSS 日期格式数值,返回的数值表示一周的星期几(星期一至星期日用 1～7之间的整数表示)。

(13)XDATE.YEAR(datevalue)数值型函数,由 DATE.×××函数产生或用 DATE 格式读入的 SPSS 日期格式的数值,返回年数。

(14)YRMODA(year,month,day)数值型函数,返回一个由 1582 年 10 月 15 日到自变量给定的年月日(year,month,day)之间的天数。

5.Random Variable Functions 随机变量函数

随机变量函数的一般形式为:RV.分布名(参数,…)。其中:圆点前是函数类名,圆点后是分布名称,圆点是半角的圆点,括号内是自变量。自变量是分布参数。如果在数据文件中建立新变量时使用这些函数,变量值的个数等于数据文件中有效观测量数。函数值为产生服从指定统计分布的随机序列。

下面列出常用的分布函数的随机数:

(1)NORMAL(stddev)数值型函数,产生一个来自均值为 0 标准差为 stddev 的分布总体的随机数。

(2)RV.BERNOULLI(p)数值型函数,产生一个来自伯努利分布具有指定概率参数 P 的随机数。

(3)RV.BINOM(n,p)数值型函数,产生一个来自二项式分布具有指定试验次数 n 和概率参数 p 的随机数。

(4)RV.CHISQ(df)数值型函数,产生一个来自卡方分布具有指定自由度 df 的随机数。

(5)RV.EXP(shape)数值型函数,产生一个来自指数分布具有指定形状参数的随机数。

(6)RV.F(df1,df2)数值型函数,产生一个来自 F 分布具有指定自由度的随机数。

(7)RV.GEOM(p)数值型函数,产生一个来自几何分布具有指定概率参数 P 的随机数。

(8)RV.HYPER(totd,sample,hits)数值型函数,产生一个来自超几何分布具有指定参数的随机数。

(9)RV.LOGISTIC(mean,scale)数值型函数,产生一个来自逻辑斯蒂分布具有指定的均数 mean 和标度 scale 参数的随机数。

(10)RV.LNORMAL(a,b)数值型函数,产生一个来自对数正态分布具有指定参数的随机数。

(11)RV.NORMAL(mean,stddev)数值型函数,产生一个来自正态分布具有指定均值 mean 和标准差 stddev 的随机数。

(12)RV.PARETO(threshold,shape)数值型函数,产生一个来自帕雷托分布具有指定临界值 threshold 和形状 shape 参数的随机数。

(13)RV.POISSON(mean)数值型函数,产生一个来自泊松分布具有指定均值或比率参数的随机数。

(14)RV.T(df)数值型函数,产生一个来自 T 分布具有指定自由度的随机数。

(15)RV.UNIFORM(min,max)数值型函数,产生一个来自具有指定最大值 max 和最小值 mill 的均匀一致分布的随机数.

(16)RV.WEIBULL(a,b)数值型函数,产生一个来自威布尔分布具有指定参数的随机数。

(17)UNIFORM(max)数值型函数,产生一个来自一致分布的值在 0 和自变量给定的 Max 之间的伪随机数。自变量 Max 必须是一个数值,但可以是负数。

6.Inverse Distribution Functions 反分布函数

反分布函数的一般形式为:IDF.分布名(p,参数,…)。其中:圆点前是函数类名,圆点后是分布名称,括号内是自变量。第一个自变量 p 是这个分布的累积概率,其后的自变量是指定分布的参数。函数值是相应分布的累计概率值为 p 的临界值。

(1)IDF.CHISQ(p,df)数值型函数,产生来自卡方分布的临界值,第一个自变量为概率值 p,第二个自变量为自由度 df。例如,累积概率为 0.95,自由度为 5 的卡方分布的临界值记作

IDF.CHISQ(0.95,5),其函数值 IDF.CHISQ(0.95,5)=1.145。

(2)IDF.EXP(p,scale)数值型函数,产生一个来自指数分布的临界值,该分布具有给定行状参数 shape,概率值 p。

(3)IDF.F(p,dfl,df2)数值型函数,产生一个来自 F 分布的值,该分布自由度为 dfl、df2,累计概率 p 的临界值。例如,显著性概率在 0.05 水平上,自由度分别为 6、5 的 F 值为 IDF.F(0.95,6,5)=4.950 3。

(4)DF.LOGISTIC(prob,mean,scale)数值型函数,产生一个均值为 mean 和标度参数为 scale,累计概率为 p 的逻辑斯蒂分布的临界值。

(5)IDF.LNORMAL(p,a,b)数值型函数,产生具有指定参数和累计概率 p 的对数正态分布的临界值。

(6)IDF.NORMAL(p,mean,stddev)数值型函数,产生来自正态分布具有指定均值和标准差的累计概率。例如,显著性水平为 0.05,均值为 0,标准差为 1 的标准正态分布的临界值 IDF.NORMAL(0.95,0,1)=1.645。

(7)IDF.PARETO(prob,threshold,shape)数值型函数,产生一个来自帕累托分布,累计概率为 p 的值,该分布的临界值为 threshold,尺度参数为 scale。

(8)IDF.T(prob,df)数值型函数,产生一个自由度为 df,累计概率为 p 的来自学生 T 分布的临界值。

(9)IDF.UNIFORM(p,min,max)数值型函数,产生一个累计概率为 p 的来自均匀分布的临界值,均匀分布的最大值 max、最小值 min。

(10)PROBIT(p)数值型函数,产生累计概率为 p 的标准正态分布的临界值。

7.Cumulative Distribution Functions 累计分布函数

累计分布函数的一般形式为:CDF.分布名(q,参数,…)。其中:圆点前是函数类名,圆点后是分布名称,括号内是自变量。第一个自变量 q 是符合分布的数值,后面的自变量是相应分布的参数。函数值是相应分布的随机变量取值小于等于 q 的概率值。

(1)CDF.BERNOULLI(q,p)数值型函数,产生来自具有给定概率参数 p 的伯努利分布,变量值小于 q 的累计概率值。

(2)CDF.BETA(q,shapel,shape2)数值型函数,产生来自 Bate 分布的变量取值小于 q 累计概率值,该分布具有给定的形状参数 shapel、shape2。

(3)CDF.BINOM(q,n,p)数值型函数,产生来自二项分布的变量取值小于 q 的累计概率值,该分布具有给定每次实验成功的概率 P,成功的实验次数是 n。当 $n=1$ 时,该函数与 CDF.BERNOULLI 相同。

(4)CDF.CAUCHY(q,loc,scale)数值型函数,产生来自柯西分布的变量取值小于 q 的累计概率值,该分布具有给定的位置参数 loc 和标度参数 scale。

(5)CDF.CHISQ(q,df)数值型函数,返回来自卡方分布的变量取值小于 q 的累计概率值,该分布具有给定的自由度 df。

(6)CDF.EXP(q,shape)数值型函数,产生来自指数分布的变量取值小于 q 的累计概率,该分布具有给定的形状参数 shape。

(7)CDF.F(q,df1,df2)数值型函数,产生来自 F 分布的变量取值小于 q 的累计概率值,该分布具有给定的自由度 df1、df2,累计概率值小于 quant。

(8)CDF.GAMMA(q,shape,scale)数值型函数,产生来自伽玛分布的变量取值小于 q 的累计概率，该分布具有给定的形状参数 *shape* 和标度参数 *scale*。

(9)CDF.GEOM(q,p)数值型函数，产生一个几何分布的变量取值小于 q 的累积概率，即获得一次成功的试验次数，当成功概率由 p 确定。

(10)CDF.HYPER(q,total,sample,hits)数值型函数，产生小于 q 的累积概率，即具有指定特性的事件数 q，当样品 sample 事件是从尺寸为 total 的总体中随机选择出来的情况下，其命中数 hits 具有指定的特性。

(11)CDF.LAPLACE(q,mean,scale)数值型函数，产生来自拉普拉斯分布的变量取值小于 q 的累计概率，该分布具有给定的均值 mean 和标度参数 scale。

(12)CDF.LOGISTIC(q,mean,scale)数值型函数，产生来自逻辑斯蒂分布的变量取值小于 q 的累计概率，该分布具有给定的均值 mean 和标度参数 scale。

(13)CDF.LNORMAL(q,a,b)数值型函数，产生具有指定参数的对数正态分布变量取值小于 q 的累计概率值。

(14)CDF.NEGBIN(q,thresh,p)数值型函数，产生变量取值小于 q 的累计概率值，即当临界参数为 thresh，p 给出成功的概率。

(15)CDFNORM(zvalue)数值型函数，产生一个具有均值为 0，标准差为 1 的随机变量的取值小于 zvalue 的概率。

(16)CDF.NORMAL(q,mean,stddev)数值型函数，产生一个正态分布的变量取值小于 q 的累计概率，该分布均值为 mean，标准差为 stddev。

(17)CDF.PARETO(q,threshold,shape)数值型函数，产生一个变量取值小于 q 的帕雷托分布的累计概率，该分布具有指定的限值 threshold 和形状参数 shape。

(18)CDF.POISSON(q,mean)数值型函数，产生一个来自 POISSON 分布的小于 q 的累计概率值，它具有指定的均值或率参数。

(19)CDF.T(q,df)数值型函数，产生一个变量取值小于 q 的学生 T 分布的累计概率，该分布具有指定的自由度参数 df。

(20)CDF.UNIFORM(q,min,max)数值型函数，产生一个变量取值小于 q 的均匀一致分布的累计概率，该分布具有指定的最小值 min 和最大值 max 参数。

(21)CDF.WEIBULL(q,a,b)数值型函数，产生一个变量取值小于 q 的威布尔分布的累计概率，该分布具有指定的参数。

8.Missing Value Functions 缺失值函数

(1)NMISS(variable,…)数值型函数，自变量是当前工作数据文件中的变量名。计算自变量中缺失值的数目。例如，Missing(数学)：分别对数学这个变量逐个判断是否为系统缺失值或用户缺失值。l 表示是，0 为不是。

(2)MISSING(variable)逻辑型函数，自变量应该是工作数据文件中的变量名。如果变量具有缺失值，返回 1 或者 true。

(3)SYSMIS(numvar)逻辑型函数，自变量 numva 是工作数据文件中的一个数值型变量的变量名。如果 numvar 的值为系统缺失值，返回 1 或者 true。

(4)VALUE(variable)数值型或字符型函数，忽略用户定缺失值，即将用户缺失值看成是普通的数据，返回变量值。自变量必须是工作数据文件中的变量名。

9.String Functions 字符串函数

(1)CONCAT(strexpr, strexpr,…)字符型函数，函数中每个自变量都是一个字符串表达式。该函数值是一个字符串,是各自变量代表的字符串按括号中的顺序串接起来的。此函数要求两个或两个以上的自变量。

(2)INDEX(haystack, needle)数值型函数,产生一个整数,它表明字符串needle在字符串haystack中第一次出现的起始位置。如果返回值为0,表明字符串needle不在字符串haystack中存在。例如,INDEX("ABCDEFG","DE"):找到字符串DE在字符串ABCDEFG中第一次出现的位置,INDEX("ABCDEFG","DE")=4。

(3)INDEX(haystack, needle, divisor)数值型函数,见前一个函数。其第三个自变量divisor是可选择的,它必须是一个整数,表明将字符串needle均匀地分为要被查询的独立字符串的字符数。

(4)LENGTH(strexpr)数值型函数,自变量是字符串,函数值是字符串表达式值的长度。这里获得的长度包括尾部空格。

(5)LPAD(strexpr, length)字符型函数,第一个自变量strexpr是字符串,第二个自变量length是正整数,其范围为1～255。函数值是字符串表达式的左侧增加空格扩展到length所规定的长度。

(6)LTRIM(strexpr)字符型函数,返回的字符串是自变量表达式的值去除打头的空格后的字符串。

(7)LOWER(strexpr)字符型函数,返回字符串,将字符串中的大写字母改变为小写字母。

(8)RINDEX(haystack,needlel)数值型函数,产生一个整数,它表明字符串needle在字符串haystack中最后出现的开始位置。返回0表示字符串needle不在haystack中。

(9)RPAD(strexpr,length)字符型函数,返回字符串,其长度由length决定:在字符串表达式的右侧加空格,以达到length的长度,length的值在1～255之间。

(10)RPAD(strexpr,length,char)字符型函数,返回字符串,见前一个函数。第三个变量char是可以选择使用的,它表示在字符串的右侧增加一个字符char。char必须是一个带有引号的单个字符或其值是单个字符的字符表达式。

(11)RTRIM(strexpr)字符型函数,返回截取了尾部空格后的字符串。该函数通常用于大字符串表达式中,要把压缩了尾部空格的字符串赋予一个变量。

(12)RTRIM(strexpr,char)字符型函数,返回截取了尾部字符char后的字符串。char必须是一个带有引号的单个字符或其值是单个字符的字符表达式。

(13)STRING(numexpr,format)字符型函数,根据format所设定的格式将数值表达式转换为字符串。例如,string(-1.5,F5.2)返回字符串'-1.50'。第二个自变量format必须是写一个数值的格式。

(14)SUBSTR(strexpr,pos)字符型函数,返回字符串表达式中从pos开始到其结尾处的子字符串。

(15)SUBSTR(strexpr,pos,length)字符型函数,返回字符串表达式中从pos开始长度为length的子字符串。

(16)UPCAS(strexpr)字符型函数,返回将字符串表达式中小写字符变为大写字符串。

注意:数值与数字有区别,以上所讲的数值是数,数字指的是表现为数字的字符。

参考文献

1. Aiken, L.S., & West, S.G.. *Multiple Regression: Testing and Interpreting Interactions*. Newbury Park: Sage Publicaions, 1991.

2. Preacher, K.J., & Hayes, A.F.. *SPSS and SAS Procedures for Estimating Indirect Effects in Simple Mediation Models. Behavior Research Methods, Instruments, and Computers*(36), 2004.

3. Sobel, M.E.(Ed.). *Asymptotic Intervals for Indirect Effects in Structural Equations Models*. San Francisco: Jossey-Bass, 1982.